应用型本科财会系列教材

上海市本科重点课程建设项目

会计学基础教程

(第三版)

董惠良 主编

立信会计出版社
LIXIN ACCOUNTING PUBLISHING HOUSE

图书在版编目(CIP)数据

会计学基础教程 / 董惠良主编. —3版. —上海：立信会计出版社，2016.3
应用型本科财会系列教材
ISBN 978-7-5429-4879-3

Ⅰ.①会… Ⅱ.①董… Ⅲ.①会计学—高等学校—教材 Ⅳ.①F230

中国版本图书馆 CIP 数据核字(2016)第 045396 号

策划编辑　洪梅春
责任编辑　洪梅春
封面设计　周崇文

会计学基础教程（第三版）

出版发行	立信会计出版社
地　　址	上海市中山西路 2230 号　邮政编码　200235
电　　话	(021)64411389　传　真　(021)64411325
网　　址	www.lixinaph.com　电子邮箱　lxaph@sh163.net
网上书店	www.shlx.net　电　话　(021)64411071
经　　销	各地新华书店
印　　刷	浙江省临安市曙光印务有限公司
开　　本	710 毫米×960 毫米　1/16
印　　张	19
字　　数	324 千字
版　　次	2016 年 3 月第 3 版
印　　次	2017 年 6 月第 2 次
印　　数	3 101—5 200
书　　号	ISBN 978-7-5429-4879-3/F
定　　价	32.00 元

如有印订差错，请与本社联系调换

前　言

自《企业会计准则》2007年1月1日起在我国正式实施以来,财税领域又发生了不少变化,比如:对职工福利费由原先按工资总额一定比例先提后用,改为按实际发生额处理;在增值税体制改革中,将生产型增值税改为消费型增值税以后,企业购买固定资产(不含不动产)的进项税由原计入固定资产成本改为可以作为进项税抵扣;2013年起在小微企业实施新的《小企业会计准则》;2014年财政部新发布了第39号、第40号、第41号会计准则,以及对原第2号、第9号、第30号、第33号、第37号会计准则进行了修订,并决定在2014年7月1日正式实施,等等。"会计学基础教程"是一门专业基础课,虽然这些财税领域的新变化,对其影响程度不是很深。但不可否认,财税领域的这些新变化确实会影响《会计学基础教程》的编写内容。《会计档案管理办法》《会计从业资格管理办法》等文件的修订也在一定程度上影响了《会计学基础教程》的编写内容。为了满足相关人员学习的需要,我们试图根据财税领域近年来的新变化,对原《会计学基础教程》进行重大修订,以使教材与时俱新,反映财税领域的新情况,跟上新形势。

此外,自本教材出版以来,由于与其他同类型教材不同的编写思路,强调知识把握的整体性、连贯性和适用性,并充分注意我国会计领域的最新变化，因此得到了教师和学生的好评。但是他们也提出来一些不足，如前后连贯的例子中缺少某一个业务环节、有些数据的计算有误等。我们虚心吸收这些意见和建议，此次修订一并改正。

修订后的教材由四部分内容组成：

第一部分：由第一章和第二章组成，该部分叙述了会计的起源及会计的职能和任务，同时对会计的基本理论结构作了系统的阐述。

第二部分：由第三至第七章组成，该部分叙述了基本的记账原理，以及如何运用记账原理处理经济业务。该部分以一个前后连贯的实例（共66笔经济业务）系统地叙述了企业中产、供、销各环节经济业务的核算方法，本部分的内容具有极强的操作性。

第三部分：由第八至第十一章组成，该部分对会计循环中会计凭证的取得与编制、会计账簿的登记、会计报表的编制，以及会计核算的形式进行了系统的论述，该部分内容继续延续第二部分66笔经济业务完成会计报表的编制。为了强调知识的完整性，第十一章的财务报表包括了资产负债表、利润表、现金流量表、所有者权益变动表。后两张报表对初学者而言可能有些难度，教学中可以酌情处理，会计学基础的重点在前两张报表。

第四部分：由第十二章和第十三章组成，在前面各章学习的基础上，进一步对账户的分类，以及不同类型账户的特征进行了总结。同时，叙述了会计工作组织的基本内容。

本教材作为会计学的入门教材，力求使初学者能通过学习，掌握会计的基本理论、基本方法和基本操作技能，为学习和理解后续课程打好扎实的基础。在编写本教材时，我们考虑并希望能达到三个结合，即根据社会主义市场经济的需要，使中国会计实践与国际会计准则相结合；

根据会计法规的要求,使会计理论与会计实践相结合;根据增强学生动手能力的要求,使理论教学和实务训练相结合。

本教材可以作为各级各类大学、专科院校"会计学原理"或者"基础会计学"课程的教材,也可以作为自学进修和上岗培训的教材。

建议本教材课时为72课时,具体课时分配见下表:

内容	课时		
	理论	实训	合计
第一章 概论	1		1
第二章 会计的基本理论结构	2		2
第三章 账户及复式记账	4	5(实训1)	9
第四章 工业企业主要经济业务的核算	5	5(实训4)	10
第五章 权责发生制和账项调整	3	4(实训4)	7
第六章 实地盘存制和永续盘存制	3	3(实训4)	6
第七章 对账和结账	3	4(实训4)	7
第八章 会计凭证	2	2(实训2)	4
第九章 会计账簿	2	2(实训3)	4
第十章 会计核算形式	4	5(实训4)	9
第十一章 财务报表	4	5(实训4)	9
第十二章 账户的分类	2		2
第十三章 会计工作的组织	2		2
合计	37	35	72

本教材前两版由上海商学院财会学院院长董惠良教授统稿和总纂,并编写第一章、第二章、第七章。参加编写(修订)的其他人员有:张一平(第三章,潘亚红修订)、刘衍平(第四章,巫美云修订)、巫美云(第五章、第十三章)、陈晓芸(第六章,李相波修订)、于晓红(第八章)、吴襄(第九章,李相波修订)、吴健(第十章)、徐

月丽(第十一章、第十二章)。本次第三版的修订由董惠良教授独立完成。

由于我们水平有限,因而教材中的疏漏之处在所难免,敬请读者批评指正。

作　者
2016年1月

目　录

第一章　概论 ··· 1
　　第一节　会计发展简史 ··· 1
　　第二节　会计核算和其他核算的关系 ······························ 4
　　第三节　会计的职能 ··· 6
　　第四节　会计的任务和作用 ·· 11
　　第五节　会计循环 ··· 12

第二章　会计的基本理论结构 ·· 15
　　第一节　会计目标 ··· 15
　　第二节　会计基本假设和核算基础 ································· 18
　　第三节　会计信息质量要求 ·· 22
　　第四节　会计对象和会计要素 ······································· 26
　　第五节　会计方法 ··· 35
　　第六节　会计法规体系 ·· 37

第三章　账户及复式记账 ·· 43
　　第一节　会计恒等式 ··· 43
　　第二节　账户 ··· 49
　　第三节　复式记账 ··· 57

第四节　简单的资产负债表、利润表和现金流量表 …………… 65

第四章　工业企业主要经济业务的核算 ……………………………… 68
　　第一节　工业企业的资金运动过程 ……………………………… 68
　　第二节　资金筹集的会计核算 …………………………………… 69
　　第三节　材料采购和入库的会计核算 …………………………… 73
　　第四节　商品生产过程的会计核算 ……………………………… 79
　　第五节　商品销售过程的会计核算 ……………………………… 86
　　第六节　其他业务收支及营业外收支的会计核算 ……………… 88
　　第七节　结算业务的会计核算 …………………………………… 91

第五章　权责发生制和账项调整 ……………………………………… 100
　　第一节　会计期间 ………………………………………………… 100
　　第二节　现金收付制和权责发生制 ……………………………… 101
　　第三节　期末账项调整 …………………………………………… 105

第六章　实地盘存制和永续盘存制 …………………………………… 113
　　第一节　库存品盘存的重要性 …………………………………… 113
　　第二节　实地盘存制 ……………………………………………… 114
　　第三节　永续盘存制 ……………………………………………… 117
　　第四节　库存品的清查 …………………………………………… 123

第七章　对账和结账 …………………………………………………… 131
　　第一节　成本结转 ………………………………………………… 131
　　第二节　对账 ……………………………………………………… 140
　　第三节　结账 ……………………………………………………… 147
　　第四节　利润分配 ………………………………………………… 152
　　第五节　余额及发生额结计 ……………………………………… 157

第八章　会计凭证 ································· 159
　第一节　会计凭证的作用及种类 ····················· 159
　第二节　原始凭证的填制和审核 ····················· 169
　第三节　记账凭证的填制和审核 ····················· 173
　第四节　会计凭证的传递和保管 ····················· 178

第九章　会计账簿 ································· 180
　第一节　会计账簿的意义和种类 ····················· 180
　第二节　会计账簿的设置 ··························· 182
　第三节　会计账簿的启用和登记 ····················· 189
　第四节　会计账簿的更换、交接和保管 ··············· 196

第十章　会计核算形式 ····························· 198
　第一节　会计核算形式的意义和种类 ················· 198
　第二节　记账凭证核算形式 ························· 199
　第三节　科目汇总表核算形式 ······················· 220
　第四节　汇总记账凭证核算形式 ····················· 233

第十一章　财务报表 ······························· 237
　第一节　财务报表概述 ····························· 237
　第二节　资产负债表 ······························· 239
　第三节　利润表 ··································· 248
　第四节　现金流量表 ······························· 251
　第五节　所有者权益变动表 ························· 255

第十二章　账户的分类 ····························· 257
　第一节　账户按经济内容分类 ······················· 257
　第二节　账户按用途及结构分类 ····················· 260

第十三章 会计工作的组织 ………………………………………… 273
第一节 正确组织会计工作的意义 …………………………… 273
第二节 会计机构 ……………………………………………… 274
第三节 会计岗位的设置及分工 ……………………………… 278
第四节 会计专业技术职务 …………………………………… 285
第五节 会计档案 ……………………………………………… 288

第一章 概 论

第一节 会计发展简史

一、什么是会计

会计是以货币为主要计量单位,以凭证为依据,借助于专门的技术方法,对一定主体的经济活动进行全面、综合、连续、系统的核算与监督,并向有关方面提供会计信息的一种经济管理活动。

会计的产生和发展已经历了很长的历史时期。它是随着社会生产的发展和加强管理的要求而产生,并随着社会经济特别是市场经济的发展和科学技术的进步而不断完善、提高的。

二、会计的起源

会计起源于人类的生产实践活动。物质资料的生产是人类生存和社会发展的基础。在物质资料的生产过程中,一方面创造各种社会财富,取得一定的劳动成果;另一方面要发生劳动耗费,包括人力、物力的耗费。在一切社会形态中,人们进行生产活动时,总是力求以尽可能少的劳动耗费,取得尽可能多的劳动成果,做到所得大于所费,提高经济效益,以满足生活和生产的需要。为了达到这一目标,就必须对劳动过程进行组织和规划,同时对劳动耗费和劳动成果进行观察、计量、记录和计算,并将计算的结果与以往的结果或他人的结果进行比较和分析。这就是最早的管理,会计也是顺应此要求而产生的。

马克思在《资本论》里,生动地引述了一段漂流在荒岛上的鲁滨逊的故事,指出了会计的起源:"我们这位从破船上抢救出表、账簿、墨水和笔的鲁滨逊,马上就作为一个道地的英国人开始记起账来。他的账本记载着他所有的各种使用物品,生产这些物品所必需的各种活动,最后还记载着他制造种种一定量的产品平均耗费的劳动时间。"他为什么要记账呢?因为"需要本身迫使他精确地分配自己执行各种职能的时间。在他的全部劳动中,这种或那种职能所占比重的大小,取决于他为取得预期效果所要克服的困难的大小"。由此可见,会计是伴随人们生产实践而产生的一种活动,他是为管理好生产而起作用的。

三、会计的发展

(一)会计的萌芽

会计作为一项记录、计算和考核收支的工作,无论在中国和外国,都是在很早以前就出现了。可以这样说,从人类生产实践活动的第一天起,就相应产生了会计。"结绳记事"与简单刻记的出现也许就是会计的萌芽,公元前5000年就出现了部落之间交易的记录符号。闪族文化发端于大约公元前3200年的美索不达米亚,发掘出的该时期陶片上也发现了会计记录的一些符号。

但是,最初的会计只是作为"生产职能的附带部分",即由生产者在生产时间之外附带地把收入、支付等事项记载下来,只有当社会生产力发展到一定水平,出现剩余产品之后,它才逐渐地从生产职能中分离出来。

(二)中世纪以前的会计

随着生产的发展,会计逐渐从生产职能中分离出来,成为特殊的、专门受托的当事人独立的职能。公元前3000多年前,古巴比伦王国和古埃及中从事会计记录的官员都要在学校里进行相当于会计训练课程的学习。公元前1400年,古希腊就出现了专门从事记账、审计和查账的人员。但按当时的惯例,这些工作通常由奴隶来做,因为奴隶稍有过错便会受到酷刑惩罚,所以他们对这些繁琐细致、不容出错的工作比自由人更小心谨慎。那时候的法律也保护自由人不必做如此繁琐细致的记录与核查工作,直到后来在希腊,会计才慢慢成为一种比较有地位的工作。我国在公元前1100~770年的西周王朝就出现了"会计"一词,《孟子》一书中有"孔子尝为委吏矣,曰:'会计当而已矣'"。清代焦循《孟子正义》一书对此的解释是:"零星算之为计,总和算之为会。"公元前521~486年大流士统治下的波斯,设有官员对统辖区内的会计进行审计,希伯来文化中也有审计官员。公元前200年,古罗马帝国设有财务官员负责监督当地政府的财政收支状况,财务官员要亲自提交财务报告,并由一名检查人员听取汇报并检查这些记录,进而判断会计记录是否属实,这种做法就形成了今天的审计一词auditor(拉丁文,听的意思)。公元前4世纪,拜占庭帝国君士坦丁堡设立了一所公共管理学校,其中就有会计课程。公元642~814年,查理曼大帝统治下的神圣罗马帝国沿用了罗马和波斯的会计和审计制度。在他死后,会计、审计制度被取消,帝国不久也随之灭亡。公元960~1127年,我国宋代官吏报销钱粮或办理移交,要编制"四柱清册",具体算清并交代经管财务的责任。所谓四柱,指旧管、新收、开除、实在。相当于现代会计术语的期初结存、本期收入、本期支出、期末结存。四柱清册的方法传入民间,为商人沿用,成为我国传统中式簿记的特色之一。

(三) 中世纪的会计

中世纪会计开始衰退,直到意大利宗教战争期间又开始复兴。公元1340年,热那亚的会计记录中出现了萌芽状态的复式簿记方式。1494年,意大利数学家卢卡·巴其阿勒所著《算术、几何、比及比例概要》一书在威尼斯出版发行。他在书中根据当时在威尼斯、热那亚等地商业中流行的记账方法,相当完整地阐述了借贷复式记账方法。15世纪,美第齐银行的分行每年都需要向在佛罗伦萨的总部上交年度资产负债表。1631年,普里茅茨、马萨诸塞的投资者,从荷兰聘请了一名会计人员,将他送往殖民地调查负债日益增加的原因,美洲新大陆的人由此经历了他们的首次审计。

(四) 现代会计

虽然几个世纪以来,大规模的会计活动基本上与政府活动有关(尤其是税收),但是工业革命带来了会计的革命,大型企业需要大量的资金,并不断增加经营管理人员,从而使投资者和管理者分离。投资者需要从管理者那儿知道自己投入资金的营运状况,也就是说投资者需要从管理者那儿得到会计信息。为保证会计信息的真实可靠,管理者必须遵循一定的会计原则编制会计报表,由此产生了财务会计的概念。同时跨区域经营的大公司管理人员也需要对内部会计信息进行分析,并据此进行管理。这样,管理会计的概念开始出现并逐渐在生产实践中发展起来,从而形成现代会计的两大分支——财务会计和管理会计。

1. 财务会计

一般来说,财务会计主要是对过去的生产经营活动进行客观的反映和监督,对企业已经发生的经济业务进行事后的记录、分类和汇总,并通过一定的程序和方法,定期编制成会计报表,向企业外部与企业有利害关系的集团和个人提供反映企业经营成果和财务状况及其变动情况的会计报表。以使其能够对企业的经营情况作出准确的判断,以保证其自身的经济利益。财务会计必须按照一定的程序,按照一般公认会计原则、会计准则和会计制度对日常经济业务进行处理。

2. 管理会计

管理会计是在财务会计的基础上发展起来的,主要服务于企业内部经营管理,包括规划与控制两大方面的内容。前者主要是通过确立目标、编制计划和确定实现计划的手段与方法,对企业未来的生产经营活动进行全面的筹划;后者则主要通过落实责任、考核实绩和分析计划执行情况,对企业生产经营活动进行控制。管理会计利用财务会计提供的会计信息及其他生产经营活动中的有关资料,运用数学、统计等一系列技术和方法,通过整理、计算、对比、分析等手段的运用,向企业管理当局提供用于长短期经营决策、指导和控制企业生产经营活动的信息。管理会计着眼于企业未来的生产经营活动,并不受任何统一会计制度等法规的约束,也不受固定的程式和会计惯例的制约,其工作的开展完全取决于企业管理当局的需要,可以使用多种计量单位,方法也灵活多变,可以采用差量分析、边际分析、现金流量分析等多种技术和方法。

第二节　会计核算和其他核算的关系

一个单位的经济核算工作由三方面的内容组成,它们是:业务核算、统计核算、会计核算。

一、业务核算

业务核算是指反映监督单位内部经济活动的一种方法,包括:产品验收记录、生产调度表、任务分派单、班组考勤记录表、各种购销合同等。归纳为一句话,所谓的业务核算,就是指单位在开展自身业务活动时应当履行的各种手续,以及由此而产生的各种原始记录。

二、统计核算

统计核算是指通过对事物的数量进行计量来研究监督大量的或者个别典型经济现象的一种方法。单位中的统计工作,就是对单位在开展各种业务活动时所产生的大量数据进行搜集、整理和分析,并通过这种统计工作形成各种有用的统计资料。比如,产品产量、耗用总工时、单位职工工资水平、员工的年龄构成等。

三、会计核算

会计核算是指以货币为主要计量单位,以凭证为依据,对一定主体的经济活动进行全面、综合、连续、系统的核算与监督,并向有关方面提供会计信息的一种经济管理活动。

四、三种核算的关系

在上述三种核算中,业务核算是统计核算和会计核算的基础,统计核算需要统计的数据,会计核算需要的原始凭证,均来自于业务核算。比如:工资的核算有赖于班组的考勤记录;材料消耗量的统计和材料成本的核算,有赖于仓库的出库记录;产品产量的统计和产品成本的核算有赖于产品验收记录;等等。一个单位中统计核算、会计核算的大量资料来源于业务核算,因此业务核算是单位经济核算工作的基础工作,业务核算的好坏直接关系到统计核算和会计核算的质量。

统计核算与会计核算则需要相互利用对方的核算资料。比如,会计计算本期产品成本时,要利用统计核算所产生的产品产量统计资料,会计进行成本分析时也要利用统计核算所产生的耗用总工时和机器工时等统计资料。同样,统计核算也需要会计核算提供资料,比如工资总额的统计、利润统计等等,都需要会计核算提供相应的核算资料。

业务核算、统计核算、会计核算三者之间的关系如图1-1所示。

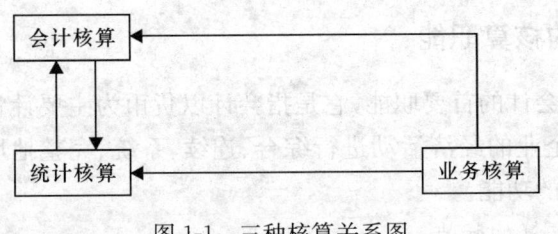

图1-1 三种核算关系图

五、会计与其他相关概念的比较

(一)簿记

簿记(bookkeeping),从英文字义理解是保持记录的意思。它是以货币为计量单位,对经济业务进行机械、重复及简单的记录。簿记偏重的是记账的技术与方法,即信息的加工过程。复式簿记,构成了会计方法的基础。

(二)会计

会计(accounting),英文字义是叙述理由。会计除包括簿记的记录方法外,还需要分析、解释其记录的资料,为信息使用者设计他们所需要的信息体系,并建立研究指导实践的理论体系。会计是在簿记的基础上发展起来的,它比簿记有着更丰富的理论与内容。

许多人主张用时间为界限来区分簿记与会计,一般是以19世纪50年代为界限,即在这之前的称为簿记,之后的称为会计。新中国成立前,我国曾用过"簿记"与"会计"两个名词;后来逐渐取消了"簿记"的叫法而统称为"会计"。

根据传统的观点,会计又由会计核算、会计分析、会计检查三个部分组成。其中,会计核算是整个会计组成的基础。会计核算是会计的基本理论、基本方法和基本操作技能的总称,其有着较多的簿记的痕迹,但比簿记具有更广泛的理论方法与功能。

第三节 会计的职能

会计的职能是指会计工作在经济管理中所固有的功能,它是一种客观存在,其内涵随着社会经济的发展而逐渐丰富。会计的职能是:核算职能与监督职能。《中华人民共和国会计法》(以下简称《会计法》)中规定:"会计机构、会计人员依照本法规定进行会计核算,实行会计监督。"由此可见,会计工作的根本大法《会计法》,也把会计的职能概括为"核算"与"监督"。

一、会计的核算职能

核算职能是会计的首要职能,它是指会计以货币为主要计量单位,采用一定的会计方法,对企业的经济活动进行综合、连续、系统、完整地反映,为各类报表使用人提供信息的功能。

(一)会计核算的特点

通过长期的会计实践,会计逐步形成了一套较完整的、有别于其他核算业务的、可供共同遵守的核算原则和方法,从而形成了会计自身的基本特点。会计核算与其他提供经济信息的核算活动(业务核算、统计核算)相比,有三个特点。

1. 会计主要以货币为计量单位,从价值量方面反映各单位的经济活动状况

会计从数量方面反映经济活动情况,而不是从质的方面来反映。例如,会计对各种生产设备只记录其数量、成本、折旧等数量变化,而不反映其技术水平、运行状况等。企业的销售、生产和财务活动,都可以从数量方面进行考察、计量和记录。这些数据反映特定经济业务的过程和结果。对这些数据,按规定的方法进行分类和汇总。可以成为反映经济活动全面情况的信息,它们有助于报表使用人进行决策。

数量的计量尺度主要有三种,即实物量度、劳动量度和货币量度。会计在进行核算时,主要采用的是能进行综合计算的货币量度,必要时再辅以实物量度和劳动量度。因为只有这样,才能取得经营管理上所必需的各种核算资料,同时也可以改善货币量度的效果,或者以不多的成本扩大信息输出的范围。

2. 会计核算已经发生的事实,具有可验证性

传统上,会计是面向过去的经济事实。反映事实,就是探求和说明其真相。为此,会计对任何一项经济业务的反映和记录,都必须以合法的凭证为依据。同时,也只有经过严格审核,并经审核确认无误的凭证,才能作为会计核算的依据。只有这样,才能保证会计核算的真实性。在进入账簿以后的数据加工过程中,也要按照会计准则和制度以及惯例来进行,以保证提供的信息符合规范。因此,会计提供的信息具有可验证性。正是会计的这一特点,使事后的审计成为可能,并且使会计数据的可靠性得到社会公认。

管理会计出现以后,会计核算的范围扩大到未来的经济活动,但对外发布的财务报表仍然是面向过去的。

3. 会计的反映具有综合性、连续性、系统性和完整性

企业的管理者为了提高经济效益,不仅需要了解本单位经济活动的现状,掌握经济活动的静态信息,还必须了解企业经济活动的变化过程、掌握经济活动的动态信息。为了满足这种管理上的要求,会计核算必须综合、连续、系统、完整地进行。

综合性,是指会计使用货币计量,把大量分散的、不易理解的数据,加以分类、汇总、排序,使之成为便于理解、能说明全面情况的信息,总括记录和反映各项经济业务,提供各种总括的价值指标。

连续性,是指会计对各项经济业务的记录,按其发生的先后顺序,逐年、逐月、逐日、逐笔不间断地进行;对经济业务的记录是连续的。

系统性,是指会计对各项经济业务,既要进行相互联系的记录,又要用科学的方法对其进行必要的分类和整理。

完整性,是指在空间上要反映整个企业的全部经济业务,单位内部的所有经济业务,不管金额大小,都要全面完整地予以记录和反映,不能有任何遗漏。

(二) 会计核算的内容

根据《会计法》的规定,会计核算的内容有:

(1) 款项和有价证券的收付。

(2) 财物的收发、增减和使用。

(3) 债权债务的发生和结算。

(4) 资本、基金的增减和经费的收支。

(5) 收入、费用、成本的计算。

(6) 财务成果的计算和处理。

(7) 其他需要办理会计手续、进行会计核算的事项。

二、会计的监督职能

会计监督就是监督经济活动按照有关的法规和计划进行。我国《会计法》明确规定:"各单位应当建立、健全本单位内部会计监督制度。"

(一) 会计监督的特点

会计监督与其他形式的经济监督相比,有四个特点。

1. 会计监督伴随会计核算同时进行,因此具有完整性和连续性

企业发生的各项经济活动,总要花钱用物,并因此被记入账簿。会计在反映这些事实时,同时审查它们是否符合法令、制度、规定和计划,从而全面、完整地监督每一项经济活动。

2. 会计监督主要利用各种价值指标,以财务活动为主,具有综合性

会计主要使用货币量度,可以利用资产、负债、所有者权益、收入、费用和利润等指标综合反映经济活动的过程和结果,也就可以利用这些指标从总体上监督经济活动。例如,事先规定一个部门的费用预算,会计人员可以在总额上控制和监督该部门的开支规模,进而达到控制其经济活动的目的。比如:通过消耗定额控制制造部门的材料耗费,通过工时定额控制用工部门对人工的使用,等等。

3. 以国家的财经法规和财经纪律为准绳,具有强制性和严肃性

会计监督的依据是国家的财经法规和财经纪律。这种监督具有强制性。《会计法》不仅赋予会计机构和会计人员实行会计监督的权力,而且规定了监督者的法律责任。

4. 会计监督是三位一体的全方位监督

根据《会计法》的规定,我国实行的是三位一体的全方位会计监督,即单位内部会计监督、社会监督、国家监督。

(1) 单位内部会计监督。单位内部会计监督,是指各个单位必须建立、健全本单位内部会计监督制度。单位内部会计监督制度,是一个单位为了保护其资产的安全完整,保证其经营活动符合国家法律、法规和内部规章要求,提高经营管理效率,防止舞弊,控制风险等目的,而在单位内部采取的一系列相互联系、相

互制约的制度和方法。《会计法》第二十七条规定:"各单位应当建立、健全本单位内部会计监督制度。单位内部会计监督制度应当符合下列要求:(一)记账人员与经济业务事项和会计事项的审批人员、经办人员、财物保管人员的职责权限应当明确,并相互分离、相互制约;(二)重大对外投资、资产处置、资金调度和其他重要经济业务事项的决策和执行的相互监督、相互制约程序应当明确;(三)财产清查的范围、期限和组织程序应当明确;(四)对会计资料定期进行内部审计的办法和程序应当明确。"这是对各单位建立内部会计监督制度问题作出的原则性规定。

就我国现实而言,单位内部会计监督制度的目标是:第一,保证单位经营管理目标的实现;第二,保护单位资产的安全完整;第三,保证会计记录的可靠性和及时提供真实的会计信息;第四,保证单位各项经济活动符合效益原则;第五,保证单位各项经济活动在法定范围内进行。

(2)社会监督。会计的社会监督,主要是指社会中介机构如会计师事务所的注册会计师依法对受托单位的经济活动进行审计,并据实作出客观评价的一种监督形式,它是一种外部监督。社会监督是以其特有的中介性和公正性而得到法律的认可,具有很强的权威性、公正性。单位内部的会计监督和有关部门对单位实施的国家监督,以及由注册会计师承办的社会审计,构成了会计监督的整体,它们之间相辅相成,共同为社会经济服务。《会计法》第三十一条规定:"有关法律、行政法规规定,须经注册会计师进行审计的单位,应当向受委托的会计师事务所如实提供会计凭证、会计账簿、财务会计报告和其他会计资料以及有关情况。"

(3)国家监督。会计工作的国家监督,是一种外部监督,主要是指政府有关部门依据法律、行政法规的规定和部门的职责权限,对有关单位的会计行为、会计资料所进行的监督检查。在社会主义市场经济条件下,必须加强对各单位会计行为的国家监督。这是成熟的市场经济国家的通行做法。我国会计工作的国家监督分两个层面展开。

第一个层面是财政部门的会计监督。《会计法》第七条规定:"国务院财政部门主管全国的会计工作。"《会计法》第三十二条规定:"财政部门对各单位的下列情况实施监督:(一)是否依法设置会计账簿;(二)会计凭证、会计账簿、财务会计报告和其他会计资料是否真实、完整;(三)会计核算是否符合本法和国家统一的会计制度的规定;(四)从事会计工作的人员是否具备从业资格。在对前款第(二)项所列事项实施监督,发现重大违法嫌疑时,国务院财政部门及其派出机构可以向与被监督单位有经济业务往来的单位和被监督单位开立账户的金融机构查询有关情况,有关单位和金融机构应当给予支持。"这是对财政部门实施会计监督的职责、内容和方式的规定。

第二个层面是其他政府机构对会计工作的监督。在对会计工作的国家监督中,除财政部门的普遍性监督外,其他有关部门按照法律、行政法规的授权和部门的职责分工,从行业管理、履行职责的角度出发,也有对有关单位会计资料实施监督检查的职权。《会计法》第三十三条规定:"财政、审计、税务、人民银行、证券监管、保险监管等部门应当依照有关法律、行政法规规定的职责,对有关单位的会计资料实施监督检查。"在其他一些法律和法规的规定中也规定了政府有关部门的会计监督职责,如《中华人民共和国审计法》第三十二条规定,审计机关在对国家机关、国有金融机构、国有企业事业单位进行审计时,"有权检查被审计单位的会计凭证、会计账簿。会计报表以及其他与财政收支或者财务收支有关的资料和资产,被审计单位不得拒绝"。《中华人民共和国税收征收管理法》第三十二条规定:"税务机关有权进行下列税务检查:(一)检查纳税人的账簿、记账凭证、报表和有关资料,检查扣缴义务人代扣代缴、代收代缴税款账簿、记账凭证和有关资料……"《中华人民共和国商业银行法》第六十二条规定:"中国人民银行有权依照本法第三章、第四章、第五章的规定,随时对商业银行的存款、贷款、结算、呆账等情况进行检查监督。检查监督时,检查监督人员应当出示合法的证件。商业银行应当按照中国人民银行的要求,提供财务会计资料、业务合同和有关经营管理方面的其他信息。"《中华人民共和国证券法》第一百六十七条、第一百六十八条规定,国务院证券监督管理机构……依法对证券发行人、上市公司、证券交易所、证券公司……的证券业务,进行监督管理……依法监督检查证券发行和交易的信息公开情况;国务院证券监督管理机构依法履行职责,有权……查阅、复制当事人和与被调查事件有关的单位和个人的证券交易记录、登记过户记录、财务会计资料及其他相关文件和资料;等等。

(二)会计监督的内容

(1)监督会计资料的真实可靠。我国《会计法》规定,会计机构和会计人员对记载不准确、不完整的原始凭证,予以退回,并要求按照国家统一的会计制度的规定更正、补充。

(2)监督经济业务的合法性。我国《会计法》规定,会计机构和会计人员,对不真实、不合法的原始凭证,有权不予受理。会计机构、会计人员对违反《会计法》和国家统一会计制度规定的会计事项,有权拒绝办理或者按照职权予以纠正。

(3) 监督企业财产的安全和完整。会计人员发现会计账簿记录与实物、款项及有关资料不相符的，按照国家统一的会计制度的规定有权自行处理的，应当及时处理；无权处理的，应当立即向单位负责人报告，请求查明原因，作出处理。

(4) 监督财经法规和财经纪律的执行。会计机构和会计人员，对违法的收支，不予办理。任何单位和个人对违反《会计法》和国家统一会计制度规定的行为，有权检举。

会计的核算职能和监督职能相比，是基本的、首要的。核算是基础，通过核算进行监督。没有或不能核算的事项，会计也无从监督。但是，从人的目的来看，改变世界比认识世界更重要，监督或控制经济活动比核算更接近人的最终目的，因而更有意义。

三、会计职能的扩展

近些年，由于经济的发展和管理理论的完善，会计的传统职能有所扩展。不少学者认为，会计除具备核算与监督两大基本职能之外，还应该具备参与经济管理的职能，即会计要能更多地利用所取得的会计信息来帮助决策者作出有关的正确抉择。随着科学管理的进步，随着社会主义市场经济体制的确立，这一职能的重要性日益明显。为此，会计学界出现了会计多职能论，比较有代表性的是"会计六职能论"，即会计除具有传统的核算与监督职能外，还有预测、决策、控制和分析职能。但是，会计的基本职能是核算与监督，仍然是被普遍接受的观点。

第四节 会计的任务和作用

一、会计的任务

在社会主义市场经济体制下，会计的任务主要有以下几项：

(1) 正确、及时、完整地反映企业单位经济活动的财务收支情况及其经营成果，为会计信息使用者提供有用的信息，为国民经济的综合平衡提供正确的依据。

(2) 监督、检查各企业单位经济活动的合理性、合法性、合规性及效益性。

(3) 提供管理所需的一切可用于预测、控制、决策、分析的会计信息，参与或帮助作出最优决策。

二、会计的作用

会计的作用与任务有着密切的联系,但作用是否能充分发挥,还有赖于国家的管理体制、经济环境、会计人员的素质等因素。目前,在社会主义市场经济体制下,会计的作用主要有四项。

1. 加强经济管理,提高经济效益

在社会主义市场经济体制下,企业要生存与发展,必须不断提高市场竞争能力和企业盈利能力,这就给企业的经济管理提出了较高的要求。为此,会计必须尽可能多地提供企业经济管理所需的信息资料,而且还必须利用这些资料对经济活动进行分析、预测和控制,并积极参与经营管理,以提高企业的经济效益。

2. 加强经济核算,促进增产节约

会计核算是实行经济核算不可缺少的一环。会计对企业经济活动中的各项耗费、收入和盈亏所进行的记录、分析与检查,有助于加强经济核算,有助于人力与物力的充分利用,从而促进降低成本和增产增收。

3. 保证国家财经纪律、财经制度的贯彻

国家的方针、政策、制度和法令,是企业单位组织经济活动和各项工作的规范,各企业单位必须认真贯彻。会计在这方面起着不可忽视的作用,因为通过有根有据的会计记录,可揭示各项财经纪律与制度的执行情况,从而利用会计监督的手段验证企业各项收支行为及盈亏计算结果的合规性与合法性。

4. 保护财产物资的安全完整

企业单位的财产物资,是社会再生产的物质基础。企业财产物资的使用、保管在会计上有一套严密的记录管理制度。在一般情况下通过会计记录能如实地反映各项财产物资的增减变动及结存情况;通过财产物资的定期或不定期的清查盘点,可以防止与揭露物资积压、损坏现象以及被盗等行为,从而保护企业财产物资的安全与完整。

第五节　会 计 循 环

为了将会计主体经济活动的结果,通过会计报表的方式提供给会计信息的使用者,会计工作者必须经过记录、分类、汇总、编制报表、传递信息等一系列的工作程序。这种在每一会计期间周而复始进行的程序,在会计上就称为会计工作的循环,简称会计循环。它于会计期初开始,至会计期末终了,并循环往复、周而复始,故称为会计循环。企业若以1年为一个会计期,则会计循环历时1年;若按月结账和编表,则会计循环历时1月。企业在一个会计期内的会计循环必须经过编审凭证、做分录、记账、试算、调整、结账和编表等一系列会计程序。这一会计循环的流程可汇总如图1-2所示。

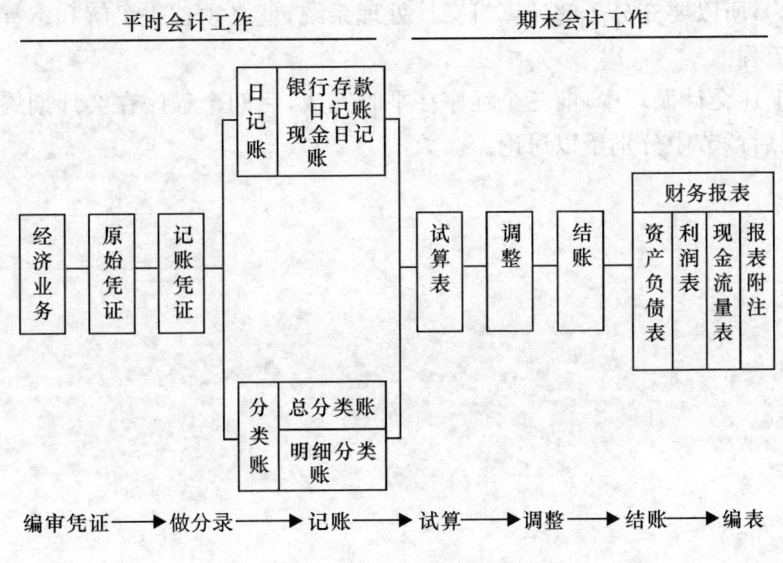

图1-2 会计工作循环图

以上各流程可概述如下:

(1)编审凭证。经济业务发生后,会计首先要取得、编制原始凭证,并审核其合法性、合规性等。

(2)做分录。对每笔经济业务列示其应借记和应贷记的账户及其金额,并填入记账凭证。

(3)记账。记账又称过账,即根据记账凭证确定的会计分录,在日记账和分类账中进行登记。

(4)试算。将分类账中各账户借方总额、贷方总额和期末余额汇总列表,以验证分录及过账是否有误。

(5)调整。根据经济业务的发展,定期修正各账户的记录,使各账户能正确反映实际情况。

(6)结账。会计期终了,结清收入、费用账户,以确定当期损益,并结出资产、负债、所有者权益账户余额,以结转至下期连续记录。

(7)编表。会计期结束,将期内所有经济业务及其结果汇总编制成资产负债表、利润表和现金流量表等,以反映企业的财务状况、经营成果和现金流量,并辅以必要的注释和说明。

当今社会财务软件得到普遍应用,会计人员可使用电脑来记载、收集、分类、汇总及编制财务报表。但是相关的流程指令还是根据复式记账原理和会计循环顺序而为,所以要充分了解计算机会计处理系统,就必须首先了解和掌握会计基本处理流程。

在上述会计循环中,前三个程序在平时完成,后四个程序在会计期终了时完成,在以后章节中分别予以讨论。

第二章 会计的基本理论结构

第一节 会计目标

一、会计目标的概念

《企业会计准则——基本准则》对财务会计报告目标进行了明确定位,其第四条规定:"财务会计报告的目标是向财务会计报告使用者提供与企业财务状况、经营成果和现金流量等有关的会计信息,反映企业管理层受托责任履行情况,有助于财务会计报告使用者作出经济决策。"这里所指的财务会计报告使用者主要包括投资者、企业债权人、政府及其有关部门和社会公众等。

二、财务会计报告的使用者

（一）投资者

满足投资者的信息需要是企业财务报告编制的首要出发点。近年来,随着我国资本市场的快速发展,机构投资者及其他投资者队伍日益壮大,投资者最关心的是其投资风险和报酬,他们需要会计信息来帮助作出是否应当买进、持有或者卖出企业的股票或者股权的决策,也需要会计信息来帮助评估企业支付股利的能力等。基本准则将投资者作为企业财务会计报告的首要使用者,突出体现投资者的地位和体现保护投资者利益的要求。

（二）企业债权人

银行将资金借贷给企业,供应商将货发送给企业,在尚未收款之前,它们就是企业的债权人。企业的债权人最关心的是能否如期收回贷款本金及其利息,能否如期收回企业所欠购货款等,因此对企业的偿债能力和财务风险也最为关心,需要相关的会计信息来评估债务企业的偿债能力和财务风险,以作出是否继续贷款、是否继续给予赊购等经济决策。

（三）政府及其有关部门

政府及其有关部门作为守夜人，最关心的是如何公平、合理地分配经济资源，维持市场经济秩序的公正、有序，以及及时制定宏观经济的调控政策、税收政策等。同时政府还承担国民经济数据的统计分析等责任。所有这一切都离不开财务会计信息。

（四）社会公众

社会公众作为社会成员之一，也要通过相关信息作出个人的经济决策。例如，根据一定的信息决定自己的就业选择；根据一定的信息决定将资金投放于股市还是投放于房地产市场，或者干脆用于消费；等等。财务会计信息在一定程度上能满足社会公众的这些需要。

三、企业管理层的受托责任

现代企业制度的产生导致企业所有权和经营权相分离，企业管理层是受企业所有者之委托经营管理企业及其各项资产，负有受托责任。企业的各项资产有的是投资者投入的资本、有的是未分配给投资者作为企业再投资的留存收益、有的是借入资金所形成的。企业管理层有责任妥善保管并合理有效运用这些资产。企业投资者和债权人也需要及时了解企业管理层保管、使用资产的情况，以便于评价企业管理层的责任情况和业绩情况，并作出是否需要调整投资或者信贷政策、是否需要加强企业内部控制和其他制度建设，是否需要更换管理层等决策。财务报告反映企业管理层受托责任的履行情况，有助于外部投资者和债权人等评价企业的经营管理情况和资源使用的有效性。

四、会计信息

（一）会计信息的结构

由于构成会计主体的组织类型不同，所以其经济信息的差别也比较大，但是总括信息是相似的。经济组织的总括信息可以进行如图 2-1 所示的分类。

（二）经营信息

一个组织在处理日常业务活动时必然要面对大量的经营信息。比如：人事部门要制订雇员薪金的发放原则，并对薪金的发放进行记录；销售部门要了解商品的销售情况、商品的成本和售价，并对销售进行记录；仓库部门要对材料的收入、发出和结存进行记录；公司还需要掌握客户的欠款情况以及客户的还债能

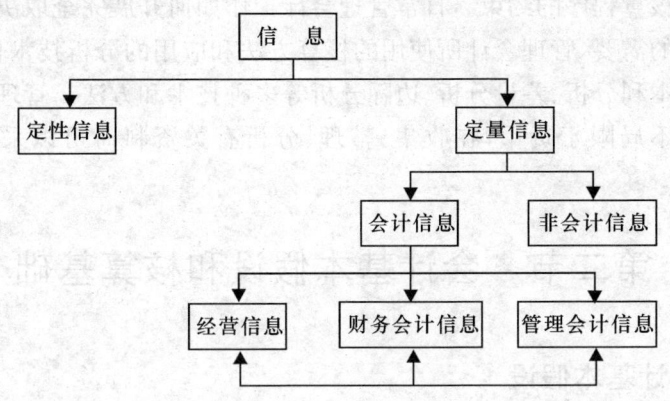

图 2-1 经济信息类型

力,以便对不同的客户采用不同的信用政策;公司也要掌握自己对外的欠款,以及偿还了欠款以后,银行存款还有多少余额。经营信息是会计信息的重要组成部分,同时也为财务会计的核算和管理会计的核算提供信息。

(三) 财务会计信息

财务会计是对企业中已经发生的经济业务进行事后记录和总结,财务会计信息不但服务于企业内部管理者,更为重要的是要向企业外部与企业有利害关系的集团和个人提供反映企业经营成果和财务状况及其变动的财务会计信息。企业的投资者需要根据这些信息判断该项投资的价值,并对是保留投资、撤出投资还是追加投资作出决策。企业潜在投资者也要依据这些财务会计信息对自己的投资行为进行决策。同样,在公司准备举借债务时,债权人需要通过财务会计信息了解企业营运情况和偿还借款的能力,以判断是否需要向该企业提供贷款。为了不使财务会计信息的使用者在阅读使用这些信息时产生歧义或被误导,财务会计必须按照一定的程序,按照公认会计原则、会计准则、会计制度对日常经济业务进行处理以后,以财务报告的形式发布财务信息,这些规则为整个社会所接受并理解。只有这样,才能使企业外部信息使用者完整、全面地理解这些信息的涵义,否则无法完成财务会计所设定的目标。

(四) 管理会计信息

专门为企业内部管理者编制的会计信息称为管理会计信息,它着眼于企业未来的生产经营活动,向企业内部各级经营管理人员对未来的生产经营活动进行事前预测和事中控制,以及制订短期和长期经营决策提供信息服务。管理会计没有固定的核算程序,既不受任何统一会计制度等法规的约束,也不受固定的会计惯例和核算程序的约束。日常管理会计工作如何开展完全取决于企业管理者内部管理的需要,管理会计所使用的核算方法和应用的分析技术也灵活多样,可以采用量本利分析、差量分析、边际分析等多种技术和方法。管理会计采用的计量单位也不局限于货币,在收集、整理、分析有关资料时可以采用多种计量单位。

第二节 会计基本假设和核算基础

一、会计基本假设

会计核算所面对的社会经济环境是极为复杂和变化不定的,在这种情况下,会计人员有必要对会计核算所处的这种经济环境作出合理的假设和判断,这就是会计基本假设,也称会计前提。人们在长期的会计实践中,通过不断认识和实践,总结并形成了以下四个会计基本假设,它们是:会计主体、持续经营、会计分期和货币计量。

(一) 会计主体

会计主体也称会计实体,指会计工作为其服务的特定单位或组织。《企业会计准则——基本准则》第五条规定:"企业应当对其本身发生的交易或者事项进行会计确认、计量和报告。"

企业的组织形式一般有:独资、合伙、有限责任公司、股份有限公司。

独资企业指由一个私人单独投资经营的企业,业主对企业盈亏负全部责任,在企业资产不够清偿对外债务时,以业主个人财产清偿。

合伙企业由几个私人共同投资建立的企业,企业盈亏按照每个人的投资额比例或者合同规定的比例分配,企业财产不够清偿对外债务时由各合伙人负无限连带责任。

有限责任公司和股份有限公司的共同特征是:投资者都是以自己对公司的投资额对公司的负债承担有限责任。两者的区别在于:前者的投资者数量少而且不对外发行股票,后者的投资者数量多,并把全部资本分成等额股份,以股票形式或内部认购或对社会公众公开发行。

从法律的观点来看,有限责任公司和股份有限公司都具有法人资格,可用它本身的名义掌握企业的财产并享有利益,进行各项法律上有效的行为,会计主体与法律主体在这两类公司中得到了统一。

独资企业与合伙企业，在法律上没有独立的人格，不能独立具有权利能力与行为能力，也就是说，独资企业与合伙企业所有的财产和对外债务，在法律上仍然是业主或合伙人的财产和债务，独资企业与合伙企业在业务上的种种行为，仍然视作业主或合伙人的行为。但是，从会计角度来讲，不论企业是属于独资企业或合伙企业，还是属于有限责任公司或股份有限公司，都假定企业作为一个独立的实体。就是说，业主既然投资设立了一个企业，这个企业即被认为具有独立的资格，是一个独立的实体，企业是企业，业主是业主。企业的财产应视为它本身所有，企业的债务也是它本身的债务，必须与业主的财产与债务分开，两者不能混淆。企业的业务收支行为应视为它本身的行为，与业主的收支行为必须分开，不能混在一起。企业与业主之间如果有业务和财产往来，在会计上也都应将其当做外人一样看待。所以，企业的一切会计记录，都是将企业看作一个实体而记载的，不是从业主的立场来记载的，因此，企业中的经营收益与损失，也不应直接作为业主的收益或损失，应当先记录在企业的账上，待按照一定的核算程序转归业主以后，才算是业主的收益或损失。这就是财务会计中的会计主体概念。

会计主体这一基本假设要求企业在组织会计核算时必须分清自身的经济活动与其他单位的经济活动；分清企业的经济活动与企业投资者的经济活动。企业中的会计记录和会计报表涉及的只是企业主体范围内的经济活动，而不记录、不核算企业投资者或所有者的经济活动，也不记录、不反映其他单位的经济活动。

会计主体概念可能会产生一些问题，比如某人设立了一家独资企业，该企业的经营场所与他的生活场所在同一处房屋中，那么房租、电费、水费等怎么在个人生活活动与企业的经营活动之间进行分摊呢？当然对于一家具有一定规模的独资企业或者合伙企业来讲，是不会存在这种问题的。

由此可见，一般来说会计主体可以是法律主体，也可以不是法律主体，但是法律主体必然是会计主体。会计主体可以是独立法人，也可以是非法人；可以是一个企业，也可以是企业内部的某一单位或企业内部的某一特定部分（如企业的分公司、企业设立的事业部）；可以是某一企业，也可以是几个企业组成的企业集团。

(二) 持续经营

持续经营是指会计主体的生产经营活动将无限期地延续下去，在可以预见的未来，会计主体不会因进行清算、解散、倒闭而不复存在，因此要求会计人员以会计主体持续正常的经营活动为假设，并在此假设下选择确定会计程序及会计处理方法,进行会计核算。《企业会计准则——基本准则》第六条规定:"企业会计确认、计量和报告应以持续经营为前提。"持续经营假设为企业的财产计价和收益确定提供了理论依据。例如,对于企业经营活动中长期使用的房屋、机器设备等固定资产,就是以企业持续经营为假设的,即假设这些固定资产将最终被用于企业生产经营活动中,不会在近期内出售。因此在这些财产有效使用寿命周期内,按照其取得成本及其使用情况,确定采用某一折旧方法,将其磨损的价值计入相关会计期间的产品成本或期间费用中。会计上也只按照产品成本确定产品的价值,而不考虑这些固定资产的重置完全价格。同样也只有在持续经营假设下企业才可能对其所承担的债务,按照原先规定的条件去偿还。持续经营假设为企业会计核算所使用的处理方法保持稳定,为企业的会计记录和会计报表真实可靠提供了可能性。

当然,很多企业,不论是大的还是小的,可能会变得无力偿还债务从而趋于破产或进行法律上的改组。如果有迹象表明一个会计实体已经因为不能履行其承担的各种义务而难以为继,那么所有以这一假设作为基础的会计原则、会计准则、会计处理方法以及会计理论都不再适用。

(三)会计分期

会计分期是指将会计主体持续不断的经营活动分割为一定的期间。《企业会计准则——基本准则》第七条规定:"企业应当划分会计期间,分期结算账目和编制财务会计报告。"会计分期的目的在于通过会计期间的划分,据以结算账户、编制会计报表,从而及时向有关方面提供反映经营成果和财务状况及其变动情况的会计信息。

对某一企业来说,会计主体盈亏损益的计算和生产经营成果的总结,从理论上来说只有等到会计主体所有生产经营活动结束时,也就是说在存续期间末尾时,通过把会计主体存续期内所有收入减去存续期内所有成本费用以后才能够进行准确的计算和总结。但是,这种情况在现实中是不可能的。绝大部分单位,其存续期间不是几天或几个月,往往要持续少则几年,多则十几年,甚至几十年或上百年。而企业的投资者、债权人、财税部门和与企业有联系的其他相关利益集团不愿意等到企业终结时才去了解企业的经营成果,他们需要及时了解企业经营现状和财务状况,需要企业定期提供有用的财务信息,因此这就要求会计人员人为地将持续不断、川流不息的企业生产经营活动划分成若干个相等的期间,以及时反映企业经营成果和财务状况及其变动情况。这种人为的分期就是会计分期。

我国《会计法》规定,企业的会计期间按照年度划分,以日历年度为一个会计年度,即从每年1月1日至12月31日为一个会计年度。每一个会计年度还具体划分为半年度、季度和月份。在国外,不少国家将每年的4月1日至第二年的3月31日,或者每年的7月1日至第二年的6月30日作为基本会计期间的划分。

会计期间的划分对会计核算有着重要影响与作用。由于有了会计期间,才有了本期与非本期的区别;由于有了本期与非本期的区别,才产生了权责发生制和收付实现制,才使不同类型的会计主体有了记账的基准。采用权责发生制会计以后,对一些收入和费用也要按照权责关系在本期和以后会计期间进行分配,确定其归属的会计期间,为此需要在会计处理上运用预收、预付、应收、应付、预提、摊销等一些特殊的会计处理方法。

(四)货币计量

货币计量是指会计主体在会计核算过程中采用货币作为计量单位,记录、反映会计主体的经营情况。《企业会计准则——基本准则》第八条规定:"企业会计应当以货币计量。"企业的生产经营活动具体表现为商品的购买和销售;原材料的采购、入库及领用;固定资产的购买和使用,等等。由于这种种经济业务在实物上不存在统一的计量单位,无法进行加总比较。比如,某企业有 30 000 元现金、6 000 千克材料、6 辆卡车、5 000 平方米的房屋建筑,你无法把这些数字加总在一起,得到一个有意义的、能一目了然说明企业所拥有资产的合计数字。因此会计核算客观上需要一种统一的计量单位作为计量尺度。货币就是最理想的统一计量尺度。在商品经济的条件下,货币是所有商品及各种经济活动的一般等价物。企业中所有发生的经济业务都可以用货币来反映,比如上述例子中,如果6 000 千克原料价值 9 000 元、6 辆卡车价值 500 000 元、5 000 平方米房屋建筑价值 2 000 000 元,就可以很容易地将上述资产进行加总得出该企业的总资产为 2 509 000 元。以货币作为统一计量单位的好处,是在企业发生了经济业务时有了一个通用的标准对此进行计量,有了这种通用的标准就可以将会计主体所发生的不同类型的经济业务表述为可以进行加减的数字。

尽管货币计量有如此显著的优点,但它也使会计信息范围受到严格限制。企业文化、企业产品开发能力、企业人力资源等等诸如此类的、与企业持续稳定发展密不可分的因素在会计信息中无法得到反映。

货币计量是以货币的购买力保持不变为前提的。比如 2002 年购买的设备价值 200 000 元,2015 年同样以 200 000 元购买土地,在会计账簿上就都以 200 000 元记录该项设备和土地的价值,即使 2015 年实际的货币购买力要远远低于2002年,2002年购买的土地也不按照2015年的货币购买力进行折算。在现实的经济生活中,货币的币值经常发生变动,甚至在某些国家和地区的某个时期内币值会发生急剧变动,出现恶性通货膨胀,这时候,货币计量这一会计前提就遇到了挑战。有的国家针对恶性通货膨胀的情况,已经采用了通货膨胀会计。尽管如此,货币计量仍然是会计核算的基本前提。

我国《会计法》规定,人民币为记账本位币,企业所有经济活动一律通过人民币进行核算。但也允许某些业务收支以外币为主的外商投资企业在组织会计核算时,选定某种外币作为其记账本位币,但是对外提供会计报表时必须折合成人民币反映。我国在境外设立的企业,一般以当地的货币进行会计核算,但在向国内报送会计报表时应当折合成人民币。

二、会计核算基础——权责发生制

《企业会计准则——基本准则》第九条规定:"企业应当以权责发生制为基础进行会计确认、计量和报告。"权责发生制是指收入与费用的确认不以款项的实际收入与付出为准,而是以收入与费用是否实际发生为准,如果收入或者费用本期已经实际发生,即使本期与此相关的款项收付并没有发生,也应当确认为本期的收入与费用。反之即使款项的收入与付出本期已经发生,但是实际收入与实际费用并没有发生,那么本期收到的款项不能作为本期收入,本期实际付出的款项也不能作为费用。会计实务中,款项实际收支与收入费用实际确认的期间不一致的经济业务比比皆是。比如赊销商品,商品已经发出,但客户承诺在间隔一段时间以后再支付货款,那么收入在商品实际发出之时就已经产生,应当确认为收入,而不是等以后实际收到货款时再确认收入。

第三节 会计信息质量要求

会计信息质量要求是对企业财务会计报告中所提供会计信息质量的基本要求,是使财务报告中所提供会计信息对投资者等使用者决策有用应具备的基本特征。

会计信息的质量要求包括可靠性、相关性、可理解性、可比性、实质重于形式、谨慎性、及时性和重要性。

一、可靠性

可靠性是指会计核算必须以实际发生的经济业务为依据进行确认、计量和报告,如实反映财务状况和经营成果,做到内容真实、数字准确、资料可靠。可靠性原则的实质就是会计信息所提供的核算资料和核算数据必须真实可靠,把企业的经营状况和财务状况等事实真相,忠实地和盘托出,丝毫不加掩饰,告诉信息的使用者事实真相就是如此,至于具体结论由用户自己去分析判断。可靠性是对会计核算提出的最基本要求,它要求提供的会计信息是不偏不倚的,是未掺入任何主观成分的,因而会计信息是可信赖的。

可靠性包括两层含义:一是会计核算应当真实反映企业财务状况和经营成果,保证会计信息的真实可靠;二是会计核算应当具有可检验性,具有可验证的特征。

为确保客观性原则的贯彻落实,企业在组织会计核算时,会计确认必须以实际经济活动为依据;会计计量、记录的对象必须是真实的经济业务;会计报表必须如实反映情况,不得掩饰。企业不得根据虚构的、没有发生的或者尚未发生的交易或事项进行确认、计量和报告。

二、相关性

相关性是指会计提供的信息应当与财务会计报告使用者的经济决策需要相关,有助于财务会计报告使用者对企业过去、现在或者未来的情况作出评价或者预测。会计目标是为有关方面提供会计信息,为了充分发挥会计信息的作用,提高会计信息的使用价值,必须使会计核算提供的会计信息与使用者对会计信息的要求相关联。相关的会计信息能够帮助用户把过去、现在、将来的变化结合起来,预测其结局,或者去证实、去纠正以往的预期情况,从而影响其决策。因此相关性要求企业在收集、加工、处理和传递会计信息的过程中,应充分考虑会计信息使用者对会计信息需要的不同特点,确保企业内外有关方面对会计信息的相关需要。那么,充分考虑会计信息使用者对信息的不同要求后是否会削弱可靠性?答案是否定的。相关性是以可靠性为基础的,两者之间并不矛盾,不应将两者对立,也就是说在可靠的前提下,尽可能做到相关,以满足不同报告使用者的需要。

三、可理解性

要使财务会计报告使用者有效利用会计信息,就要让使用者了解会计信息的内涵,弄懂会计信息的内容。这就要求财务报告所提供的会计信息应清晰、明了并易于理解。会计信息是专业性较强的信息产品,在强调会计信息可理解性的同时,应假设信息使用者具有一定的会计专业知识,他们能依据所掌握的专业知识去研究、利用财务会计报告所提供的信息。因此,对于复杂的会计信息,企业在财务会计报告中应进行充分披露。

四、可比性

企业提供的会计信息应当具有可比性。可比性是指会计核算提供的信息应当相互可比。谋求可比性是为了扩大会计信息的用处。

可比性包括两层含义:

第一层含义:不同企业所提供的同一会计信息相互可比。一家企业的会计信息,如果能够与其他企业类似的信息比较,就不难看出它们之间相似或相异之处,找出本企业生产经营管理上的优势所在和弱点所在,从而奋发图强,更上一层楼。

要比较不同企业的信息,信息就必须有一定的共性,如会计计算方法的一致,会计资料分类、汇总、分析的口径一致等,国家通过制订会计准则、会计核算制度来保证这种一致性。可比性要求企业在确认和计量时必须按照国家统一规定的会计处理方法进行核算,在编制财务报表时,应当按照国家统一规定的会计指标编制,从而使所有企业提供的会计核算资料和数据能够相互比较。

第二层含义:同一企业采用的会计程序和会计处理方法前后各期必须一致,企业不得随意变更会计处理程序和会计处理方法。会计准则与会计制度对某一特定业务的处理往往规定几种可供选择的方法,比如对存货既可以用先进先出法进行核算,也可以用个别计价法核算,还可以用加权平均法等方法进行核算。对于固定资产折旧,我国会计准则规定可以采用使用年限法、工作量法、年数总和法、双倍余额递减法等四种方法计算。可比性要求一旦会计主体选用了某种核算方法,在以后同类事项的会计处理中就一直要采用同样的处理方法,除非有变更核算方法的正当理由。如果一个会计主体频繁地变更对某一会计事项的处理方法,那么同一会计主体前后各期的会计核算资料就很难进行比较。

鉴于这一原则,在会计核算中一般不轻易改变会计核算办法,如果必须变动核算方法,财务报告中必须说明变更的理由与变更后对企业财务状况的影响。

可比性既强调不同单位会计核算资料的横向比较,也强调同一企业前后各期会计核算资料的纵向比较。可比性是以可靠性为基础的。客观真实地反映企业经营情况是会计的目标,可比性应当服务和服从于这一目标,不能因为为了追求核算资料的可比性,过分强调使用统一的会计处理方法,而使会计核算不能真实、客观地反映实际情况。也不能在国家有关政策规定发生重大变化,或企业经营情况、经营范围、经营方式、经营环境发生重大变化时,为了强调前后核算资料的可比而拒不改变核算方法,从而导致因会计核算资料的失真而丧失可靠性。

五、实质重于形式

这里所讲的形式是指法律形式,实质是指经济实质。有时,经济业务的外在法律形式并不能真实反映其实质内容。为了真实反映企业的财务状况和经营成果,就不能仅仅根据经济业务的外在表现形式来进行核算,而要反映其经济实质。比如,受托代销商品,从法律形式看,其产权并不归受托方所有,但从经济实质来看,受托方事实上已经控制了该商品,所以受托方应当将受托代销商品视作自有商品进行核算。如果不考虑经济实质,仅看其法律形式,就不能真实反映这笔业务对企业的影响。

六、谨慎性

谨慎性是指当企业处理含有不确定因素的经济业务时,要保持小心谨慎的态度,充分估计到可能发生的损失和风险,并以一定的方法计量确认这种风险和损失。而对于可能发生的收入和收益则不能予以计量和确认。可以用简单的两句话概括谨慎性的核心,这就是:

只有在有绝对把握时,才能够对收入予以计量或确认。

只要有合理的可能性,就要对损失和费用予以估计并确认。

根据谨慎性要求会计人员在处理某项经济业务或会计事项时,如果有几种可供选择的处理方法,在不影响可靠性的前提下,应尽可能选择一种不虚增利润和夸大所有者权益,但能够合理核算可能发生的损失和费用的会计处理方法与会计处理程序进行会计处理。

谨慎性贯穿于会计核算的全过程。从会计确认来讲,要求确认标准和方法建立在稳妥合理的基础之上;从会计计量来讲,要求不得高估资产或者收益、不得低估负债或者费用;从会计报告来讲,要求会计报告向会计信息使用者提供尽可能全面的会计信息,特别应当报告有关可能发生的风险和损失。

七、及时性

及时性是指会计核算工作要讲求时效,对已经发生的交易或事项,及时进行会计确认、计量和报告,不得提前或延后。我国目前实行社会主义市场经济体制,作为市场经济主体的企业,必须独立自主、自主经营、自负盈亏。在瞬息万变的市场上,企业为在日趋激烈的竞争中站稳脚跟,对信息时效性的要求越来越高,及时性原则越发显得重要。

在会计核算中坚持及时性,一是要求及时收集会计信息,及时整理各种原始单据。二是要求及时对会计信息进行加工处理,及时编制出会计报表。三是要求及时传递会计信息,将会计报表及时传递给报表使用者。

八、重要性

重要性是指在会计核算时,对所发生的经济业务或会计事项应当区别重要程度,采用不同的会计处理方法和程序。具体地说,对于那些相对重要的经济业务和会计事项,应当分别核算、分项记录、力求准确,并在会计报表中作重点说明;而对于那些相对次要的经济业务和会计事项,在不影响可靠性原则的前提下,可以适当简化会计核算手续,以简便的会计处理方法和会计处理程序进行会计处理。重要性有点类似于一条法律上的原则:不纠缠于细枝末节,不考虑无意义的细节问题。比如一摞崭新的纸毫无疑问是企业的一笔资产,每当有人拿出一张纸并在上面书写时,部分资产就被消耗掉了,企业中相应的成本与费用增加,利润相应减少。从理论上来讲,在会计期末完全有可能把企业中所有用过的纸张统计出来,然后计算已经发生的成本费用,并且调整纸张的库存价值。但是很显然这样做是不值得的,会计人员一般采取的是一种简单而又不怎么精确的方法,在买入纸张或使用者从仓库里领用纸张时就视作纸张已经被消耗掉而计入有关成本费用中。

遗憾的是会计制度和会计准则中并没有规定企业的经济业务和会计事项中哪些是重要的,哪些是次要的。对其判断,在很大程度上取决于会计人员的职业经验。会计人员一般从经济业务性质和经济业务金额两方面去判断。从性质来讲,只要该会计事项的发生可能对决策产生重大影响的,就属于重要事项;从金额来讲,当某一会计事项的发生达到一定金额,可能对决策产生影响时,就把它作为重要事项。一般情况下,所发生经济业务的金额达到总金额的5%时就认定其为重要事项。

第四节 会计对象和会计要素

一、会计对象

(一) 什么是会计对象

会计对象是指会计所反映和监督的内容,即会计的客体。在社会主义市场经济条件下,会计的对象是社会再生产过程中主要以货币表现的经济活动,即企业和行政事业单位中以货币表现的经济活动。

(二) 会计对象的具体表现

会计对象可表现为企业再生产过程中能以货币表现的经济活动,也就是企业再生产过程中的资金运动。

以工业企业为例,工业企业的资金运动按其运动的程序可分为资金投入、资金周转、资金退出三个基本环节。与此相关,工业企业生产经营过程可以划分为供应过程、生产过程和销售过程。随着企业供、产、销过程的不断进行,企业的资金也在不断地进行着循环和周转,由货币资金转化为固定资金、储备资金,再转化为生产资金、商品资金,最后又转化为货币资金。会计要依次反映这些阶段的经济活动(见图2-2)。

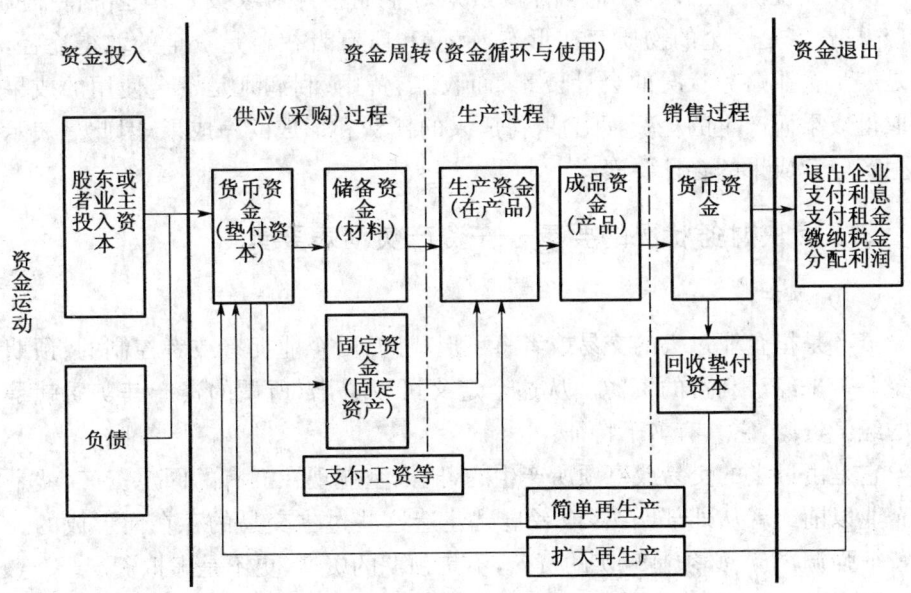

图 2-2 企业资金循环和会计的对象

会计就是对这一川流不息的资金运动过程进行记录、反映和核算。上述过程中,资金的取得、运用和退出等经济活动所引起的各项财产和资源的增减变化情况,在经营过程中各项生产费用的支出和产品成本形成的情况,以及企业销售收入的取得和企业纯收入的实现、分配情况,构成了工业企业会计的具体对象。

企业的资金可以从两方面来进行考察:一方面,企业的资金必然以一定的物质形态存在,这些资金存在的物质形态可以表现为货币资金、原材料、固定资产、以及处于生产过程中的在产品和完成生产过程可以对外销售的产成品,这些资金的物质存在形态在会计上统称为资产;另一方面,企业的资金必然有其一定的来源渠道,从大的方面来讲,无非来源于投资者的投入和企业债权人的投入两个方面。人们习惯上把前者称为所有者权益或者股东权益,把后者称为负债。

此外,企业在不断的经营过程中将生产的产品对外销售,取得货币资金,这是企业使用资金取得的成果,称其为收入。但是同时企业在生产产品、销售产品的过程中又要产生一定的耗费,企业为取得收入而耗费的资产,称为成本费用;收入与费用之间的差额,亦即企业使用资金而取得的增值额,被称为利润。

上述资产、负债、所有者权益、收入、费用、利润,就是一般所说的会计对象要素或会计要素。

从以上说明中可以看出:会计要素是对企业会计对象按照其经济特征所作的分类;资产是资金的物质存在形态,负债和所有者权益是资金的取得途径,它们是表示企业财务状况的会计要素;而收入、费用、利润则是资金使用的成果和为取得成果而产生的耗费,即为取得成果的耗费和形成的净成果,因此是表示企业生产经营成果的会计要素。

二、反映财务状况的要素——资产负债表要素

(一)资产

资产是指企业过去的交易或者事项形成的、由企业拥有或者控制的、预期会给企业带来经济利益的资源。从这个定义可以看出,所谓的资产其实质就是企业的经济资源,它具有如下特征:

它是由过去的交易或事项所产生的,比如企业现在拥有的固定资产,就是因为企业以前或者从外部购买,或者自己建造这些过去交易的存在而形成的。这一特征强调,资产必须是现实的资产,不是预期的资产,更不是虚拟资产。

资产是企业拥有或控制的。拥有指资产的所有权归企业,但控制并不一定指企业拥有资产的所有权。当企业以分期付款方式购买一辆小汽车时,从法律意义来讲只有在最后一期款项付清时,该小汽车的产权才能归属企业,但是由于在整个付款期间,小汽车已经在购买方手中,购买方已经通过该小汽车的使用为企业创造了经济效益,小汽车事实上已经被购买方所控制,因此,尽管在付款期间,购买方不拥有小汽车的产权,但也把小汽车作为自己的一项资产处理。同样,企业如果租入一台设备,租赁期可能有两种情况:一种情况是租赁期限很短,

使用期满即归还出租方,承租人对该租入设备使用权的控制时间很短,这种租赁被称为经营租赁,经营租赁租入的固定资产不能作为企业的资产;另一种情况是租赁期限很长,租赁期限几乎相当于租入设备的使用寿命,承租人对该租入设备使用权的控制时间几乎等于租入设备的生命周期,这种租赁被称为融资租赁,融资租赁租入的固定资产,虽然企业对其不具有所有权,但是按照实质重于形式的原则应当将其作为企业资产列入资产负债表。

资产能够为企业带来未来经济利益,也就是说资产是可望给企业带来现金流入的经济资源。这一特征可以从以下三方面来理解:首先,资产本身是现金或者可以转化为现金;其次,它们是待售物品,企业可以从这些物品未来的出售中收取现金;再次,它们可用于未来的生产经营活动,这些生产经营活动可以为企业带来现金流入。

资产具体包括各种财产、债权和其他权利。它可以分为流动资产和非流动资产。其中,流动资产是指将在一年或者超过一年的一个营业周期内变现的资产,包括货币资金、交易性金融资产、应收票据、应收账款、预付款项、应收利息、应收股利、其他应收款、存货、一年内到期的非流动资产等。非流动资产包括长期股权投资、固定资产和无形资产等。

将一项经济资源确认为资产,除了需要符合资产的定义以外,还应同时满足两个条件。

1. 与该资源有关的经济利益很可能流入企业

从资产的定义来看,能否带来经济利益是资产的一个本质特征。在现实生活中,与资源有关的经济利益能否流入企业或流入多少带有极大的不确定性。如果取得的证据证明经济利益很可能流入企业,就应当将其作为资产予以确认;反之,则不能确认为资产。

2. 该资源的成本或者价值能够可靠地计量

可计量性是所有会计要素确认的重要前提,只有当有关资源的成本或者价值能够可靠计量时,资产才能予以确认。实务中,企业取得的资产可能有两种情况:第一种情况,已经发生了实际成本的资产,如购买的存货等,应当说企业中大部分资产都属于这种情况。对于这些资产,只要实际发生的购买成本或者生产成本能够可靠计量,就视为符合了资产确认的可计量条件;第二种情况,企业取得的资产没有发生实际成本或者发生的实际成本很小,如企业持有的某些期货、期权等衍生金融工具形成的资产。对于这些资产,如果其公允价值能够可靠地计量,也被认为符合了资产可计量性的确认条件。

（二）负债

负债是指企业过去的交易或者事项形成的、预期会导致经济利益流出企业的现时义务。负债具有如下特征：

负债反映企业的债权人对企业资产的要求权，但是某项负债不是针对企业某项资产的要求权，而是针对全部资产的要求权。比如，应付账款是因为企业购买存货而引起的，但应付账款这项负债，不是针对存货这一特定资产的要求权，而是针对企业全部资产的要求权。如果某一项负债直接针对某一项特定资产的要求权，那么也许就说明了这样一种事实：该项负债是抵押贷款或者是有担保的长期负债。

负债是由于过去的交易或事项所形成的当前债务。比如，企业目前承担着一笔应付账款的债务，这笔债务之所以形成，是因为企业在过去购买了一批材料或者其他货物等这一类交易的产生。这一特征强调，负债必须是实际已经发生的债务。企业预期将来可能发生的债务，不能作为企业的负债列入资产负债表。当然，按照谨慎性原则，对一些虽然没有发生，但预期很可能发生的或有负债，应当根据一定的原则和方法予以计量并确认为企业当期的负债，将其列示于资产负债表中。

负债是将来要清偿的债务。负债是企业现在承担的义务，这种义务在未来的某个时间必须予以清偿，除非债权人主动放弃这种要求予以清偿的权利。资产负债表上所列示的负债，既包括截至报表编制日止的债务本金，也包括截至报表编制日止债务人应当承担的债务利息。

负债通常分为流动负债和非流动负债，一般以一年为划分标准。流动负债是指将在一年或者超过一年的一个营业周期内偿还的债务，包括短期借款、交易性金融负债、应付票据、应付账款、预收款项、应付职工薪酬、应交税费、应付利息、应付股利、其他应付款、一年内到期的非流动负债等。非流动负债是指偿还期在一年或者超过一年的一个营业周期以上的债务，包括长期借款、应付债券、长期应付款等。

负债在将来是通过转移资产或者提供劳务的方式予以清偿的。负债在大多数情况下是通过支付现金的方式来偿还的，但是也有不少负债是用商品或者其他资产或者提供劳务来偿还的，还有的负债可以通过举借新债来偿还。

将一项现时义务确认为负债，除了必须符合负债定义以外，还应当同时满足两个条件：

1. 与该义务有关的经济利益很可能流出企业

在现实生活中，因负债而履行义务所需流出的经济利益带有不确定性，因此,应当根据经济利益流出不确定性程度的判断决定是否应当将现实义务确认为一项负债。如果有确凿证据表明与现时义务有关的经济利益很可能流出企业,应当将其确认为负债;反之,就不应将其作为负债予以确认。

2. 未来流出经济利益的金额能够可靠计量

与资产要素的确认相同,只有在因负债而导致未来经济利益流出金额能够可靠计量的情况下,才满足会计要素可计量性的要求。负债的可计量性有两种情况:第一种情况,对于与法定义务有关的经济利益流出金额,可以根据合同或者法律规定的金额予以确定,有时从负债的确认到未来经济利益流出的间隔期较长,因此需要考虑货币时间价值等因素的影响;第二种情况,对于与推定义务有关的经济利益流出金额,应根据履行相关义务所需支出的最佳估计数,并综合考虑有关货币时间价值、风险等因素的影响确定其金额。

(三) 所有者权益

所有者权益是指企业资产扣除负债后由所有者享有的剩余权益。该权益与负债所定义的企业债权人对企业资产要求权的区别在于:所有者权益指企业的投资者对企业净资产的要求权,这种要求权体现在企业资产总额减去负债总额以后的剩余部分之中。也就是说,企业债权人对企业资产的要求权优先于企业投资者对企业资产的要求权。所有者权益表明企业的产权关系,即企业归谁所有。

企业从事生产经营活动所需要的资金,或者来源于企业股东的投入,或者来源于企业债权人的投入,前者是所有者权益的一个组成部分,后者则形成企业的负债。虽然所有者权益与负债都是企业资金的来源渠道,但是这两者之间有着本质的区别。负债是对内或对外所承担的经济义务和经济责任,企业负有偿还的责任和义务,而所有者权益在一般情况下企业不需要归还给投资者,只有在企业终止经营进行清算时,才最后返还给投资者。企业使用债权人投入的资金必须按照双方事前约定的利率与约定的时间支付利息,到期必须偿还债务本金。而企业使用股东投入的资金,则没有必要承担这种责任,但是投资者可以凭借其对企业的股权分享利润,每个投资者利润分享额的多寡,一方面与他们投入资金的比重密切相关,另一方面与企业经营状况密切相关。当企业发生亏损,投资者也要按照其在企业中的持股比例承担相应的亏损责任,如果是独资企业或者合伙企业,这种责任是无限责任,如果是有限责任公司或者股份公司,这种责任的承担以其投资额为最大限度。企业向债权人支付的利息,可以作为费用在税前列支,而企业向投资者分发的利润则不能作为费用在税前列支,企业只能从税后利润中向股东分配利润。所有者权益既包括股东对企业的资金投入,也包括企业生产经营过程中历年累积的留存收益。

所有者权益包括实收资本(或股本)、资本公积、盈余公积、未分配利润等。实收资本是投资者实际缴付的出资额;资本公积包括资本溢价、接受捐赠的实物资产价值等;盈余公积、未分配利润包括法定盈余公积和任意盈余公积,盈余公积是指公司、企业从利润中提取的各种公积金;未分配利润是公司、企业留待以后年度分配的利润或本年度待分配的利润。

所有者权益是所有者在企业中的剩余权益,因此,所有者权益的确认主要依赖于其他会计要素,尤其是资产和负债的确认与计量。例如,企业接受投资者投入的资产,在该资产符合企业资产确认条件时,就相应地符合了所有者权益的确认条件。当该资产的价值能够可靠计量时,所有者权益的金额也就可以确定。在实务中,企业某些交易或者事项可能同时具有负债和所有者权益的特征,在这种情况下,企业应当将属于负债和所有者权益的部分分开核算和列报。例如,企业发行的可转换公司债券,企业应当将其中的负债部分和权益性工具部分进行分拆,分别确认负债和所有者权益。

三、反映企业经营成果的要素——利润表要素

(一) 收入

收入是指企业在日常活动中形成的、会导致所有者权益增加的、与所有者投入资本无关的经济利益的总流入。根据收入的定义,收入具有以下特征:

收入是企业在日常活动中形成的,日常活动是指企业为完成其经营目标所从事的经常性活动以及与之相关的活动。不同企业的收入会表现为不同形式的收入,如工业企业制造并销售产品、商业企业销售商品、保险公司签发保单、咨询公司提供咨询服务、商业银行对外贷款、租赁公司出租资产等,均属于企业的日常活动。明确界定日常活动是为了将收入与利得相区分,不是因为企业日常活动所形成的经济利益流入不能确认为收入,应当计入利得。

收入会导致所有者权益的增加,不会导致所有者权益增加的经济利益的流入不应确认为收入。例如,企业向银行借款,尽管借款导致企业经济利益流入企业,但该流入并不导致所有者权益增加,因此,不能将其确认为收入,而应当确认一项负债。

收入是与所有者投入资本无关的经济利益的总流入。与借款类似,投资者投入资金也会导致经济利益流入企业,但是投资者投入资金不是企业日常活动导致

的经济利益流入,因此不能将其确认为收入,应当将其直接确认为所有者权益。

不同企业的收入,其来源特征有所不同,因此收入确认条件也往往存在差别。一般而言,收入只有在经济利益很可能流入从而导致企业资产增加或者负债减少,且经济利益的流入额能够可靠计量时才能予以确认。

(二) 费用

费用是指企业在日常活动中发生的、会导致所有者权益减少的、与向所有者分配利润无关的经济利益的总流出。根据费用的定义,费用具有以下特征:

费用是企业在日常活动中形成的。费用概念所涉及的日常活动与收入的界定一致。日常活动所产生的费用通常包括销售成本、管理费用等。将费用界定为日常活动所形成的,其目的是为了将其与损失相区分,与企业日常活动无关的经济利益流出,如处置固定资产的损失,罚款支出等与企业的日常活动无关,因此不能确认为费用,应当计入损失。

费用会导致所有者权益的减少。因费用发生而导致经济利益的流出应当减少所有者权益。不会导致所有者权益减少的经济利益流出不应确认为费用,如归还银行借款导致的经济利益流出并没有使所有者权益减少。因此,向银行归还借款不应确认为费用,而应确认为负债的减少。

费用是与向所有者分配利润无关的经济利益总流出。向所有者分配利润也是企业的经济利益流出,它也会导致所有者权益的减少,但是该项经济利益的流出不是企业日常活动产生的。因此不能确认为费用。

费用的确认除了应当符合定义外,也应当满足相应条件,费用只有在经济利益很可能流出从而导致企业资产减少或者负债增加、经济利益的流出额能够可靠计量时才能予以确认。

(三) 利润

利润是指企业在一定会计期间的经营成果。如果企业实现了利润,表明企业所有者权益将增加,业绩得到了提升;反之,如果企业发生了亏损,表明企业的所有者权益将减少,业绩下滑。利润往往是评价企业管理层业绩的一项重要指标,也是投资者等财务会计报告使用者进行决策时的重要参考。

利润包括收入减去费用后的净额、直接计入当期利润的利得和损失等。其中收入减去费用后的净额反映的是企业日常活动的经营业绩,直接计入当期利润的利得和损失反映的是与企业日常经营活动无关的业绩,即偶发交易产生的利得或损失。企业应当严格区分收入和利得、费用和损失之间的区别,以全面准确地反映企业的经营业绩。

利润是收入减去费用、利得减去损失后的净额,因此利润的确认主要依赖于收入和费用以及利得和损失的确认,其金额的确定也主要取决于收入、费用、利得、损失金额的计量。

四、会计要素计量属性及其应用原则

（一）会计要素的计量属性

会计计量是指对符合确认条件的会计要素以什么样的金额登记入账并列报于财务报表。企业应当按照规定的会计计量属性进行计量并确定相关金额。会计计量属性主要包括历史成本、重置成本、可变现净值、现值和公允价值等。

（1）历史成本,又称实际成本,是指取得或制造某项财产物资时所实际支付的现金或其他等价物的价值。在历史成本计量下,资产按照购置资产时支付的现金或者现金等价物的金额计量,或者按照购置资产时所付出代价的公允价值计量。负债按照因承担现时义务而实际收到的款项或者资产的金额计量,或按照承担现时义务的合同金额计量,或按照日常活动中为偿还负债预期需要支付的现金或者现金等价物的金额计量。

（2）重置成本,又称现行成本,如按重置成本计量,资产是指按照当前市场条件,重新取得同样一项资产所需支付的现金或现金等价物的金额;负债是指按照现在偿付该项债务所需支付的现金或者现金等价物的金额。在实务中,重置成本多应用于盘盈固定资产的计量等。

（3）可变现净值,是指按照正常对外销售所能收到现金或者现金等价物的金额扣减该资产至完工时估计将要发生的成本、估计的销售费用以及相关税费后的金额。资产可变现净值通常用于存货资产减值情况下的后续计量。

（4）现值,是指对未来现金流量以恰当的折现率进行折现后的价值。现值考虑了货币时间价值。在现值计量下,资产按预计从持续使用和最终处置中所产生的未来净现金流入的折现金额计量。负债按照预计期限内需要偿还的未来净现金流出量的折现金额计量。现值通常用于非流动资产可收回金额和以摊余成本计量的金融资产价值的确定等。

（5）公允价值,是指市场参与者在计量日发生的有序交易中,出售一项资产所能收到的或者转移一项负债所需支付的价格。公允价值计量比较复杂,涉及估值技术。估值技术包括:市场法、收益法、成本法。企业在对资产或负债的公允价值进行估值时,还涉及输入值,输入值分为可观察输入值和不可观察输入值,应首先使用可观察输入值,在可观察输入值中又分两个层次:第一层次的可观察

输入值是指未经调整的直接从市场上获得的输入值。第二层次的可观察输入值一般而言是指活跃市场中类似资产或负债报价以及非活跃市场中相同或类似资产或负债的报价。在输入值的选用上，应最先使用第一层次的可观察输入值，在第一层次可观察输入值无法取得的情况下，选用第二层次的可观察输入值。如果第二层次的可观察输入值也无法取得，才可以选用不可观察输入。

（二）各种计量属性之间的关系

在各种会计要素计量属性中，历史成本反映的是资产、负债过去的价值，而重置成本、可变现净值、现值以及公允价值反映的是资产、负债的现时成本或者现时价值，是与历史成本相对应的计量属性。重置成本、可变现净值、现值和公允价值相对于历史成本而言，具有很强的时间概念，也就是说，当前环境下某项资产或负债的历史成本可能是过去环境下该项资产或负债的公允价值（重置成本、可变现净值、现值），而当前环境下某项资产或负债的公允价值（重置成本、可变现净值、现值）也许就是未来环境下该项资产或负债的历史成本。

（三）计量属性的应用原则

《企业会计准则——基本准则》规定，企业在对会计要素进行计量时，一般应当采用历史成本，采用重置成本、可变现净值、现值、公允价值计量的，应当保证所确定的会计要素金额能够取得并可靠计量。引入公允价值这一计量属性，是因为随着我国资本市场的发展，股权分置改革的基本完成，越来越多的股票、债券、基金等金融产品在交易所挂牌上市，形成了较为活跃的市场，引入公允价值更能反映企业的实际情况，对财务报告使用者的决策更加有用。

第五节 会 计 方 法

会计方法是人们长期会计实践的经验总结，在特定的社会经济环境中，它既受特定会计原则的约束，又指导与监督着会计工作的具体展开。为了适应会计信息使用者的共同要求和社会经济环境的变化，会计方法亦经历了一个不断改进与完善的过程，并逐渐形成了一个较科学的方法体系。

会计核算方法主要包括：设置账户、复式记账、填制和审核凭证、登记账簿、成本计算、财产盘存和编制会计报表等七种方法。

一、设置账户

设置账户是对经营活动具体内容进行分类记录、计算所采用的一种专门方法。合理设置账户,有利于提供管理上所需的各种信息,并能积累编制会计报表所必需的数据。

二、复式记账

复式记账是通过至少两个相互对应的账户来记录每项经济业务的一种专门方法。采用这种方法,便于全面地、相互联系地反映企业经营活动的状况及成果,便于检查会计记录的正确性和实行会计监督。

三、填制和审核凭证

填制和审核凭证是为了保证会计记录的客观真实性及对所发生的经济业务进行监督而采用的一种专门方法。因为会计凭证是记录经济业务的书面证明,所以只有对凭证内容的真实性、正确性、合法性进行审核后才能入账。填制和审核凭证是会计核算与监督不可缺少的方法。

四、登记账簿

登记账簿是根据会计凭证,在账簿上连续、完整、系统地登记经济业务的一种专门方法。通过账簿的登记,可将分散的会计核算资料加以系统地反映,可为编制会计报表和经营管理提供系统而完整的资料。

五、成本计算

成本计算是按照一定的计算对象归集生产经营过程中所发生的费用,借以确定其总成本和单位成本的一种专门方法。进行成本计算可以了解成本水平,考核成本计划的执行情况,并通过挖掘潜力来促使成本的进一步降低。

六、财产清查

财产清查是通过盘存实物资产、核对货币资金及往来款项,以保证账实相符的一种专门方法。通过财产清查,可以了解实物资产在保管使用中存在的问题,掌握货币资金及债权、债务的实际状况,以便针对问题采取相应措施。所以财产清查对保证会计核算资料的真实、正确,对保护社会主义财产物资的安全起着重要的作用。

七、编制财务报表

编制财务报表是定期总括地反映企业的财务状况及经营结果的一种专门方

法。通过财务报表的编制,能为报表使用者提供决策所需的会计信息,能为会计分析、会计检查及编制下期各项经营计划,为国民经济的综合平衡等提供重要依据,有利于加强经营管理。

以上会计核算的各种方法,是一个相互联系、紧密配合及完整的方法体系。其中,设置账户、复式记账作为这个方法体系的两个基础环节,在提高会计核算水平,完善会计信息系统方面起着主要的作用;填制和审核凭证、登记账簿、编制财务报表是这个方法体系的主要环节,它应用于会计工作的始末,并构成了会计工作的主要内容;成本计算是这个方法体系的中心环节,它构成了企业会计工作的核心内容;财产清查是这个方法体系的必要补充,它在提高会计信息质量,保护财产物资安全、完整方面起着重要作用。所以,在组织会计工作时,应全面地、相互联系地使用这些方法。一般地说,发生每一项经济业务,都要先填制和审核凭证;然后再按规定的账户,采用复式记账的方法记入有关的账簿;月末,根据账簿的记录,计算成本,进行财产清查;最后,在账实相符的基础上,编制财务报表。

第六节 会计法规体系

我国企业财务会计法规体系由会计法、企业财务会计报告条例、企业会计准则组成。

一、会计法

《会计法》是我国会计核算的根本大法,是我国会计工作的母法。《会计法》就我国会计核算的主要方面作出了规定,涉及我国会计核算的所有领域,是包括企业会计核算法规在内的所有会计法规制定的基本依据。

《会计法》在 1985 年 1 月 21 日第六届全国人民代表大会常务委员会第九次会议通过,1999 年 10 月 31 由第九届全国人民代表大会常务委员会第十二次会议审议通过了第二次修订草案,并于 2000 年 7 月 1 日正式实行。全文共有 7 章 52 条,分别为:总则;会计核算;公司、企业会计核算的特别规定;会计监督;会计机构和会计人员;法律责任;附则。

《会计法》制定的目的在于规范和加强会计工作,保障会计人员依法行使职权,发挥会计工作在维护社会主义市场经济秩序,加强经济管理,提高经济效益中的作用。

1999 年新修订的《会计法》,与原来的《会计法》相比,在若干问题上实现了重要突破。① 规定单位负责人对本单位的会计工作和会计资料的真实性、完整性负责，并承担相应的法律责任；② 明确会计核算的确认和计量问题，会计核算要贯彻稳健性原则；③ 提出各单位要建立、健全本单位的内部会计监督制度，按照现代企业的要求，加强内部控制；④ 强化会计的外部监督职能，各单位要积极配合外部有关方面对本单位的会计资料实施监督检查；⑤ 要求国家实行统一的会计制度，国家统一的会计制度由国务院财政部门制定；⑥ 强调违反《会计法》犯罪将承担刑事责任。下面就《会计法》各章的主要内容作一概述。

1. 总则部分

明确国家机关、社会团体、公司、企业、事业单位和其他经济组织必须依照《会计法》办理会计事务。各单位必须依法设立会计账簿，并保证其真实、完整。各单位负责人对会计资料的真实性、完整性负责。会计机构、会计人员和其他人员必须依法办理会计事务，进行会计核算，实行会计监督。任何单位和个人不得授意、指示、强令会计机构、会计人员伪造、编造会计资料，不得对依法履行职责的会计人员打击报复。总则还对会计工作的管理权限作了规定，明确财政部是全国会计工作的管理机构，县以上人民政府财政部门管理本行政区域内的会计工作。国家实行统一的会计制度，国家统一的会计制度由国务院财政部制定。国务院有关部门可以依照《会计法》和国家统一会计制度对会计核算和会计监督有特殊要求的行业，制定实施国家统一会计制度的具体办法或者补充规定，并须报国务院财政部门审核批准。

2. 会计核算部分

明确了必须办理会计手续，进行会计核算的经济业务事项。对会计年度和记账本位币作了规定。同时就会计凭证、会计账簿、财务会计报告等的填列、编制、审核、报送、保管，以及会计处理方法的选用原则等方面的问题提出了基本要求。

3. 公司、企业会计核算的特别规定部分

明确提出公司、企业进行会计核算时不得发生下列行为：随意改变资产、负债、所有者权益的计量标准或者计量方法，虚列、多列、不列、或者少列资产、负债和所有者权益。虚列或者隐瞒收入，推迟或者提前确认收入。随意改变费用、成本的确认标准或者计量方法，虚列、多列、不列或者少列费用、成本。随意调整利润计算方法、分配方法，编造虚假利润或者隐瞒利润。违反国家统一会计制度规定的其他行为。

4. 会计监督部分

分别对单位内部会计监督、社会监督和国家监督作出了具体规定。要求各单位应当按照职责明确、相互分离、相互制约、相互监督的一系列法律要求建立、健全本单位内部会计监督制度,规定了单位内部会计监督的要求、对象、内容、方法、程序。与此同时,强调对本单位会计资料的外部监督检查,配合财政、审计、税务、人民银行、证券监管、保险监管等行政机关依法对本单位会计资料的真实性和完整性实施监督检查;配合会计中介机构对本单位的会计资料及有关情况进行的审计、验资和其他业务工作。

5. 会计机构和会计人员部分

就会计人员的从业资格及从业资格证书的管理、单位会计机构负责人的资格要求、总会计师的设置、会计机构内部稽核制度的建立、会计人员的职业道德、会计人员的工作交接、会计人员继续教育等有关方面作了规定。

6. 法律责任部分

就违反《会计法》的有关行为作了规定,并对不同的违法行为和不同的违法程度所应承担的不同法律责任作了界定。明确单位负责人对依法履行职责、抵制违法行为会计人员进行打击报复所应承担的法律责任,和财政部门及有关行政部门滥用职权、玩忽职守、徇私舞弊等违法乱纪行为所应承担的法律责任。

7. 附则部分

对《会计法》中所涉及的用语作了解释。

二、企业财务会计报告条例

为了贯彻实施《会计法》,国务院于 2000 年 6 月 21 日发布了《企业财务会计报告条例》。《企业财务会计报告条例》对 1992 年制定的《企业会计准则——基本准则》所规定的会计要素的定义作了重新修订,赋予了会计六大要素以新的内涵,使之更加符合其质量特征,该条例于 2001 年 1 月 1 日起实施。《企业财务会计报告条例》有 6 章 46 条,对财务会计报告的构成、财务会计报告的编制、财务会计报告的对外提供以及违反条例的处罚等作了明确规定。

三、企业会计准则

企业会计准则以《会计法》为指导,就会计核算的原则和会计处理方法及程序作出规定。我国企业会计准则分为基本会计准则和具体会计准则两大类。

(一)基本准则

我国第一部基本准则发布于 1992 年 11 月 30 日,于 1993 年 7 月 1 日起在全国所有企业施行。2006 年在总结多年基本会计准则实施的基础上,重新修订并发布了《企业会计准则——基本准则》，从 2007 年 1 月 1 日开始实行。基本准则由十一章 50 条内容组成，第一章总则部分规定了准则的适用范围、会计核算的基本前提，会计核算的基础，会计核算应采用的记账方法。第二章规定了会计信息的质量要求。从第三章开始到第八章分别对资产、负债、所有者权益、收入、费用和利润会计要素的内涵作了规定。第九章规定了会计的计量属性，主要包括：历史成本、重置成本、可变现净值、现值、公允价。同时又明确规定一般情况应当采用历史成本。第十章财务会计报告，对财务会计报告的组成及内涵进行了规定。2014 年 7 月 1 日又对基本准则中"公允价值"概念作了修订。

（二）具体准则

具体准则是根据基本准则制定的、是对企业会计核算的具体规范。我国的具体准则共 38 项。它们是：

企业会计准则第 1 号——存货

企业会计准则第 2 号——长期股权投资

企业会计准则第 3 号——投资性房地产

企业会计准则第 4 号——固定资产

企业会计准则第 5 号——生物资产

企业会计准则第 6 号——无形资产

企业会计准则第 7 号——非货币性资产交换

企业会计准则第 8 号——资产减值

企业会计准则第 9 号——职工薪酬

企业会计准则第 10 号——企业年金基金

企业会计准则第 11 号——股份支付

企业会计准则第 12 号——债务重组

企业会计准则第 13 号——或有事项

企业会计准则第 14 号——收入

企业会计准则第 15 号——建造合同

企业会计准则第 16 号——政府补助

企业会计准则第 17 号——借款费用

企业会计准则第 18 号——所得税

企业会计准则第 19 号——外币折算

企业会计准则第 20 号——企业合并

企业会计准则第 21 号——租赁

企业会计准则第 22 号——金融工具确认和计量

企业会计准则第 23 号——金融资产转移

企业会计准则第 24 号——套期保值

企业会计准则第 25 号——原保险合同

企业会计准则第 26 号——再保险合同

企业会计准则第 27 号——石油天然气开采

企业会计准则第 28 号——会计政策、会计估计变更和差错更正

企业会计准则第 29 号——资产负债表日后事项

企业会计准则第 30 号——财务报表列报

企业会计准则第 31 号——现金流量表

企业会计准则第 32 号——中期财务报告

企业会计准则第 33 号——合并财务报表

企业会计准则第 34 号——每股收益

企业会计准则第 35 号——分部报告

企业会计准则第 36 号——关联方披露

企业会计准则第 37 号——金融工具列报

企业会计准则第 38 号——首次执行企业会计准则

随着我国经济领域出现的一些新情况,以及国际会计准则的变化,财政部在2014 年先后发布了 4 项新企业会计准则,修订了 9 项原企业会计准则。

新发布的企业会计准则是:

企业会计准则第 39 号——公允价值计量

企业会计准则第 40 号——合营安排

企业会计准则第 41 号——在其他主体中的权益披露

企业会计准则第 42 号——持有待售非流动资产、处置组和终止经营

修订的企业会计准则是:

企业会计准则——基本准则

企业会计准则第 2 号——长期股权投资

企业会计准则第 9 号——职工薪酬

企业会计准则第 22 号——金融工具确认和计量

企业会计准则第 23 号——金融资产转移

企业会计准则第 24 号——套期会计

企业会计准则第 30 号——财务报表列报

企业会计准则第 33 号——合并财务报表

企业会计准则第 37 号——金融工具列报

为了适应小微企业会计核算的需要,财政部在 2004 年制定并发布了《小企业会计制度》。于 2011 年 10 月制定并发布了《小企业会计准则》,从 2013 年 1 月 1 日在小企业范围内执行,原《小企业会计制度》废止。凡是符合小企业规定标准的,可以选择执行《小企业会计准则》,也可以选择执行《企业会计准则》。

(三)会计准则的意义

自改革开放以来,我国始终以改革开放和创新的精神坚持推进会计准则国际协调与趋同,在这之前,我国是基本会计准则、具体会计准则、企业会计制度、行业会计制度、主要会计核算办法共存,不同企业可以根据自身的情况采用相应的会计制度和会计准则组织会计核算。企业会计准则体系全面实施以后,我国执行国家统一会计制度的层次十分简单明了,即大中型企业执行企业会计准则体系及相应的应用指南,小企业执行《小企业会计准则》,原行业会计制度、企业会计制度、金融企业会计制度、问题解答等全部取消。

新的企业会计准则体系大量引入了现代财务理论,在资产负债的计量上强化现值观念和资产计价理念,如延期收款的收入要求以未来收款的现值确认、延期付款购入固定资产与无形资产应当以未来付款的现值进行计量。此外,金融工具的确认与计量大量采用了资产估价模型。

新会计准则体系还对我国原先一些会计核算方法作了重大变化,比如企业合并,区分同一控制和非同一控制,分别采用购买法和权益结合法对企业合并进行会计处理。合并会计报表也从原来的母公司理论改为实体理论。所得税的核算取消了应付税款法,要求企业用纳税影响会计法,而且必须使用资产负债表债务法进行相关账务处理。

新的会计准则体系填补了许多我国会计准则的空白,比如新增加了金融衍生工具、每股收益、股份支付、企业合并、石油天然气开采、金融保险、投资性房地产、企业年金基金、生产性生物资产等。

第三章 账户及复式记账

第一节 会计恒等式

会计的对象是指会计核算和监督的内容,也就是再生产过程中的资金运动。对会计核算和监督的内容,按一定的标准进行的基本分类即为会计要素,它为会计的分类核算提供了基础,也为会计报表编制构筑了基本框架。我国企业会计准则将会计要素划分为资产、负债、所有者权益、收入、费用和利润六个要素。其中资产、负债和所有者权益是企业在一定时点上资金运动的静态反映;收入、费用、利润是企业在一定期间内资金运动的动态反映。

一、资产、负债及所有者权益

资金运动的静态表现是指企业在某一时点上,资产总额等于权益总额。资产和权益是同一经济资源的两个不同侧面,一方面经济资源是归会计主体所持有的能够支配的各项资产,另一方面经济资源是其提供者对资产提出要求的权益,表明了资产的来源。

资产与权益两者如影随形,互相依存,在总额上恒等,因此可以用会计恒等式"资产=权益"来表示。

权益分为债权人权益和所有者权益,表示两类不同经济资源提供者对企业资产提出的不同要求权。债权人权益是企业债权人对企业资产的要求权,在会计上称负债;所有者权益是企业投资者或者企业股东对企业资产的要求权,所有者权益也可以称之为股东权益。债权人权益和所有者权益,表示了两种不同的资产来源,其关系可用"权益=负债+所有者权益"的关系等式表示。

资产、负债及所有者权益是说明财务状况的三个要素。公司、企业的财务状

况在静态情况下,三个要素存在着恒等关系,表现为:

$$资产=负债+所有者权益$$

"资产=负债+所有者权益"这个会计等式,是设置账户、复式记账和编制会计报表的基本依据。

会计恒等式的平衡关系,可用简略的资产负债表予以反映,如 ABC 文化用品公司 2014 年 12 月 31 日的财务状况如表 3-1 所示。

表 3-1 ABC 文化用品公司财务状况表

2014 年 12 月 31 日   单位:元

资产	金额	负债及所有者权益	金额
银行存款	120 000	短期借款	200 000
应收账款	130 000	应付账款	100 000
存货	250 000	实收资本	500 000
固定资产	300 000		
合计	800 000	合计	800 000

上述资产负债表,根据会计恒等式的关系,把 ABC 文化用品公司 2014 年 12 月 31 日的财务状况,用资产负债表的形式列示出来。它说明该公司在 2014 年 12 月 31 日拥有四种资产,即银行存款 12 万元,应收账款 13 万元,存货 25 万元,固定资产 30 万元,资产总额 80 万元。这些资产的来源表现为三个方面:向银行借入的短期借款 20 万元,欠供应单位货款 10 万元,股东投入的资本 50 万元;前两项为负债,后一项形成所有者权益,负债加所有者权益合计为 80 万元,与资产总额 80 万元相等。

二、经济业务对会计恒等式的影响(一)

经济业务也称会计事项,是公司、企业在生产经营过程中,引起会计要素增减变动的事项。

经济业务虽然千变万化,但对会计恒等式的影响可分为四大类。

(1) 资金进入企业,表现为资产的增加与权益的增加,会计等式两边同时增加一个相同的金额,等式保持不变。

(2) 资金退出企业,表现为资产的减少与权益的减少,会计等式两边同时减少一个相同的金额,等式保持不变。

(3) 资金占用形态的变化,表现为一项资产的增加,另一项资产的减少,等式的左边增减金额相等,等式保持不变。

(4) 资金来源渠道的变化,表现为一项权益的增加,另一项权益的减少,等式的右边增减金额相等,等式保持不变。

上述四类经济业务引起资金运动的变化,始终不会破坏会计等式的平衡关系,继续以 ABC 文化用品公司为例说明。

举例:ABC 文化用品公司 2015 年 1 月份发生下列经济业务。

【例 3-1】 2015 年 1 月 5 日,从甲批发部购入存货一批计 30 000 元,货款尚未支付。

这笔经济业务,使资产中的存货增加了 30 000 元,同时使企业负债中的应付账款也增加了 30 000 元。它说明公司在取得存货的同时,因赊购而欠了供应单位甲批发部一笔债务,表示资金进入公司。这笔经济业务使会计等式两边同时增加 30 000 元,资产总额与负债及所有者权益总额保持相等。发生这笔经济业务后,ABC 文化用品公司 2015 年 1 月 5 日的资产负债表见表 3-2。

表 3-2　ABC 文化用品公司资产负债表

2015 年 1 月 5 日　　　　　　　　　　　　　　　　单位:元

资　产	金　额	负债及所有者权益	金　额
银行存款	120 000	短期借款	200 000
应收账款	130 000	应付账款	100 000＋30 000
存货	250 000＋30 000	实收资本	500 000
固定资产	300 000		
合　计	830 000	合　计	830 000

【例 3-2】 2015 年 1 月 15 日,公司开出支票 80 000 元,以银行存款偿付应付账款。

这笔经济业务,使公司资产中的银行存款减少了 80 000 元,同时使企业负债中的应付账款也减少了 80 000 元。它说明公司以资产偿还部分债务,表示资金退出公司。这笔经济业务使会计等式两边同时减少 80 000 元,资产总额与负债及所有者权益总额仍保持相等。发生这笔经济业务后,ABC 文化用品公司 2015 年 1 月 15 日的资产负债表见表 3-3。

表 3-3　ABC 文化用品公司资产负债表

2015 年 1 月 15 日　　　　　　　　　　　　　　　　　单位：元

资　产	金　额	负债及所有者权益	金　额
银行存款	120 000－80 000	短期借款	200 000
应收账款	130 000	应付账款	130 000－80 000
存货	280 000	实收资本	500 000
固定资产	300 000		
合　　计	750 000	合　　计	750 000

【例 3-3】 2015 年 1 月 20 日，公司收到应收账款 40 000 元，款已存入公司开户银行。

这笔经济业务，使公司资产中的银行存款增加了 40 000 元，同时使企业资产中的应收账款减少了 40 000 元。它说明公司在取得存款的同时，减少了应收账款，表示公司资产占用形式发生了变化。这笔经济业务使会计等式左边一个项目增加 40 000 元，另一个项目减少 40 000 元，增减金额相等。而不涉及会计等式右边的负债及所有者权益。所以资产总额与负债及所有者权益总额保持相等。发生这笔经济业务后，ABC 文化用品公司 2015 年 1 月 20 日的资产负债表见表 3-4。

表 3-4　ABC 文化用品公司资产负债表

2015 年 1 月 20 日　　　　　　　　　　　　　　　　　单位：元

资　产	金　额	负债及所有者权益	金　额
银行存款	40 000＋40 000	短期借款	200 000
应收账款	130 000－40 000	应付账款	50 000
存货	280 000	实收资本	500 000
固定资产	300 000		
合　　计	750 000	合　　计	750 000

【例 3-4】 2015 年 1 月 25 日，公司向银行借入短期借款 20 000 元，偿付应付账款。

这笔经济业务，使公司负债中的短期借款增加了 20 000 元，同时使公司负债中的应付账款减少了 20 000 元。它说明公司在取得借款的同时，减少了欠款，表示公司资金来源渠道发生了变化。这笔经济业务使会计等式负债的一个项目增加 20 000 元,另一个项目减少 20 000 元,增减金额相等。而不涉及会计等式中的资产与所有者权益。所以资产总额与负债及所有者权益总额保持相等。发生这笔经济业务后,ABC 文化用品公司 2015 年 1 月 25 日的资产负债表见表 3-5。

表 3-5 ABC 文化用品公司资产负债表

2015 年 1 月 25 日   单位:元

资　　产	金　　额	负债及所有者权益	金　　额
银行存款	80 000	短期借款	200 000＋20 000
应收账款	90 000	应付账款	50 000－20 000
存货	280 000	实收资本	500 000
固定资产	300 000		
合　　计	750 000	合　　计	750 000

(在实际工作中,这笔经济业务的借款应首先记入银行存款,然后再用银行存款偿付债务。)

三、收入、费用及利润

资金运动的动态表现为企业在一定期间的经营过程及经营成果。具体涉及收入、费用及利润三个会计要素。其内容反映在利润表中。

企业的资金运动在动态情况下,三个要素存在着数学上的恒等关系,其表现为:

$$收入－费用＝利润$$

用货币反映的企业经营活动,表现为企业的资金运动。资金运动在某一时点上的静态反映,表现为"资产＝负债＋所有者权益",资金运动在某一时期内的动态反映,表现为"收入－费用＝利润"。

资金运动是绝对运动形式与相对静止状态的统一,即从某一时点看资金是相对静止的,而从某一时期看资金则是运动的,这两者的统一,表现为在会计期间的任何时刻,会计要素之间存在着如下恒等式:

$$资产＝负债＋所有者权益＋(收入－费用)$$

这一等式说明,企业的收入会引起资产的增加和所有者权益的增加,而费用的发生会引起资产的减少和所有者权益的减少,收入和费用相抵后的净额,应由企业所有者承担,体现为所有者权益的变化。

企业的生产经营活动持续不断、周而复始地进行,表现为资金的循环和周转,当在某一特定时点上进行会计结算后,上述的会计等式又复归为:

$$资产=负债+所有者权益$$

四、经济业务对会计恒等式的影响(二)

仍以 ABC 文化用品公司为例,表 3-5 表明 ABC 文化用品公司资产为 750 000元,负债为 250 000 元,所有者权益为 500 000 元,见下列计算过程:

$$资产=负债+所有者权益+收入-费用$$
$$750\ 000=250\ 000+500\ 000$$

【例 3-5】 2015 年 1 月份,ABC 文化用品公司取得销售收入 100 000 元,款项存入银行。

该项业务使公司收入增加 100 000 元,同时使公司资产增加 100 000 元,将该项业务引起资金运动变化情况代入会计等式为:

	资产	=	负债	+	所有者权益	+	收入	-	费用
变动前金额	750 000	=	250 000	+	500 000				
变动金额	100 000						100 000		
变动后金额	850 000	=	250 000	+	500 000	+	100 000		

【例 3-6】 2015 年 1 月份,ABC 文化用品公司发生各种费用 80 000 元,款由银行存款支付。

该项业务使公司费用增加 80 000 元,同时使公司资产减少 80 000元,该项业务引起资金运动变化情况代入会计等式为:

	资产	=	负债	+	所有者权益	+	收入	-	费用
变动前金额	850 000	=	250 000	+	500 000	+	100 000		
变动金额	-80 000								80 000
变动后金额	770 000	=	250 000	+	500 000	+	100 000	-	80 000

【例 3-7】 2015 年 1 月份,结转本月收入和费用,将净收入转入所有者权益。

该项业务结转收入 100 000 元,结转费用 80 000 元,将收入减费用后的净收益 20 000 元增加所有者权益,该项业务引起的资金运动变化情况代入会计等式为:

	资产	=	负债	+	所有者权益	+	收入	−	费用
变动前金额	770 000	=	250 000	+	500 000	+	100 000	−	80 000
变动金额				+	20 000		100 000		80 000
变动后金额	770 000	=	250 000	+	520 000	+	0	−	0

第二节 账　　户

企业的经济业务纷繁复杂，千变万化，为了序时、连续、系统地把经济业务情况及资金运动变化进行分类记录和反映，还必须采用专门的会计核算方法——设置账户。通过设置账户把各种经济业务情况，以及由此引起的资产、负债、所有者权益、收入、费用、利润等会计要素的变化，系统地、分门别类地进行核算与监督，以提供各种会计信息，满足各方面管理需要。

一、会计科目

（一）会计科目的定义

对会计对象核算和监督的内容，按一定的标准进行的基本分类称会计要素，它分为资产、负债、所有者权益、收入、费用和利润。这六个要素分别是资产负债表和利润表的基本结构，也是会计报表的大类项目。会计要素反映的信息比较集中和概括，也比较抽象，在实际工作中，往往还需要提供更具体、更详尽的资料满足有关各方对会计信息的需要，这就有必要对会计要素的具体内容进行再分类。

对会计要素的具体内容进行再分类的项目称会计科目。设置会计科目就是对会计要素的具体内容加以科学归类，从而进行分类反映和监督的一种方法。

（二）会计科目的分类

会计科目按反映的经济内容可分为：资产类、负债类、所有者权益类、共同类、损益类和成本类。

资产类科目分为：流动资产和非流动资产。其中：流动资产分为库存现金、银行存款、其他货币资金、交易性金融资产、应收票据、应收账款、其他应收款、原材料、库存商品等；非流动资产又分为固定资产、无形资产、长期股权投资等。

负债类科目分为：流动负债和非流动负债。其中流动负债又分为：短期借款、应付票据、应付账款、应付职工薪酬、应交税费、其他应付款等；非流动负债分为：长期借款、应付债券、长期应付款等。

所有者权益类科目分为：实收资本、资本公积、盈余公积、本年利润、利润分配等。

成本类科目分为：生产成本、制造费用、劳务成本等。

共同类科目分为：衍生工具、套期工具、被套期项目等。

损益类科目分为：主营业务收入、其他业务收入、投资收益、营业外收入、主营业务成本、其他业务成本、销售费用、管理费用、财务费用、营业外支出、所得税费用等。

（三）总分类科目和明细分类科目

会计科目按其提供信息的详简程度和统驭关系，分为总分类科目和明细分类科目。

总分类科目：是对会计要素具体内容的简要分类，提供总括信息的会计科目，是所属明细分类科目的统驭科目。

明细分类科目：是对会计要素具体内容的详细分类，提供明细信息的会计科目，它从属于总分类科目，对总分类科目起补充作用。

（四）会计科目的设置原则

（1）会计科目的设置应当满足会计核算和监督的需要，能为投资者、债权人、企业经营管理者提供相关的会计信息。

（2）会计科目的设置应当努力做到科学、合理、适用、实用，保证会计指标体系的完整统一。

（3）尽量符合《企业会计准则》的规定，既为有关各方提供相关会计信息，满足企业对外报告和对内管理的要求，又能适应企业自身经营业务特点的要求。

（4）科目名称简明扼要，内容确切。每一科目只能反映一项经济内容，各个科目之间的核算内容不得相互混淆和交叉，保证核算指标的口径统一。

（五）我国企业会计准则规定的会计科目

参照我国现行企业会计准则，企业会计科目的设置见表3-6。

表3-6　会计科目名称和编号

顺序号	编号	会计科目名称	顺序号	编号	会计科目名称
		一、资　产　类	6	1021	结算备付金
1	1001	库存现金	7	1031	存出保证金
2	1002	银行存款	8	1101	交易性金融资产
3	1003	存放中央银行款项	9	1111	买入返售金融资产
4	1011	存放同业	10	1121	应收票据
5	1012	其他货币资金	11	1122	应收账款

(续表)

顺序号	编号	会计科目名称	顺序号	编号	会计科目名称
12	1123	预付账款	38	1451	损余物资
13	1131	应收股利	39	1461	融资租赁资产
14	1132	应收利息	40	1471	存货跌价准备
15	1201	应收代位追偿款	41	1501	持有至到期投资
16	1211	应收分保账款	42	1502	持有至到期投资减值准备
17	1212	应收分保合同准备金	43	1503	可供出售金融资产
18	1221	其他应收款	44	1511	长期股权投资
19	1231	坏账准备	45	1512	长期股权投资减值准备
20	1301	贴现资产	46	1521	投资性房地产
21	1302	拆出资金	47	1531	长期应收款
22	1303	贷款	48	1532	未实现融资收益
23	1304	贷款损失准备	49	1541	存出资本保证金
24	1311	代理兑付证券	50	1601	固定资产
25	1321	代理业务资产	51	1602	累计折旧
26	1401	材料采购	52	1603	固定资产减值准备
27	1402	在途物资	53	1604	在建工程
28	1403	原材料	54	1605	工程物资
29	1404	材料成本差异	55	1606	固定资产清理
30	1405	库存商品	56	1611	未担保余值
31	1406	发出商品	57	1621	生产性生物资产
32	1407	商品进销差价	58	1622	生产性生物资产累计折旧
33	1408	委托加工物资	59	1623	公益性生物资产
34	1411	周转材料	60	1631	油气资产
35	1421	消耗性生物资产	61	1632	累计折耗
36	1431	贵金属	62	1701	无形资产
37	1441	抵债资产	63	1702	累计摊销

(续表)

顺序号	编号	会计科目名称	顺序号	编号	会计科目名称
64	1703	无形资产减值准备	89	2311	代理买卖证券款
65	1711	商誉	90	2312	代理承销证券款
66	1801	长期待摊费用	91	2313	代理兑付证券款
67	1811	递延所得税资产	92	2314	代理业务负债
68	1821	独立账户资产	93	2401	递延收益
69	1901	待处理财产损溢	94	2501	长期借款
		二、负债类	95	2502	应付债券
70	2001	短期借款	96	2601	未到期责任准备金
71	2002	存入保证金	97	2602	保险责任准备金
72	2003	拆入资金	98	2611	保户储金
73	2004	向中央银行借款	99	2621	独立账户负债
74	2011	吸收存款	100	2701	长期应付款
75	2012	同业存放	101	2702	未确认融资费用
76	2021	贴现负债	102	2711	专项应付款
77	2101	交易性金融负债	103	2801	预计负债
78	2111	卖出回购金融资产款	104	2901	递延所得税负债
79	2201	应付票据			三、共同类
80	2202	应付账款	105	3001	清算资金往来
81	2203	预收账款	106	3002	货币兑换
82	2211	应付职工薪酬	107	3101	衍生工具
83	2221	应交税费	108	3201	套期工具
84	2231	应付利息	109	3202	被套期项目
85	2232	应付股利			四、所有者权益类
86	2241	其他应付款	110	4001	实收资本
87	2251	应付保单红利	111	4002	资本公积
88	2261	应付分保账款	112	4101	盈余公积

(续表)

顺序号	编号	会计科目名称	顺序号	编号	会计科目名称
113	4102	一般风险准备	135	6201	摊回保险责任准备金
114	4103	本年利润	136	6202	摊回赔付支出
115	4104	利润分配	137	6203	摊回分保费用
116	4105	其他综合收益	138	6301	营业外收入
117	4201	库存股	139	6401	主营业务成本
118	4401	其他权益工具	140	6402	其他业务成本
		五、成 本 类	141	6403	税金及附加
119	5001	生产成本	142	6411	利息支出
120	5101	制造费用	143	6421	手续费及佣金支出
121	5201	劳务成本	144	6501	提取未到期责任准备金
122	5301	研发支出	145	6502	提取保险责任准备金
123	5401	工程施工	146	6511	赔付支出
124	5402	工程结算	147	6521	保单红利支出
125	5403	机械作业	148	6531	退保金
		六、损 益 类	149	6541	分出保费
126	6001	主营业务收入	150	6542	分保费用
127	6011	利息收入	151	6601	销售费用
128	6021	手续费及佣金收入	152	6602	管理费用
129	6031	保费收入	153	6603	财务费用
130	6041	租赁收入	154	6604	勘探费用
131	6051	其他业务收入	155	6701	资产减值损失
132	6061	汇兑损益	156	6711	营业外支出
133	6101	公允价值变动损益	157	6801	所得税费用
134	6111	投资收益	158	6901	以前年度损益调整

二、账户的含义

(一) 账户的定义和分类

设置账户是会计核算的一种专门方法。账户是根据会计科目开设的,具有一定格式与结构,用来连续记录经济业务引起资金增减变动及其结果的载体。也就是说,把会计科目放在一定格式和结构的账页上,称为账户。每一个账户都反映一定的经济内容,其反映的经济内容既有严格界限,又有科学联系,即其核算的内容具有独立性和排他性。

根据账户核算与监督的内容分,账户分为资产类账户、负债类账户、所有者权益类账户、成本类账户、损益类账户。与会计科目的分类相对应,根据账户核算与监督的详简程度,账户也分为总分类账户与明细分类账户。根据总分类科目开设的账户称总分类账户(简称总账),根据明细分类科目开设的账户称明细分类账户(简称明细账)。

总分类账户是所属明细分类账户的统驭账户,对所属明细分类账户起控制作用;明细分类账户是总分类账户的从属账户,对总分类账户起辅助作用和补充作用,两者的结合既可以提供某一类经济业务总括资料,又可以提供相关的明细资料,为保证总分类账户与所属明细分类账户的统驭和从属关系,准确反映经济业务活动。

(二) 会计科目和账户的关系

会计科目与账户关系是:两者有密切的联系,但又是两个不同的概念。

两者的联系为:会计科目与账户都是会计核算对象的具体内容进行的科学分类,两者的口径一致、性质相同。账户是根据会计科目开设的,会计科目是账户的名称,账户是会计科目的具体运用。会计科目反映的经济内容,就是账户要记录核算的内容。

两者的区别为:会计科目仅是一种分类,没有格式,不存在结构,只能平面地反映经济业务的内容范围;账户有一定的格式和结构,可以记录和反映一定时期内资金运动的增减变动情况和变动的结果,具有空间上的延续性。

三、账户的结构

(一) 账户的基本结构

账户是分类记录经济业务,反映会计要素具体内容的增减变动情况及其变动结果的载体,经济业务引起资金变动,尽管错综复杂,但从数量上看分为增加和减少两种。因此账户的基本结构也相应划分为两个基本部分,一部分记录增加的数额,另一部分记录减少的数额。

(二)账户的格式和内容

账户的格式尽管各不相同,但一个完整的账户应包括以下一些内容:

(1)账户名称(即会计科目)。
(2)日期。
(3)摘要(概括说明经济业务的内容)。
(4)凭证(说明账户记录的依据)号数。
(5)增加额、减少额和余额。

完整的账户格式和所包括的内容见表3-7。

表 3-7 账户的基本格式

账户名称(会计科目)

年		凭证号数	摘要	借方	贷方	借或贷	余额
月	日						

对于账户的基本结构,为方便叙述可用"T"表示,其格式如图3-1所示。

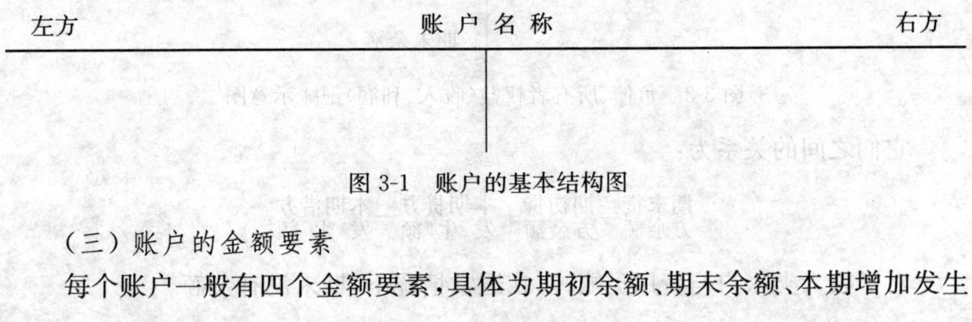

左方　　　　　　　　　　账 户 名 称　　　　　　　　　　右方

图 3-1 账户的基本结构图

(三)账户的金额要素

每个账户一般有四个金额要素,具体为期初余额、期末余额、本期增加发生

额、本期减少发生额,它们间关系为:

$$期末余额=期初余额+本期增加-本期减少$$

(四)账户的登记方法

在借贷记账法下,账户的左方称借方,账户的右方称贷方。

对资产类账户和费用类账户而言,其借方登记增加金额,其贷方登记减少金额,余额一般在借方,具体如图 3-2 所示。

借方	资产账户(费用账户) 账户名称(会计科目)	贷方
期初余额 发生额(增加额)	发生额(减少额)	
本期发生额(增加合计) 期末余额	本期发生额(减少合计)	

图 3-2 资产(费用)记账示意图

它们之间的关系为:

$$\frac{期末借}{方余额}=\frac{期初借}{方余额}+\frac{本期借方}{发生额}-\frac{本期贷方}{发生额}$$

对负债类账户、所有者权益类账户、利润类账户而言,其贷方登记增加金额,其借方登记减少金额,余额一般在贷方,具体如图 3-3 所示。

借方	负债、所有者权益账户(收入、利润账户) 账户名称(会计科目)	贷方
发生额(减少额)	期初余额 发生额(增加额)	
本期发生额(减少合计)	本期发生额(增加合计) 期末余额	

图 3-3 负债、所有者权益(收入、利润)记账示意图

它们之间的关系为:

$$\frac{期末贷}{方余额}=\frac{期初贷}{方余额}+\frac{本期贷方}{发生额}-\frac{本期借方}{发生额}$$

对于收入类账户与费用类账户,在通常情况下,期末没有余额。

第三节 复式记账

一、复式记账的概念

经济业务活动发生后,根据一定的原理,采用一定的记账符号、记账规则,在账户进行登记核算的方法称记账方法,会计记账的方法经历了由"单式记账"发展到"复式记账"的过程。

(一)单式记账法

单式记账法对每项经济业务只在一个账户中进行登记,一般只记录现金的收付以及人欠、欠人事项。如以10 000元购入材料,只记现金减少10 000元的记录,至于材料的增加,则略而不记,从账面上看只知付出10 000元,这10 000元用到何处,账面上是反映不出的,所以它是一种不完整的记账方法。采用这种记账方法,账户间的记录没有直接联系,也不形成相互的平衡关系,所以不能全面、系统地反映经济业务的来龙去脉,也不便于检查账户记录的正确性。

(二)复式记账法

复式记账法是对每项经济业务都以相等的金额,在相互联系的两个或两个以上的账户中进行登记的一种记账方法。如以10 000元现金购入材料,则既要登记增加材料10 000元,又要登记减少现金10 000元,现金减少10 000元说明用作购入材料;材料增加10 000元,说明是减少现金10 000元购入的。这样就能全面地、有联系地反映这笔经济业务引起资金变动10 000元的来龙去脉,并保证记账的正确性。

复式记账的基本理论依据是"资产=权益"这一会计方程式。企业中的经济业务活动千变万化,但是不管怎么变化,都表现为资金运动过程中有关资金的增加或者减少两个方面,而且这种增加或者减少都不会破坏"资产=权益"的恒等关系。经济业务引起的资金变化,不外乎四种类型:

(1)资金投入企业,表现为资产与权益同时增加。
(2)资金退出企业,表现为资产与权益同时减少。
(3)资金存在形态变化,表现为一项资产的增加与另一项资产的减少。
(4)资金来源渠道变化,表现为一项权益的增加与另一项权益的减少。

上述四种资金运动的变化情况,可以用图3-4表示。

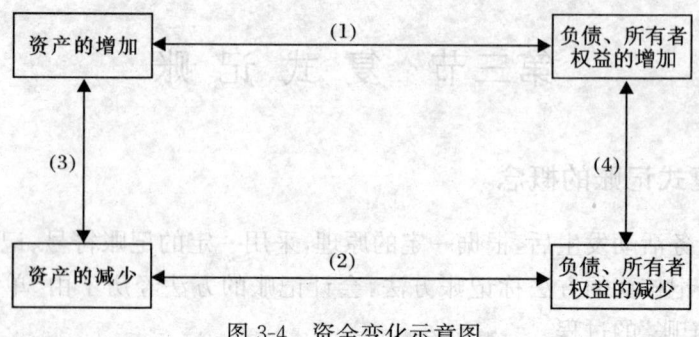

图 3-4 资金变化示意图

复式记账就是要把上述这种资产与权益的增减变动,以相互联系的方式加以记录整理和计算,全面揭示资金变化的因果联系,保证账簿记录的可核对性与可检验性。

综上所述,复式记账是指对任何一项经济业务引起的资金运动,都必须用相等的金额,在两个或两个以上相互联系的账户中进行登记的一种记账方法。

复式记账,根据记账符号的不同,分为借贷记账法、增减记账法和收付记账法等,目前我国企业统一采用借贷记账法。

二、借贷记账法

(一) 借贷记账法的概念

借贷记账法是对每笔经济业务都以"借""贷"为记账符号,用方向相反、金额相等的方式,在相关的两个或两个以上的账户中,全面地、相互联系地记录经济业务的一种复式记账方法。

借贷记账法起源于 12 世纪的意大利,"借""贷"最早是银行为办理转账业务而设计的两个记账方向,随后该记账方法传遍欧洲、美洲及世界各地,成为世界通用的记账方法。

借贷记账法以"借""贷"作为记账符号,分别作为账户的左方和右方,在这里"借""贷"已失去了原有的含义,变为纯粹的记账符号,表示增加或减少的意思。

对于资产类账户而言,借方表示增加,贷方表示减少,余额在借方。

对于权益类账户而言,贷方表示增加,借方表示减少,余额在贷方。

(二) 借贷记账法的特点

1. 用"借""贷"作为记账符号

每个账户都分为"借方""贷方"和"余额"三栏,借方在左,贷方在右。

2. 记账规则是"有借必有贷,借贷必相等"

经济业务活动发生后,用相等的金额一方面记入一个或几个账户的借方,另一方面同时记入一个或几个账户的贷方,记入借方账户与记入贷方账户的金额必然相等。

3. 以"有借必有贷,借贷必相等"进行试算平衡

为检验账户记录的正确性,保证会计核算的质量,在期末应进行账户的试算平衡。试算平衡的方法包括:发生额试算平衡法与余额试算平衡法。

(1) 发生额试算平衡法。借贷记账法对每笔经济业务都按有借必有贷,借贷必相等的记账规则,用金额相等、方向相反的方法加以记录,一定时期内全部业务登记入账后,根据本期所有账户借方发生额合计与贷方发生额合计,必然产生恒等关系,由此可以检验本期发生额记录的正确性。其试算平衡公式为:

$$\text{全部账户本期借方发生额合计} = \text{全部账户本期贷方发生额合计}$$

(2) 余额试算平衡法。余额试算平衡法是根据本期所有账户借方余额合计与贷方余额合计的恒等关系,检验本期账户记录正确性的方法,根据余额时间的不同,分为期初余额平衡法与期末余额平衡法两种。

期初余额平衡法试算平衡公式为:

$$\text{全部账户借方期初余额合计} = \text{全部账户贷方期初余额合计}$$

期末余额平衡法试算平衡公式为:

$$\text{全部账户借方期末余额合计} = \text{全部账户贷方期末余额合计}$$

在实际工作中,通过编制"试算平衡表"进行余额试算平衡。

4. 可以设置和运用双重性质的账户

在借贷记账法下,可以设置双重性质的账户,如设置"待处理财产损溢""其他往来""材料成本差异"等账户。双重性质账户,应根据其余额的方向来确定其性质。如其余额在借方则表示为资产类账户,如其余额在贷方则表示为权益类账户。

(三) 借贷记账法的具体运用

1. 相关概念

(1) 会计分录是对每项经济业务指出其登记的账户方向和金额的一种记录,一笔会计分录包括三个要素:会计账户、借贷方向和金额。

会计分录按其反映经济业务的复杂程度,分为简单会计分录和复合会计分录。

简单会计分录是指经济业务发生以后,只有两个账户发生对应关系的会计分录,即一借一贷。复合分录指经济业务发生后有三个或三个以上的账户发生对应关系的会计分录,即一借多贷、多借一贷、多借多贷。

一个复合会计分录可以分解为几个简单会计分录,复合会计分录便于集中反映整个经济业务的全貌,简化记账工作,提高会计工作效率,但其对应关系不如简单会计分录清晰。

(2) 对应关系是指反映一笔经济业务时,所登记账户之间的相互依存关系,也可以表述为反映一笔经济业务时,账户间的应借、应贷关系。

(3) 对应账户,即存在着对应关系的账户。

2. 会计分录的编制

举例:上海市××公司201×年3月31日各账户余额见表3-8。

表3-8　上海市××公司各账户余额

201×年3月31日　　　　　　　　　　　　　　　　单位:元

资　产	金　额	负债及所有者权益	金　额
库存现金	100 000	短期借款	160 000
银行存款	500 000	应付账款	240 000
应收账款	300 000	长期借款	400 000
原材料	250 000	实收资本	900 000
固定资产	550 000		
合　计	1 700 000	合　计	1 700 000

假定该公司于201×年4月份发生下列经济业务:

【例3-8】　4月1日,根据合同规定,投资人以货币资金200 000元投入企业,资金存入公司开户银行,作企业注册资本。

该项经济业务活动发生后,涉及账户有"银行存款"和"实收资本"。"银行存款"属于资产类账户,该笔经济业务使存款增加,资产的增加应记入借方;"实收资本"是权益类账户,该笔经济业务使实收资本增加,权益的增加应记入贷方。根据以上分析,该项经济业务的会计分录如下:

　　借:银行存款　　　　　　　　　　　　　　　　　　　　200 000
　　　　贷:实收资本　　　　　　　　　　　　　　　　　　　　200 000

【例3-9】 4月5日,购入电脑3台,每台单价10 000元,价款30 000元,由公司"银行存款"账户支付。

该项经济业务活动发生后,涉及账户有"固定资产"和"银行存款"。"固定资产"是资产类账户,该笔经济业务使固定资产增加,资产的增加应记入借方;"银行存款"是资产类账户,该笔经济业务使银行存款减少,资产的减少应记入贷方。根据以上分析,该项经济业务的会计分录如下:

  借:固定资产   30 000
    贷:银行存款   30 000

【例3-10】 4月10日,收到客户欠款120 000元,款已存入公司开户银行。

该项经济业务活动发生后,涉及账户有"应收账款"和"银行存款"。"银行存款"是资产类账户,该笔经济业务使银行存款增加,资产的增加应记入借方;"应收账款"是资产类账户,该笔经济业务使应收账款减少,资产的减少应记入贷方。根据以上分析,该项经济业务的会计分录如下:

  借:银行存款   120 000
    贷:应收账款   120 000

【例3-11】 4月15日,企业以银行存款偿还前欠应付账款120 000元。

该项经济业务活动发生后,涉及账户有"银行存款"和"应付账款"。"应付账款"是负债类账户,该笔业务使应付账款减少,负债的减少应记入借方;"银行存款"是资产类账户,该笔业务使银行存款减少,资产的减少应记入贷方。根据以上分析,该项经济业务的会计分录如下:

  借:应付账款   120 000
    贷:银行存款   120 000

【例3-12】 4月20日,企业向银行借入期限为3个月的短期借款40 000元,偿付到期的应付账款。

该项经济业务活动发生后,涉及账户有"应付账款"和"短期借款"。"应付账款"是负债类账户,该笔经济业务使应付账款减少,负债的减少应记入借方;"短期借款"是负债类账户,该笔经济业务使短期借款增加,负债的增加应记入贷方。根据以上分析,该项经济业务的会计分录如下:

  借:应付账款   40 000
    贷:短期借款   40 000

(实际工作中,借入短期借款应先计入银行存款,然后由银行存款再支付应付账款,本例仅阐述相关原理。)

【例 3-13】 4 月 25 日,购入原材料一批,价款 125 000 元,货款尚未支付。

该项经济业务活动发生后,涉及账户有"原材料"和"应付账款"。"原材料"是资产类账户,该笔经济业务使原材料增加,资产的增加应记入借方;"应付账款"是负债类账户,该笔经济业务使应付账款增加,负债的增加应记入贷方。根据以上分析,该项经济业务的会计分录如下:

借:原材料　　　　　　　　　　　　　　　　　125 000
　　贷:应付账款　　　　　　　　　　　　　　　　125 000

根据借贷记账法的记账规则和试算平衡公式,对该公司 4 月份上述经济业务编制的会计分录登记账户后编制试算平衡表,进行试算平衡,以检查其各项资金的来龙去脉和对应平衡关系,登记的账户资料如图 3-5 至图 3-13 所示。

借方		库 存 现 金		贷方
期初余额	100 000			
本期发生额	—			
期末余额	100 000			

图 3-5　库存现金在账簿中的登记

借方		银 行 存 款		贷方
期初余额	500 000	[例 3-9]固定资产	30 000
[例 3-8]实收资本	200 000	[例 3-11]应付账款	120 000
[例 3-10]应收账款	120 000		
本期发生额	320 000	本期发生额	150 000
期末余额	670 000		

图 3-6　银行存款在账簿中的登记

借方		应 收 账 款		贷方
期初余额	300 000	[例 3-10]银行存款	120 000
本期发生额	—	本期发生额	120 000
期末余额	180 000		

图 3-7　应收账款在账簿中的登记

借方	原 材 料		贷方
期初余额	250 000		
[例3-13] 应付账款	125 000		
本期发生额	125 000		
期末余额	375 000		

图 3-8　原材料在账簿中的登记

借方	固 定 资 产		贷方
期初余额	550 000		
[例3-9] 银行存款	30 000		
本期发生额	30 000		
期末余额	580 000		

图 3-9　固定资产在账簿中的登记

借方	短 期 借 款		贷方
		期初余额	160 000
		[例3-12] 应付账款	40 000
		本期发生额	40 000
		期末余额	200 000

图 3-10　短期借款在账簿中的登记

借方	应 付 账 款		贷方
[例3-11] 银行存款	120 000	期初余额	240 000
[例3-12] 短期借款	40 000	[例3-13] 原材料	125 000
本期发生额	160 000	本期发生额	125 000
		期末余额	205 000

图 3-11　应付账款在账簿中的登记

借方	长 期 借 款		贷方
		期初余额	400 000
		本期发生额	
		期末余额	400 000

图 3-12　长期借款在账簿中的登记

借方	实收资本		贷方
	期初余额		900 000
	[例3-8] 银行存款		200 000
	本期发生额		200 000
	期末余额		1 100 000

图 3-13 实收资本在账簿中的登记

根据账户资料，月末编制试算平衡表见表 3-9。

表 3-9 上海市××公司试算平衡表

201×年 4 月 30 日   单位：元

会计科目	期初余额		本期发生额		期末余额	
	借方	贷方	借方	贷方	借方	贷方
库存现金	100 000				100 000	
银行存款	500 000		320 000	150 000	670 000	
应收账款	300 000			120 000	180 000	
原材料	250 000		125 000		375 000	
固定资产	550 000		30 000		580 000	
短期借款		160 000		40 000		200 000
应付账款		240 000	160 000	125 000		205 000
长期借款		400 000				400 000
实收资本		900 000		200 000		1 100 000
合　计	1 700 000	1 700 000	635 000	635 000	1 905 000	1 905 000

根据以上试算平衡，可以显示：

期初余额：

全部借方余额合计等于全部贷方余额合计，均为 1 700 000 元。

期末余额：

全部借方余额合计等于全部贷方余额合计，均为 1 905 000 元。

本期发生额：

本期借方发生额合计等于本期贷方发生额合计，均为 635 000 元。

(四) 借贷记账法的优点

1. 能完整地、系统地反映企业经济活动的来龙去脉,为经济管理提供系统而有用的信息

借贷记账法要求一项经济业务在相互联系的两个或两个以上的账户中进行记录,根据各个账户间相互联系的记录既可以了解会计要素变动的起点,反映其去向,又可以了解会计要素变动的终点,反映其来龙去脉。通过对经济业务来龙去脉的了解,就能提供管理上需要的有用信息。

2. 能防止和检查会计数据的错漏,保证账户记录的正确性

借贷记账法要求各项经济业务引起的变动,要以相等的金额在两个或两个以上的有关账户中进行记录,这样,利用账户间相等数字的核对,通过平衡关系就可以防止和检查账户记录的差错。

3. 为编制会计报表提供正确、可靠、有用的信息

借贷记账法的记账规则是"有借必有贷,借贷必相等"。这一规则保证了会计报表所列示信息的正确与可靠。会计报表各项目间的钩稽关系,有利于会计报表使用者分析企业的偿债能力、获利能力及经营能力。

第四节 简单的资产负债表、利润表和现金流量表

根据经济业务编制会计分录是大量的、重复的、分散的,通过设置账户,登记账簿,能把重复、分散的会计资料进行分类,系统地核算。但是到了会计期末(月末、季末、年末)进行结账时,个别会计要素具体内容的信息还是分散反映在会计账簿中,还是不能集中而简明地反映企业在一定期间的经营成果和一定时点的财务状况,这就需要编制会计报表予以解决。会计报表主要包括:资产负债表、利润表和现金流量表。

一、资产负债表

资产负债表是总括反映企业某一时点(如月末、季末、年末)财务状况的会计报表,用以反映某一日期企业的资产、负债和所有者权益总额及其构成的情况。

根据本章第三节[例3-8]至[例3-13]上海市××公司201×年4月30日的相关资料,可以编制该公司4月末的资产负债表,见表3-10。

表 3-10　上海市××公司资产负债表

201×年 4 月 30 日　　　　　　　　　　　　　　　　　　单位：元

资　　　产	金　　额	负债及所有者权益	金　　额
货币资金	770 000	短期借款	200 000
应收账款	180 000	应付账款	205 000
存货	375 000	长期借款	400 000
固定资产	580 000	实收资本	1 100 000
资产总计	1 905 000	负债及所有者权益总计	1 905 000

资产负债表的项目，一般与会计科目名称一致，但有些项目是在会计科目的基础上计算填列的，如货币资金由"库存现金"账户余额、"银行存款"账户余额与"其他货币资金"账户余额相加后的数额填列；存货项目则由"原材料""材料成本差异""包装物""低值易耗品""生产成本"等账户期末借贷方余额相抵后的差额填列。具体内容后面有专门章节介绍。

二、利润表

利润表又称损益表，是反映企业一定时期内生产经营成果的会计报表。它是反映一定时期内营业收入与同一会计期间相关的营业费用相配比，从而计算出一定期间的利润。

【例 3-14】　××公司 201×年 5 月份发生营业收入 100 000 元，其中：收到现金 96 000 元，应收账款 4 000 元；发生的营业成本 56 000 元，其中支付现金 50 000元，应付账款 6 000 元；发生销售费用 14 000 元，全部用现金支付，其中支付工资 10 000 元，其他费用 4 000 元。

根据上述资料，编制该公司利润表，见表 3-11。

表 3-11　上海市××公司利润表

201×年 5 月　　　　　　　　　　　　　　　　　　　　单位：元

项　　　　目	金　　额
营业收入	100 000
营业成本	56 000
销售费用	14 000
营业利润	30 000

三、现金流量表

现金流量表是反映企业一定会计期间内现金和现金等价物流入、流出信息的会计报表。完整的现金流量表是反映一定期间内经营活动、投资活动和筹资活动所产生的现金流量。

根据××公司201×年5月份的信息编制的现金流量表,见表3-12。

表3-12　上海市××公司现金流量表

201×年5月　　　　　　　　　　　　　　　　　　　单位:元

项　目	现　金
经营活动产生的现金流量	
销售商品、提供劳务收到的现金	96 000
购买商品、接受劳务支付的现金	50 000
支付给职工以及为职工支付的现金	10 000
支付其他与经营活动有关的现金	4 000
经营活动现金净流量	32 000

第四章 工业企业主要经济业务的核算

第一节 工业企业的资金运动过程

我国的工业企业是依法自主经营、自负盈亏、独立核算的社会主义商品生产和经营单位。企业依法取得法人资格,以国家授予其经营管理的财产承担民事责任。

企业的根本任务是:根据国家计划和市场需求,发展商品生产,创造财富,增加积累,满足社会日益增长的物质和文化生活需要。工业企业要根据市场需求,发展商品生产,就必须要有一定数额的资金,这是企业生产经营活动的先决条件,这些资金进入企业后,在经营过程中不断地变化,转变为各种不同的形态。工业企业的资金进入企业后要经过三个过程:供应过程、生产过程和销售过程。供应过程是生产经营的准备阶段,在供应过程中,企业的经营业务是以货币采购存货,以及生产中的消耗等。这个阶段中的资金运动是使货币资金形态转化为储备资金形态。生产过程是工业企业生产经营的中心环节,在生产过程中,生产部门领用原材料等存货生产加工成可供销售的商品。在这个阶段中资金形态又转化为商品资金。销售过程是生产经营的最后阶段,销售部门将商品售出,资金形态又由商品资金转化为货币资金。周而复始的资金运动形成了工业企业不间断的经营活动(见图 4-1)。

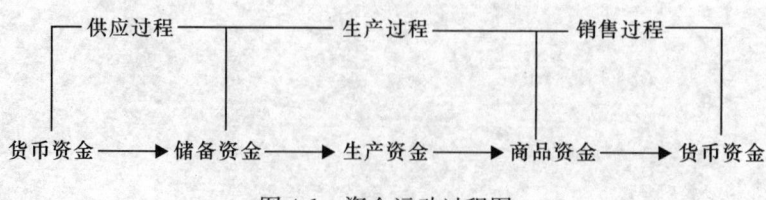

图 4-1 资金运动过程图

第二节　资金筹集的会计核算

资金运动贯穿了工业企业经济业务事项的始终,企业发生的一切经济业务事项都离不开资金,这些资金都是从一定的来源筹集而成的,虽然渠道不一,但总括而言可以归纳为两大部分,即投资人投入和向债权人借入。

一、投资者投入资金的核算

（一）投入资金概述

企业的投资者可以是国家、企业、个人,也可以是外商。投入的资本形式包括银行存款、原材料、商品等存货、房屋、机器等固定资产,或者是商标权、土地使用权等无形资产,投入的各项资产总值即为实收资本,也是企业在工商行政管理部门登记注册的资金数,特殊情况下,债权人也可依法将债权转为投资。

（二）投入资金的核算

1. 应设置的主要账户

资金的投入要反映两方面的问题:首先要反映资金投入的形态,投资者可以以货币资金投入企业,也可以以存货、固定资产、无形资产等非货币资金投入企业;其次要反映资金是由谁投入的,是国家投入的还是由机构投入的,或者是个人投入的。企业应当通过下列账户全面准确地反映企业资金投入的来龙去脉。

（1)"实收资本"属于所有者权益类账户,用来核算企业实际收到的投资人作为投资的现金、银行存款、房屋、设备、材料商品等。收到投资时,贷记该账户,企业经营期届满,投资人收回投资时借记该账户。其贷方余额表示投资人投入本企业的资本总额,应与注册资本额相同。

"实收资本"账户下,按投资人设明细账。有权代表国家投资的部门、机构投入企业的资产称为国家投资,具有法人资格的企业投入本企业的资产为法人投资,社会个人投入本企业的资产称为个人投资,港澳台地区以及国外投资者投入本企业的资产称为外商投资。

（2)"银行存款"属于资产类账户,用来核算企业存放在银行的资金数,借方表示银行存款增加数,贷方表示银行存款减少数,余额在借方,表示企业账面上的银行存款实有数,每月末应与银行对账单进行核对,按企业开户的不同银行设明细账,但每个企业只有一个基本存款户。

（3)"固定资产"属于资产类账户,用来核算企业拥有的房屋、机器等使用期较长、价格较高、在使用过程中不改变原实物形态资产的原始价值。借方表示增加的固定资产原始价,贷方表示转出、减少的固定资产原始价,余额在借方表示企业现有固定资产的原始价值。原始价值就是该项固定资产购建时发生的全部支出,也就是它的历史成本。

(4)"无形资产"属于资产类账户,用来核算企业为生产商品、提供劳务、出租给他人或为管理等目的而持有的非货币性长期资产的收发情况。借方表示企业拥有无形资产价值的增加数,贷方表示无形资产的减少数,余额在借方表示企业现有无形资产的价值。

2. 核算方法

举例:下面以红光公司2015年1月份所发生的经济业务为例说明投入资金的核算方法。表4-1为红光公司2015年1月1日的账户余额(有关红光公司经济业务的核算资料一直延续到第十一章)。

表4-1 红光公司账户余额表

2015年1月1日 单位:元

账户名称	金额	账户名称	金额
库存现金	1 500	短期借款	34 000
银行存款	10 000	应付账款	71 000
应收账款	38 000	应付票据	22 000
库存商品	67 000	应交税费	30 000
原材料	42 000	实收资本	92 000
生产成本	57 300	未分配利润	45 000
无形资产	4 000		
固定资产	74 200		
合　　计	294 000	合　　计	294 000

红光公司2015年1月份发生下列经济业务:

【业务1】 1月3日,国家作为投资方投资转入新建仓库一座,价值400 000元,已交付使用。

这笔经济业务的发生一方面反映投资者是国家,国家对企业投入的资本增加,记入"实收资本"账户的贷方;另一方面反映企业所收到的投入资金形态是固定资产,企业资产增加,记入"固定资产"账户的借方。其会计分录如下:

借:固定资产——仓库　　　　　　　　　　　　　　　400 000
　　贷:实收资本——国家　　　　　　　　　　　　　　400 000

【业务2】 1月3日,马桥公司按协议以土地使用权对本公司投资,该土地使用权价值20 000元。

这笔经济业务的发生,一方面说明马桥公司以土地使用权作为资本投入,企业投资者是法人,应记入"实收资本"账户的贷方;另一方面企业的土地使用权增加,土地使用权属于无形资产核算范围,应记入"无形资产"账户的借方。其会计分录如下:

  借:无形资产——土地使用权   20 000
   贷:实收资本——马桥公司   20 000

【业务3】 1月4日,接受外商以美元投入的资本,根据当日汇率,该美元折合成人民币为700万元,款项当日收妥,存入银行。

这笔经济业务发生,一方面增加实收资本记入"实收资本"账户的贷方;另一方面增加银行存款,记入"银行存款"账户的借方。其会计分录如下:

  借:银行存款   7 000 000
   贷:实收资本——外商   7 000 000

二、债权人借入资金的核算

(一)借入资金概述

企业在经营过程中由于周转资金短缺可以向国家银行、世界银行、商业银行贷款,也可以向银行以外的金融机构贷款。借入的款项,根据贷款期间的长短可分为短期借款和长期借款,偿还期在1年以内的称为短期借款,偿还期在1年以上的称为长期借款。

企业借入的资金在还款期内归企业调配使用,超过还款期,企业就不能使用,必须归还给银行或其他金融机构,并且按规定的利率和借款期支付贷款利息。因此借入的资金不属于本企业的自有资金,必须按期归还本息。债权人依法享有到期收回本息的债权,但无权参与企业决策和取得收益。

(二)借入资金的核算

1. 应设置的主要账户

(1)"短期借款"属于负债类账户,用来核算企业借入的短期借款。企业取得短期借款时记入贷方,归还短期借款时记入借方,余额在贷方,表示尚未归还的短期借款,该账户按债权人设明细账。

(2)"长期借款"属于负债类账户,用来核算企业借入的长期借款。企业取得长期借款时记入贷方,归还长期借款时记入借方,余额在贷方,表示尚未归还的长期借款,该账户按借款种类设明细账。

2. 核算举例

举例:仍然以红光公司为例说明借入资金的核算方法。

【业务4】 1月4日,因临时周转需要向工商银行贷款20 000元,期限2个月,存入银行。

这笔业务一方面反映短期借款增加,记入"短期借款"账户的贷方;另一方面,由于存贷分户,借入的款项存入银行存款户,使银行存款增加,记入"银行存款"账户的借方。其会计分录如下:

　　借:银行存款——工商银行　　　　　　　　　　　　　　20 000
　　　贷:短期借款　　　　　　　　　　　　　　　　　　　　20 000

【业务5】 1月5日,向建设银行贷入专项贷款360 000元购买设备,借期3年。购入设备的价值300 000元,增值税税率17%,另外支付运输、安装等费用9 000元,设备已经安装完毕交付使用。款项均已支付。

这笔业务发生,一方面增加了长期借款,记入"长期借款"账户的贷方;另一方面购建了固定资产,增加了固定资产,记入"固定资产"账户的借方。同时,为购建固定资产的运输、安装等费用也应一并计入固定资产。另外,根据存贷分户的原则,借入的款项必须先记入单位存款户,然后才支付。因此其会计分录如下:

　　借:银行存款——建设银行　　　　　　　　　　　　　　360 000
　　　贷:长期借款——专项借款　　　　　　　　　　　　　　360 000

【业务6】 1月7日,购置固定资产,实际支付360 000元,其中增值税51 000元。

　　借:固定资产　　　　　　　　　　　　　　　　　　　　309 000
　　　应交税费——应交增值税(进项税额)　　　　　　　　　51 000
　　　贷:银行存款　　　　　　　　　　　　　　　　　　　　360 000

注1:2016年5月1日,我国全面实施"营改增",按"营改增"有关文件规定,运输费和安装业务均应按11%的税率计算增值税,本教材对此省略。此外,本教材所有经济业务均不作全面实施"营改增"所涉及的会计处理。

注2:需要安装的设备应当通过在建工程核算,本例题跳过了在建工程核算这一环节。

【业务7】 1月7日,因工程需要购入建筑材料一批直接交工程使用,总价20 000元(含增值税),款项未付。

这笔业务一方面使工程物资增加,应记入"工程物资"账户的借方;另一方面工程物资款未付,形成企业的一项结算负债,使企业应付账款增加,记入"应付账款"账户的贷方。其会计分录如下:

借:在建工程　　　　　　　　　　　　　　　　　　　20 000
　　贷:应付账款　　　　　　　　　　　　　　　　　　　20 000

注:建筑业实施营业税,未实施增值税。

三、红光公司资金进入企业时的账户钩稽关系

在复式记账法下,任何经济业务的发生,必然使相关账户产生对应关系,账户之间的对应关系也可以称为账户之间的钩稽关系,图 4-2 勾画了资金投入企业时所产生的账户之间的钩稽关系。

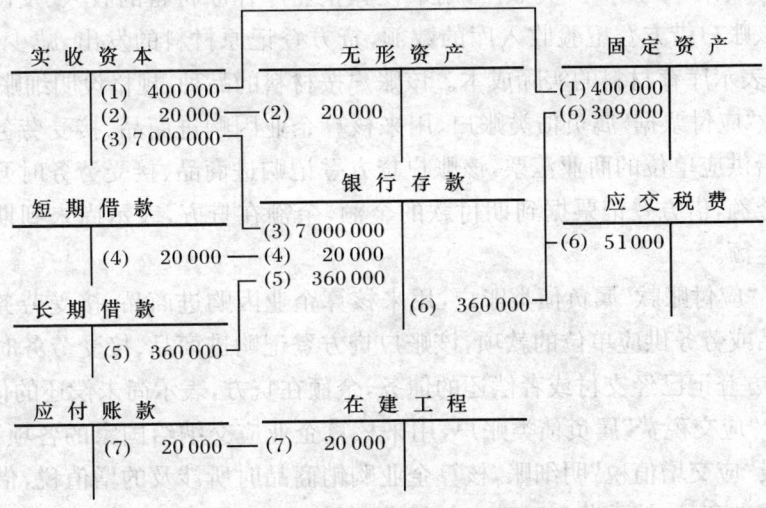

图 4-2　资金投入时账户钩稽关系图

第三节　材料采购和入库的会计核算

一、材料采购和入库概述

材料的采购和入库属于工业企业整个生产经营活动的供应阶段,其主要经济业务是采购部门根据合同规定的品种、数量购进原材料。财会部门根据供货

方的增值税发票和运输部门的单据支付货款、运费和增值税,仓库根据入库单验收材料,并由财会部门结转材料的采购成本。在采购与发出的过程中监督各项费用的开支情况,力争减少采购成本,保证物质资料的安全和完整,同时监督保证物质资料的最佳储备量。

二、材料采购和入库的核算

(一) 应设置的主要账户

(1) "在途物资"属资产类账户,用来核算企业已经付款或已开出商业汇票但尚未验收入库的材料。该账户借方登记已支付或已开出商业汇票的材料款和支付的运杂费,贷方表示验收入库材料的实际成本。余额一般在借方,表示已付款但尚未入库的在途材料。该账户按材料的品种、规格设明细分类账。

(2) "原材料"属资产类账户,用来核算企业库存原材料的收入、发出和结存情况。该账户借方登记验收入库的数额,贷方登记原材料的发出、减少数,余额在借方,表示库存材料的实际成本。该账户按材料的品种、规格设明细账。

(3) "应付票据"属负债类账户,用来核算企业因购进商品、接受劳务而签发并承兑给供应单位的商业汇票,该账户贷方登记购进商品、接受劳务时开出商业汇票的金额,借方登记票据到期付款的金额,余额在贷方,表示尚未到期的应付票据的金额。

(4) "应付账款"属负债类账户,用来核算企业因购进商品、接受劳务而应支付给商品或劳务供应单位的款项,该账户贷方登记购进商品、接受劳务时产生的债务,借方登记已经支付或者偿还的债务,余额在贷方,表示尚未偿还的债务。

(5) "应交税费"属负债类账户,用来核算企业应交纳给国家的各项税款,该账户下设"应交增值税"明细账,核算企业购销商品时所涉及的增值税,借方反映企业在购进商品、接受劳务时已支付的进项税额或已缴纳的增值税;贷方反映企业在销售商品、提供劳务时收取的销项税额以及出口退税等内容。借方余额表示尚未抵扣的增值税,贷方余额表示未交的增值税,月末应当转入"未交增值税"明细账户。"应交增值税"设立进项税额、销项税额、已交税金、出口退税、进项税额转出等三级账户。

(二) 核算方法

举例:仍然以红光公司为例说明材料采购和入库的核算方法。

【业务8】 1月7日,向鸿安公司和华源公司购入甲材料共计3 000千克,其中向鸿安公司购入2 000千克,@48元,增值税税率17%,对方代垫运输费3 600

元;向华源公司购入1 000千克,@48元,增值税税率17%,对方代垫运输费1 800元,分别开出2个月和3个月期的商业汇票(不考虑运输费的增值税)。

上述业务一方面表示企业发生了采购业务,需要通过"在途物资"账户归集材料采购成本,因此记入"在途物资"账户的借方,从两家公司购入甲材料买价共为144 000元(48×3 000),运输费共计5 400元(3 600+1 800),应记入"在途物资"账户的借方,合计为149 400元。发生的增值税进项税额为24 480元(2 000×48×17%+1 000×48×17%),记入"应交税费"账户的借方,签发的商业汇票数额记入"应付票据"账户的贷方。其会计分录如下:

借:在途物资——甲材料　　　　　　　　　　　　　　　　149 400
　　应交税费——应交增值税(进项税额)　　　　　　　　　 24 480
　　贷:应付票据——鸿安　　　　　　　　　　　　　　　 115 920
　　　　　　　　——华源　　　　　　　　　　　　　　　　57 960

【业务9】　1月8日,上述甲材料同时到达,支付装卸费现金600元。

装卸费构成材料的采购成本,记入"在途物资"账户的借方。其会计分录如下:

借:在途物资——甲材料　　　　　　　　　　　　　　　　　　600
　　贷:库存现金　　　　　　　　　　　　　　　　　　　　　　600

【业务10】　1月8日,甲材料经仓库验收以后,以实际成本转账。

这笔业务一方面增加了原材料的储备额,记入"原材料"账户的借方;另一方面确定了原材料的采购款项,予以转销在途物资。原材料的实际成本包括材料的买价和运输装卸费。其会计分录如下:

借:原材料——甲材料　　　　　　　　　　　　　　　　　150 000
　　贷:在途物资——甲材料　　　　　　　　　　　　　　　150 000

从上述例题可以看出,材料的采购成本主要包括:材料的买价、运杂费、材料运输途中的合理损耗和入库前的挑选整理费等。在材料采购过程中发生的各种采购费用,凡能分清采购对象的,直接计入该材料的采购成本。如采购几种材料发生的共同采购费用,不能分清具体的计入对象,应按材料的重量、数量等比例,合理分摊计入各材料的采购成本。

【业务11】　1月9日,公司收到向外地某公司购入的乙种材料2 000千克,@59.5元,丙种材料3 000千克,@69.5元,丁种材料4 000千克,@44.5元,增值税额85 935元,款项以银行存款591 435元付讫。其会计分录如下:

借：在途物资——乙材料　　　　　　　　　　　　　　　　　　119 000
　　　　　　——丙材料　　　　　　　　　　　　　　　　　　208 500
　　　　　　——丁材料　　　　　　　　　　　　　　　　　　178 000
　　应交税费——应交增值税（进项税额）　　　　　　　　　　　85 935
　　贷：银行存款　　　　　　　　　　　　　　　　　　　　　　591 435

【业务12】 1月10日，以银行存款支付运费和装卸费94 500元，运费和装卸费按重量比例分摊。

公司购入乙、丙、丁三种材料，重量分别为2 000千克、3 000千克和4 000千克，共计运费和装卸费94 500元，按重量比例予以分摊，计入各材料的采购成本。具体分摊方法如下：

(1) 计算每千克重量应分摊的运费：

$$分摊率 = \frac{运费总额}{三种材料的总重量} = \frac{94\,500}{2\,000+3\,000+4\,000}$$
$$= 10.5(元/千克)$$

(2) 计算每种材料应分摊的运费：

乙材料应分摊的运费 = 10.5 × 2 000 = 21 000(元)

丙材料应分摊的运费 = 10.5 × 3 000 = 31 500(元)

丁材料应分摊的运费 = 10.5 × 4 000 = 42 000(元)

费用分摊计算见表4-2。

表4-2　材料采购费用分摊计算表

材料名称	重量(千克)	每千克分摊金额	应分摊金额(元)
乙材料	2 000	10.5	21 000
丙材料	3 000	10.5	31 500
丁材料	4 000	10.5	42 000
合计	9 000		94 500

(3) 编制支付运杂费的会计分录如下：

借：在途物资——乙材料　　　　　　　　　　　　　　　　　　21 000
　　　　　　——丙材料　　　　　　　　　　　　　　　　　　31 500
　　　　　　——丁材料　　　　　　　　　　　　　　　　　　42 000
　　贷：银行存款　　　　　　　　　　　　　　　　　　　　　　94 500

【业务13】 1月10日，三种材料均已验收入库，按实际成本转账。

经过上述处理,原材料实际的采购成本由买价和实际分摊的运杂费两部分内容组成,根据材料的实际采购成本编制会计分录如下:

借:原材料——乙材料　　　　　　　　　　　　140 000
　　　　　——丙材料　　　　　　　　　　　　240 000
　　　　　——丁材料　　　　　　　　　　　　220 000
　　贷:在途物资——乙材料　　　　　　　　　　140 000
　　　　　　　——丙材料　　　　　　　　　　240 000
　　　　　　　——丁材料　　　　　　　　　　220 000

根据[业务 8]至[业务 13]的会计分录,登记甲、乙、丙、丁四种材料的"在途物资"明细分类账,见表 4-3 至表 4-6。同时编制材料采购成本计算表,见表 4-7。

表 4-3 "在途物资"明细分类账

材料名称或类别:甲材料

| 2015 年 | | 凭证号码 | 摘　要 | 借方金额 | | | 贷方金额 | 结余金额 |
月	日			买价	采购费用	合计		
1		8	购入甲材料 3 000 千克 @48 元	144 000		144 000		144 000
		8	运输费		5 400	5 400		149 400
		9	装卸费		600	600		150 000
		10	结转采购成本				150 000	
1			发生额	144 000	6 000	150 000	150 000	

表 4-4 "在途物资"明细分类账

材料名称或类别:乙材料

| 2015 年 | | 凭证号码 | 摘　要 | 借方金额 | | | 贷方金额 | 结余金额 |
月	日			买价	采购费用	合计		
1		11	购入乙材料 2 000 千克 @59.5 元	119 000		119 000		119 000
		12	运杂费		21 000	21 000		140 000
		13	结转采购成本				140 000	—
1			发生额	119 000	21 000	140 000	140 000	

表 4-5 "在途物资"明细分类账

材料名称或类别：丙材料

2015年		凭证号码	摘要	借方金额			贷方金额	结余金额
月	日			买价	采购费用	合计		
1		11	购入丙材料3 000千克@69.5元	208 500		208 500		208 500
		12	运杂费		31 500	31 500		240 000
		13	结转采购成本				240 000	—
1			发生额	208 500	31 500	240 000	240 000	—

表 4-6 "在途物资"明细分类账

材料名称或类别：丁材料

2015年		凭证号码	摘要	借方金额			贷方金额	结余金额
月	日			买价	采购费用	合计		
1		11	购入丁材料4 000千克@44.5元	178 000		178 000		178 000
		12	运杂费		42 000	42 000		220 000
		13	结转采购成本				220 000	—
1			发生额	178 000	42 000	220 000	220 000	—

表 4-7 材料采购成本计算表

成本项目\材料	甲材料3 000千克		乙材料2 000千克		丙材料3 000千克		丁材料4 000千克	
	总成本	单位成本	总成本	单位成本	总成本	单位成本	总成本	单位成本
买价	144 000	48	119 000	59.5	208 500	69.5	178 000	44.5
运杂费	6 000	2	21 000	10.5	31 500	10.5	42 000	10.5
采购成本	150 000	50	140 000	70	240 000	80	220 000	55

三、材料采购核算的账户钩稽关系

将上述材料采购业务所产生的账户间钩稽关系以图4-3表示。

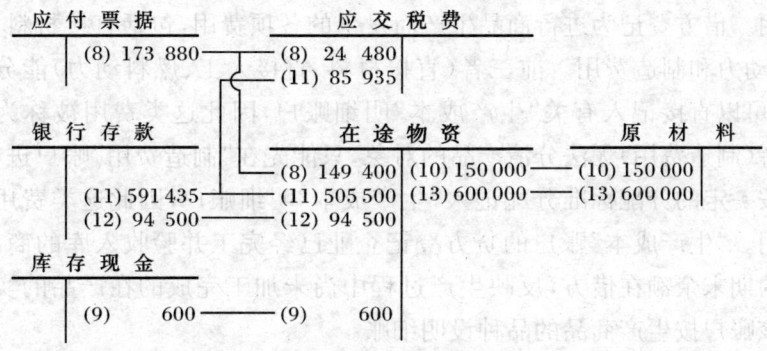

图 4-3 材料采购核算账户钩稽关系图

第四节 商品生产过程的会计核算

一、商品生产过程概述

商品生产过程是工业企业资金循环的第二阶段。在生产过程中,企业的主要经济业务是商品的生产,从生产资料的投入和通过活劳动对劳动对象的加工,使之成为商品。这一系列的过程,既是商品的制造过程,又是物化劳动和活劳动的消耗过程。

在生产过程中发生的费用,可以分成两大类,包括生产费用和期间费用。生产费用主要包括为生产商品所消耗的劳动资料和活劳动,也就是原材料、辅助材料、动力设备折旧及人工耗费等,它能够直接或间接地计入某一商品的成本中。期间费用主要是在某一生产经营期间内支出的费用,它能为企业提供生产条件,保持商品的产销能力,包括销售费用、管理费用和财务费用。

二、商品生产过程的核算

(一) 应设置的主要账户

商品生产过程的核算主要是商品生产费用的支出、归集和分配。所涉及的主要经济业务有:原材料耗用的核算、工资的核算、固定资产折旧的核算、制造费用的归集与分配、完工商品生产成本的计算与结转等业务。为了正确地核算和监督各项费用开支和成本计算,应设置如下有关账户。

1. 与商品生产成本计算有关的生产费用账户

(1)"生产成本"属成本类账户,用来核算企业为进行商品生产而发生的各项生产费用。借方登记为进行商品生产而发生的各项费用,包括直接材料、直接人工、燃料动力和制造费用。前三者(直接材料、直接人工、燃料动力)能分清产品的对象,可以直接记入有关"生产成本"明细账户,因此这类费用被称为直接费用。后者(制造费用)无法分清产品的对象,只能先在"制造费用"账户进行归集,月末再按一定的分配标准分配记入"生产成本"明细账户,因此这类费用被称为间接费用。"生产成本"账户的贷方登记企业已经完工并验收入库的商品成本。本账户的期末余额在借方,反映生产过程中尚未加工完成的在产品的实际生产成本。该账户按生产商品的品种设明细账。

(2)"制造费用"属成本类账户,用来核算企业为进行商品生产而发生的各项间接费用。凡能直接认定核算对象的直接费用,直接记入"生产成本"账户,凡与产品生产有关但又不能直接确定核算对象的费用,称为间接费用,间接费用记入本账户。借方登记制造费用的发生数,贷方登记期末按一定分配方式分配记入各商品生产成本的费用,结转后无余额。该账户按生产部门和费用项目设明细账。

2. 与商品生产成本计算无关的期间费用账户

(1)"管理费用"属于损益类账户,用来核算企业行政管理部门为组织和管理生产经营活动而发生的费用。发生各项管理费用时,记入借方,月末结转"本年利润"账户时记入贷方,结转后应无余额。该账户按费用项目设明细账。

(2)"财务费用"属于损益类账户,用来核算企业为生产经营所需资金支付给银行和其他金融机构的费用。借方表示计入本期的借款费用,月末结转至本年利润时记入贷方,结转后应无余额。该账户按费用项目设明细账。

3. 其他有关账户

(1)"应付职工薪酬"属于负债类账户,用来核算企业为获得职工提供的服务而给予各种形式的报酬以及其他相关支出。贷方登记应付给职工的薪酬数(即分配记入各有关账户应负担的工资成本)。借方登记实际发放的薪酬数,期末贷方余额,表示应付而未付的薪酬数。该账户按"工资""职工福利""工会经费""职工教育经费"等项目设明细账。

(2)"库存商品"属于资产类账户,用来核算企业已经完工、验收入库的商品成本。它的借方登记企业完工验收入库的商品成本,结转已经售出商品成本时登在贷方,余额在借方,表示企业库存商品的实际生产成本。该账户按商品名称设置明细账。

（二）核算方法

举例：仍然以红光公司为例说明商品生产的核算方法。

【业务14】 1月12日，从仓库领用甲、乙、丙、丁材料各一批，价值196 100元，用以生产A、B两种商品和其他的耗用，见表4-8。

表4-8 材料耗用汇总表

项目		A商品耗用	B商品耗用	车间耗用	管理部门耗用	合计
甲材料 @50元	数量（千克）	1 500	1 500			3 000
	金额（元）	75 000	75 000			150 000
乙材料 @70元	数量（千克）	80	100		10	190
	金额（元）	5 600	7 000		700	13 300
丙材料 @80元	数量（千克）	200	50	50		300
	金额（元）	16 000	4 000	4 000		24 000
丁材料 @55元	数量（千克）	20	100	40		160
	金额（元）	1 100	5 500	2 200		8 800
合计	金额（元）	97 700	91 500	6 200	700	196 100

这笔业务表明，一方面减少库存材料196 100元，同时增加了生产成本、制造费用和管理费用，会计分录如下：

```
借：生产成本——A商品                          97 700
         ——B商品                           91 500
   制造费用                                  6 200
   管理费用                                    700
   贷：原材料——甲材料                       150 000
            ——乙材料                        13 300
            ——丙材料                        24 000
            ——丁材料                         8 800
```

【业务15】 1月15日，以银行存款690 000元发放工资。

该业务减少"应付职工薪酬"，应记入该账户的借方，同时减少"银行存款"，记入贷方，会计分录如下：

借：应付职工薪酬   690 000
　　贷：银行存款   690 000

【业务16】 1月15日，结算本月应付职工工资690 000元，按其用途汇集，见表4-9。

表4-9　红光公司2015年1月份工资费用汇总表

序　号	部　　　　门	金额(元)
1	生产工人工资	600 000
	其中：制造A商品工人工资	280 000
	制造B商品工人工资	320 000
2	车间管理人员工资	60 000
3	企业管理人员工资	30 000
4	合　　　　计	690 000

本月应付给职工的工资总额690 000元记入"应付职工薪酬"账户的贷方，同时生产成本、制造费用、管理费用也相应增加，记入借方，会计分录如下：

借：生产成本——A商品   280 000
　　　　　　——B商品   320 000
　　制造费用   60 000
　　管理费用   30 000
　　贷：应付职工薪酬   690 000

【业务17】 1月16日，红光公司本月支付职工福利费96 600元。

职工福利费是发放给职工的除工资薪金以外的各项现金补贴和非货币性集体福利，包括以下内容：

(1) 为职工卫生保健、生活等发放或支付的各项现金补贴和非货币性福利，如：职工因公外地就医费用、职工供养直系亲属医疗补贴、职工疗养费用、职工食堂经费补贴或未办职工食堂统一供应午餐支出、符合国家有关财务规定的供暖费补贴、防暑降温费等。

(2) 企业内设集体福利部门所发生的设备、设施和人员费用，如：职工食堂、职工浴室、理发室、医务所、托儿所、疗养院、集体宿舍等集体福利部门设备和设施的折旧、维修保养费用以及集体福利部门工作人员的工资薪金、社会保险费、住房公积金、劳务费等人工费用。

(3) 职工困难补助,企业统筹建立和管理的专门用于帮助、救济困难职工的基金支出。

(4) 离退休人员统筹外费用。

(5) 按规定发生的其他职工福利费,如:丧葬补助费、抚恤费、职工异地安家费、独生子女费、探亲假路费等。

企业实际发生的职工福利费不得超过工资总额的14%。

红光公司支付职工福利费的会计分录如下:

借:应付职工薪酬　　　　　　　　　　　　　　　　　　　　　　96 600
　　贷:银行存款　　　　　　　　　　　　　　　　　　　　　　　96 600

【业务18】 1月16日,红光公司本月发生职工福利费按用途汇集,见表4-10。

表4-10　红光公司2015年1月份工资福利费计算表

序号	部门	计提金额(元)
1	生产工人工资	84 000
	其中:制造A商品工人工资	39 200
	制造B商品工人工资	44 800
2	车间管理人员工资	8 400
3	企业管理人员工资	4 200
4	合　　计	96 600

会计分录如下:

借:生产成本——A商品　　　　　　　　　　　　　　　　　　　39 200
　　　　　　——B商品　　　　　　　　　　　　　　　　　　　44 800
　　制造费用　　　　　　　　　　　　　　　　　　　　　　　　8 400
　　管理费用　　　　　　　　　　　　　　　　　　　　　　　　4 200
　　贷:应付职工薪酬　　　　　　　　　　　　　　　　　　　　96 600

【业务19】 1月20日,银行转来本月水电费账单共计19 700元,根据电表耗电量计算,A商品负担3 100元,B商品负担3 700元,车间负担12 000元,其余900元由管理部门承担。

这项业务发生使生产成本、制造费用与管理费用开支增加,记入这三个账户的借方,同时银行存款减少记入账户的贷方,会计分录如下:

借：生产成本——A商品　　　　　　　　　　　　　　　3 100
　　　　　　——B商品　　　　　　　　　　　　　　　3 700
　　　制造费用　　　　　　　　　　　　　　　　　　12 000
　　　管理费用　　　　　　　　　　　　　　　　　　　　900
　贷：银行存款　　　　　　　　　　　　　　　　　　19 700

将上述经济业务中与产品生产有关的金额记入"生产成本"明细分类账，见表 4-11 和表 4-12。

表 4-11 "生产成本"明细分类账

商品品种或类别：A 商品　　　　　　　　　　　　本月完工商品数量：4 690 件

2015 年		凭证号码	摘　　要	借　　方（成本项目）				
月	日			直接材料	直接人工	燃料动力	制造费用	合　　计
1			期初在产品成本	8 300	20 800	1 500	7 000	37 600
		14	领用材料	97 700				97 700
		16	分配工资		280 000			280 000
		18	分配福利费用		39 200			39 200
		19	支付水电费			3 100		3 100
			月计					
1			合　　计					

表 4-12 "生产成本"明细分类账

商品品种或类别：B 商品　　　　　　　　　　　　本月完工商品数量：2 034 件

2015 年		凭证号码	摘　　要	借　　方（成本项目）				
月	日			直接材料	直接人工	燃料动力	制造费用	合　　计
1			期初在产品	3 500	13 200	1 800	1 200	19 700
		14	领用材料	91 500				91 500
		16	分配工资		320 000			320 000
		18	分配福利费用		44 800			44 800
		19	支付水电费			3 700		3 700
			月计					
1			合　　计					

三、商品生产过程账户之间的钩稽关系

将上述商品生产过程中发生的各项业务间的账户钩稽关系以图 4-4 表示。

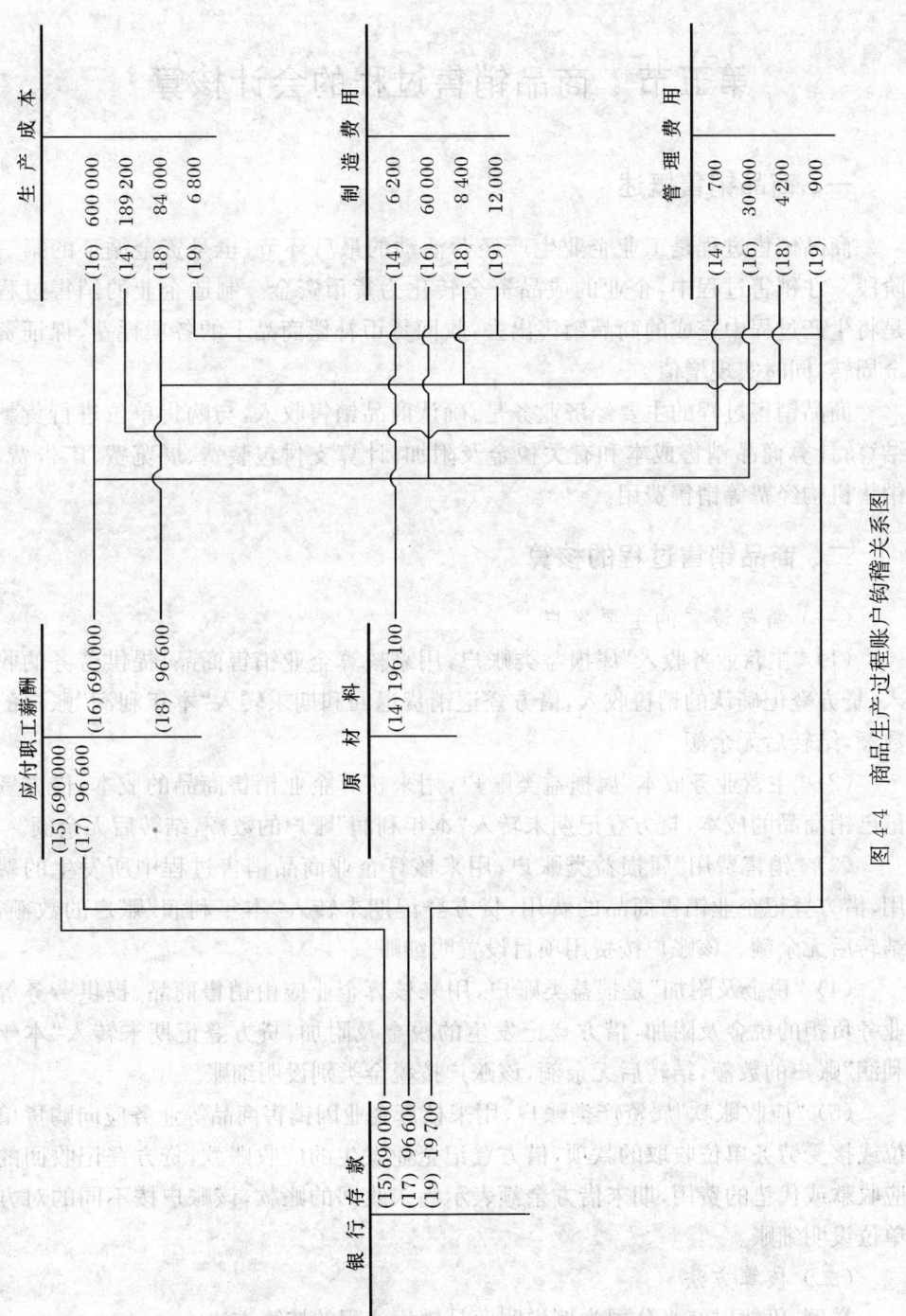

图 4-4 商品生产过程账户钩稽关系图

第五节　商品销售过程的会计核算

一、商品销售概述

商品销售过程是工业企业生产经营活动的最后环节,也是资金循环的第三阶段。在销售过程中,企业的成品资金转化为货币资金。制造企业的销售过程是将生产过程中完成的商品销售出去,收回货币补偿商品上的各项耗费,保证资金周转,同时实现增值。

商品销售过程的主要经济业务是:确认商品销售收入,与购货单位进行货款结算;计算商品销售成本和有关税金及附加;计算支付包装费、展览费、广告费、销售机构经费等销售费用。

二、商品销售过程的核算

（一）需要设置的主要账户

（1）"主营业务收入"属损益类账户,用来核算企业销售商品、提供劳务的收入,贷方登记确认的销售收入,借方登记销货退回和期末转入"本年利润"账户的数额,结转后无余额。

（2）"主营业务成本"属损益类账户,用来核算企业销售商品的成本,借方登记已销商品的成本,贷方登记期末转入"本年利润"账户的数额,结转后无余额。

（3）"销售费用"属损益类账户,用来核算企业商品销售过程中所发生的费用,借方登记企业销售商品的费用,贷方登记期末转入"本年利润"账户的数额,结转后无余额。该账户按费用项目设置明细账。

（4）"税金及附加"是损益类账户,用来核算企业应由销售商品、提供劳务等业务负担的税金及附加,借方登记发生的税金及附加,贷方登记期末转入"本年利润"账户的数额,结转后无余额,该账户按税金类别设明细账。

（5）"应收账款"属资产类账户,用来核算企业因销售商品等业务应向购货单位或接受劳务单位收取的款项,借方登记企业发生的应收账款,贷方登记收回的应收款或代垫的费用,期末借方余额表示尚未收回的账款,该账户按不同的对方单位设明细账。

（二）核算方法

举例:仍然以红光公司为例说明商品销售过程的核算方法。

【业务20】 1月21日,向黄山厂出售下列商品:A商品200件,@1 200元,货款为240 000元,增值税专用发票上注明税额40 800元;B商品350件,@1 000元,货款为350 000元,增值税专用发票上注明税额59 500元。货款收到存入银行。

该项业务说明企业已将商品的主要风险和报酬转移给了购货方,同时与交易相关的利益已经流入企业,商品的售价和成本能可靠地计量,符合收入确认的条件,记入"主营业务收入"账户的贷方,与收入相关的增值税记入"应交税费"账户的贷方。收到款项记入"银行存款"账户的借方。编制的会计分录如下:

借:银行存款　　　　　　　　　　　　　　　　　690 300
　贷:主营业务收入——A商品　　　　　　　　　240 000
　　　　　　　　　——B商品　　　　　　　　　350 000
　　　应交税费——应交增值税(销项税额)　　　100 300

【业务21】 1月21日,向九峰厂出售A商品300件,@1 200元,计货款360 000元,增值税额61 200元;B商品400件,@1 000元,计货款400 000元,增值税税率17%,货款未收。

应收未收的款项记入"应收账款"账户的借方,确认的销售收入记入"主营业务收入"账户的贷方,增值税额记入"应交税费"账户的贷方。编制会计分录如下:

借:应收账款——九峰厂　　　　　　　　　　　　889 200
　贷:主营业务收入——A商品　　　　　　　　　360 000
　　　　　　　　　——B商品　　　　　　　　　400 000
　　　应交税费——应交增值税(销项税额)　　　129 200

【业务22】 1月22日,以银行存款支付应付给广告公司的宣传费5 000元。

该业务增加"销售费用",记入借方;另一方面支付"银行存款",记入贷方。其会计分录如下:

借:销售费用　　　　　　　　　　　　　　　　　5 000
　贷:银行存款　　　　　　　　　　　　　　　　5 000

三、商品销售过程中的账户钩稽关系

商品销售过程的账户钩稽关系以图4-5表示。

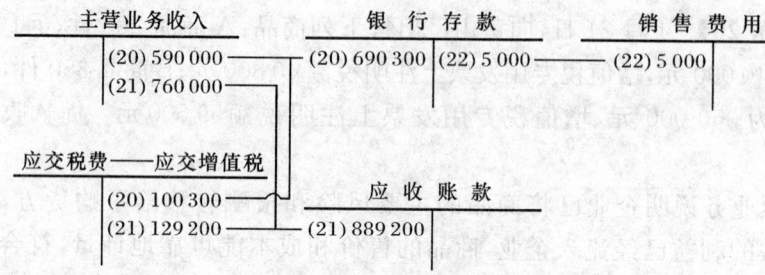

图 4-5 商品销售过程账户钩稽关系图

第六节 其他业务收支及营业外收支的会计核算

一、其他业务收支及营业外收支概述

工业企业的经营业务除了主营业务以外还有其他业务和营业外收支业务。工业企业的其他业务主要是指企业除了商品销售业务以外的其他业务,如销售材料物资、出租无形资产、固定资产、包装物,以及运输等非工业性劳务。其他业务的经营过程主要是经营其他业务取得其他业务收入,同时与其他业务收入相配比的支出核算,计算出企业的其他业务利润。营业外收支是指与企业生产经营没有直接关系的各项营业外收入和营业外支出,如罚款收入、转让无形资产的收入、公益性救济款支出、罚款支出等。

二、其他业务收支及营业外收支的核算

(一)应设置的主要账户

(1)"其他业务收入"属损益类账户,用来核算企业主营业务收入以外的其他营业收入,包括销售材料物资、出租无形资产、固定资产、包装物,以及运输等非工业性劳务产生的收入。贷方登记实现的其他业务收入,借方登记期末转入"本年利润"账户的数额,结转后无余额。

(2)"其他业务成本"属损益类账户,用来核算企业与其他业务收入相配比的支出。借方登记与其他业务收入相关的成本费用,如:销售材料物资的成本,出租无形资产摊销无形资产价值,出租固定资产的折旧等。贷方登记期末转入"本

年利润"账户的数额,结转后无余额。

"其他业务收入"与"其他业务成本"两个账户的差额,即为其他业务利润,该两账户应按其他业务的种类,如销售材料、无形资产出租、包装物出租等设明细账。

(3) "营业外收入"属损益类账户,用来核算企业发生的与企业生产经营无直接关系的各项收入,包括转让无形资产的净收入、固定资产盘盈、处置固定资产净收益,以及教育费附加返还款等。发生营业外收入时记入贷方,月末转入本年利润时记入借方。结转后无余额。

(4) "营业外支出"属损益类账户,用来核算企业发生的与企业生产经营无直接关系的各项支出,如固定资产盘亏、处理固定资产净损失、罚款支出以及公益性捐赠等。借方登记发生的营业外支出数,贷方登记月末转入本年利润数,结转后无余额。

(二) 核算举例

举例:仍然以红光公司为例说明其他业务收支和营业外收支的核算方法。

【业务 23】 1 月 22 日,销售多余的丁材料 200 千克,@5 元,收到销售款存入银行,增值税税率 17%。

该项业务发生,一方面增加了"银行存款",记入借方;另一方面工业企业销售材料应属其他业务,增加了"其他业务收入",记入贷方,也增加了"应交税费——应交增值税",记入贷方。应编制会计分录如下:

借:银行存款　　　　　　　　　　　　　　　　　　　　　1 170
　　贷:其他业务收入　　　　　　　　　　　　　　　　　　1 000
　　　　应交税费——应交增值税(销项税额)　　　　　　　　170

【业务 24】 1 月 22 日,结转上述丁材料的采购成本 900 元。

该项业务发生,一方面增加了企业的"其他业务成本";另一方面减少了"原材料"的库存成本。应编制会计分录如下:

借:其他业务成本　　　　　　　　　　　　　　　　　　　900
　　贷:原材料——丁材料　　　　　　　　　　　　　　　　900

【业务 25】 1 月 23 日,售出专利技术一项,获取收入 20 000 元,存入银行。该专利技术原账面价为 4 000 元。

该项业务发生,一方面增加"银行存款",记入借方;另一方面增加"营业外收

入",记入贷方。同时,应转销"无形资产"的账面价值,结转它的成本,记入它的贷方。应编制会计分录如下:

  借:银行存款   20 000
    贷:无形资产   4 000
      营业外收入   16 000

【业务 26】 1月23日,公司将空置仓库一间出租给外单位,收取本月租金2 000元,存入银行。

该项业务发生,一方面增加了银行存款,另一方面增加了其他业务收入。应编制会计分录如下:

  借:银行存款   2 000
    贷:其他业务收入   2 000

【业务 27】 1月23日,上述出租仓库漏水,支付修理费200元,以现金付清。

该项业务发生,是为了修理出租用的仓库,应与出租仓库所得其他业务收入相配比。因此,一方面增加了"其他业务成本";另一方面减少了"库存现金"。应编制会计分录如下:

  借:其他业务成本   200
    贷:库存现金   200

三、其他业务收支和营业外收支业务的账户钩稽关系

其他业务收支和营业外收支业务的账户钩稽关系以图 4-6 表示。

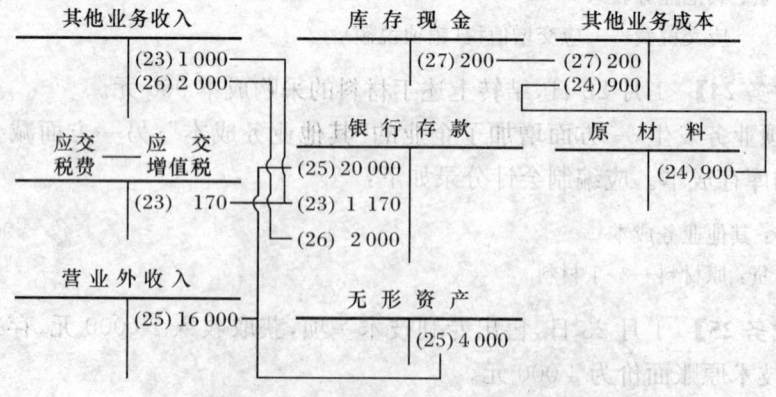

图 4-6　其他业务成本和营业外收支业务账户钩稽关系图

第七节 结算业务的会计核算

一、结算业务概述

工业企业在购销业务、提供和接受劳务过程中,以及主营业务以外的经营业务中经常会遇到一些经营业务已经成立,但款项尚未支付或收取的情况,这就是结算业务。结算业务主要包括应收账款、应付账款、应收票据、应付票据、其他应收款、其他应付款、预收账款、预付账款等往来结算业务。

应收款项是企业与其他单位或个人之间经营交往过程中由于赊销、商业信用等原因而形成的各种应收未收的债权。应收款项的确认时间通常是收入的确认时间,即商品的所有权已经转移或劳务已经提供,收入已经实现时,对应收而未收的款项确认为应收款项。企业在购销商品、提供劳务以外的经济活动中也会发生一些应收、暂付的款项,如采购员出差预借的差旅费、企业暂时垫支的职工医药费、各种应收取的赔款、罚金、存出保证金等应收款项属"其他应收款"核算范围。

应付款项是由企业过去的交易或事项形成的应付而未付给提供商品、劳务的单位或个人的债务。应付款项的确认时间通常是购入商品、接受劳务的确认时间。当购进已经确认、商品和材料所有权已经转入,对应付而未付的款项确认为应付款。此外在企业的一些购销商品、接受劳务的经济业务以外的业务中也会有一些应付、暂付的款项,如应付租入资产的租金、收取的押金等应付款项属"其他应付款"核算范围。

二、结算业务的核算

(一)结算业务应设置的主要账户

(1)"应收票据"属资产类账户,用来核算企业应收票据的取得、转让和款项收回情况。借方反映企业取得商业汇票的面值和应计利息,贷方反映票据到期收回和转让的金额,借方余额反映尚未到期的应收票据的面值和利息。

(2)"预付账款"属资产类账户,用来核算企业因购进商品、接受劳务而依合同预先支付给供应方的款项。借方登记向供应方预先支付的款项,贷方登记企业收到所购货物时结转的预付款项,借方余额表示已经预付而尚未结转的货款数。

（3）"其他应收款"属资产类账户，用来核算企业除应收账款、应收票据、预付账款以外的应收、暂付给其他单位和个人的款项。借方登记各种其他应收款的发生，贷方登记其他应收款的收回，期末借方余额反映已经发生但尚未收回的其他应收款。该账户应按不同的债务人设明细账。

（4）"预收账款"属负债类账户，用来核算企业因销售商品、提供劳务而依合同预先收取的购货单位的款项。贷方登记企业预先收到的购货方的预付款，借方登记企业售出商品转销的预收账款数。贷方余额表示已经收取而尚未结转的货款数。

（5）"应付票据"属负债类账户，用来核算企业对外发生负债时开出并承兑的商业汇票。贷方登记开出或承兑的汇票，以及用已承兑的汇票抵付货款的数额，借方登记企业已支付的应付票据的数额，余额在贷方，表示尚未支付的应付票据数额。

（6）"其他应付款"属负债类账户，用来核算企业应付、暂收其他单位或个人的有关款项。如应付租入固定资产和包装物的租金，出租、出借包装物收取的押金等。该账户贷方登记企业发生的各种应付、暂收款数额。借方登记企业已支付的各种应付、暂收款数额，余额在贷方，表示企业尚未支付的应付、暂收款数额。该账户应当按应付、暂收款的单位设明细账进行核算。

（二）核算方法

举例：仍然以红光公司为例说明结算业务的核算方法。

【业务 28】 1 月 25 日，收到九峰厂汇来的货款 200 000 元，系前向红光公司购 A、B 商品的欠款。

该业务使"银行存款"增加，记入借方，同时债权减少，记入"应收账款"账户的贷方。编制会计分录如下：

  借：银行存款   200 000
    贷：应收账款——九峰厂   200 000

【业务 29】 1 月 25 日，收到九峰厂开来商业汇票一张，票面价 150 000 元，期限 2 个月，系将前欠货款 150 000 元转为应收票据。

该业务转销了 150 000 元的应收账款，记入"应收账款"账户的贷方；同时增加了应收票据，应记入"应收票据"账户的借方。编制会计分录如下：

  借：应收票据——九峰厂   150 000
    贷：应收账款——九峰厂   150 000

第四章 工业企业主要经济业务的核算

【业务30】 1月25日,职工张春因公出差借支款项3 000元,已开出支票。

该业务应记入"其他应收款"账户的借方;开出支票意味着银行存款的减少,应记入"银行存款"账户的贷方。编制会计分录如下:

借:其他应收款——张春　　　　　　　　　　　　　　　　3 000
　　贷:银行存款　　　　　　　　　　　　　　　　　　　　　　3 000

【业务31】 1月27日,红光公司以银行存款52 650元预付给大海公司,用以购入甲材料。

该业务发生,一方面增加预付账款,记入"预付账款"账户的借方;另一方面减少银行存款,记入"银行存款"账户的贷方。编制会计分录如下:

借:预付账款——大海公司　　　　　　　　　　　　　　　52 650
　　贷:银行存款　　　　　　　　　　　　　　　　　　　　　　52 650

【业务32】 1月29日,职工张春报销差旅费4 000元,结清暂借款3 000元,其余转入张春在银行开设的个人账户。

该业务发生,一方面增加管理费用4 000元,记入借方,同时结清暂借款3 000元,记入"其他应收款"账户的贷方,其余1 000元,记入"银行存款"账户的贷方。编制会计分录如下:

借:管理费用　　　　　　　　　　　　　　　　　　　　　4 000
　　贷:其他应收款——张春　　　　　　　　　　　　　　　　3 000
　　　　银行存款　　　　　　　　　　　　　　　　　　　　　1 000

【业务33】 1月29日前购料支付给鸿安厂的应付票据115 920元到期,从银行存款中划账支付。

该业务发生,一方面兑付已到期的"应付票据"应记入借方,同时"银行存款"减少记入贷方。编制会计分录如下:

借:应付票据——鸿安厂　　　　　　　　　　　　　　　　115 920
　　贷:银行存款　　　　　　　　　　　　　　　　　　　　　　115 920

【业务34】 1月30日,大海公司的甲材料90千克,@50元,已经运到,验收入库,结清预付的购料款52 650元,并支付增值税进项税额7 650元。

该业务发生,一方面增加原材料的储存成本,记入"原材料"账户的借方,垫付的增值税进项税额记入"应交税费——应交增值税"账户的借方,同时结清预付账款,记入贷方。编制会计分录如下:

借:原材料——甲材料 45 000
　　应交税费——应交增值税(进项税额) 7 650
　贷:预付账款——大海公司 52 650

【业务35】 1月30日,市内运输公司送来销售商品的运费单据款项300元,尚未支付。

该业务发生,一方面增加"销售费用"开支,记入借方;另一方面增加了"应付账款",记入贷方。编制会计分录如下:

借:销售费用 300
　贷:应付账款 300

【业务36】 1月30日,本公司出借包装物,收取押金500元,存入银行。

该业务发生,一方面"银行存款"增加,记入借方;另一方面"其他应付款"增加,记入贷方。编制会计分录如下:

借:银行存款 500
　贷:其他应付款 500

【业务37】 1月30日,收到新华公司付来用于订购B商品的预付款4 680元,存入银行。

该业务发生,一方面"银行存款"增加,记入借方;另一方面"预收账款"增加,记入贷方。编制会计分录如下:

借:银行存款 4 680
　贷:预收账款——新华公司 4 680

【业务38】 1月30日,售给新华公司订购的B商品计货款4 000元,增值税额680元,购货款已预收。

该业务发生,一方面减少了"预收账款",记入借方,同时也增加了"主营业务收入",记入贷方,以及"应交税费——应交增值税"增加,记入贷方。编制会计分录如下:

借:预收账款——新华公司 4 680
　贷:主营业务收入 4 000
　　应交税费——应交增值税(销项税额) 680

三、结算业务中账户的钩稽关系

结算业务中账户的钩稽关系以图4-7表示。

四、红光公司经济业务"T"形账户

将【业务1】至【业务38】的经济业务记入"T"形账户(工作底稿)如图4-8所示。

第四章 工业企业主要经济业务的核算

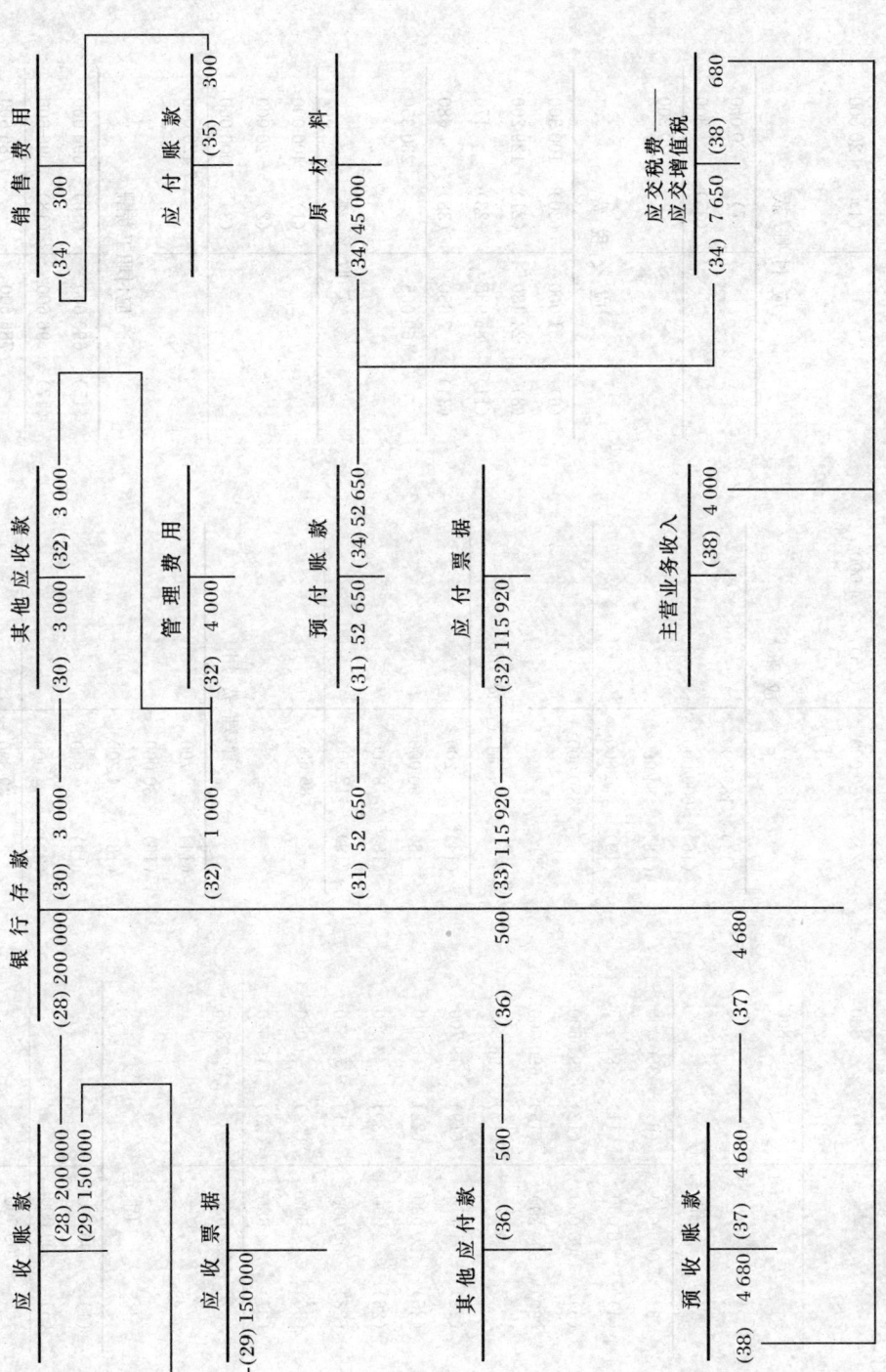

图 4-7 结算业务账户钩稽关系图

短期借款

		(4)	20 000

应付账款

		(7)	20 000
		(35)	300
			20 300

应交税费

		(20)	100 300
		(21)	129 200
		(23)	170
		(38)	680
			230 350
(6)	51 000		
(8)	24 480		
(11)	85 935		
(34)	7 650		
169 065			

实收资本

		(1)	400 000
		(2)	20 000
		(3)	7 000 000
			7 420 000

应付职工薪酬

		(16)	690 000
		(18)	96 600
			786 600
(15)	690 000		
(17)	96 600		
786 600			

无形资产

(2)	20 000	(25)	4 000

生产成本

(14)	189 200		
(16)	600 000		
(18)	84 000		
(19)	6 800		
	880 000		

制造费用

(14)	6 200		
(16)	60 000		
(18)	8 400		
(19)	12 000		
	86 600		

管理费用

(14)	700		
(16)	30 000		
(18)	4 200		
(19)	900		
(32)	4 000		
	39 800		

库存现金

		(9)	600
		(27)	200
			800

银行存款

(3)	7 000 000	(6)	360 000
(4)	20 000	(11)	591 435
(5)	360 000	(12)	94 500
(20)	690 300	(15)	690 000
(23)	1 170	(17)	96 600
(25)	20 000	(19)	19 700
(26)	2 000	(22)	5 000
(28)	200 000	(30)	3 000
(36)	500	(31)	52 650
(37)	4 680	(32)	1 000
		(33)	115 920
			2 029 805
8 298 650			

固定资产

(1)	400 000		
(6)	309 000		
709 000			

第四章　工业企业主要经济业务的核算

应付票据		在建工程		应收账款	
(33) 115 920	(8) 173 880	(7) 20 000		(21) 889 200	(28) 200 000
					(29) 150 000
				889 200	350 000

其他应付款		销售费用		应收票据	
	(36) 500	(22) 5 000		(29) 150 000	
		(35) 300			
		5 300			

预收账款		其他业务成本		原材料	
(38) 4 680	(37) 4 680	(24) 900		(10) 150 000	(14) 196 100
		(27) 200		(13) 600 000	(24) 900
		1 100		(34) 45 000	
				795 500	197 000

主营业务收入		其他业务收入		在途物资	
	(20) 590 000		(23) 1 000	(8) 149 400	(10) 150 000
	(21) 760 000		(26) 2 000	(9) 600	(13) 600 000
			(38) 3 000	(11) 505 500	
				(12) 94 500	
				750 000	750 000

长期借款		营业外收入		预付账款	
	(5) 360 000		(25) 16 000	(31) 52 650	(34) 52 650

其他应收款					
(30) 3 000	(32) 3 000				

图 4-8　红光公司经济业务 "T" 形账户示意图

五、红光公司科目汇总表

根据"T"形账户(工作底稿)编制红光公司【业务1】至【业务38】科目汇总表,见表4-13(参见第十章,第三节)。

表 4-13 红光公司科目汇总表
2015年1月31日
[业务1]—[业务38]　　　　　　　　　　　　　　　　编号:汇1

科目编号	科　目	本期发生额	
		借方金额	贷方金额
1001	库存现金		800
1002	银行存款	8 298 650	2 029 805
1121	应收票据	150 000	
1122	应收账款	889 200	350 000
1221	其他应收款	3 000	3 000
1151	预付账款	52 650	52 650
1201	在途物资	750 000	750 000
1211	原材料	795 000	197 000
1501	固定资产	709 000	
1603	在建工程	20 000	
1801	无形资产	20 000	4 000
2101	短期借款		20 000
2111	应付票据	115 920	173 880
2121	应付账款		20 300
2131	预收账款	4 680	4 680
2151	应付职工薪酬	786 600	786 600
2171	应交税费	169 065	230 350
2181	其他应付款		500
2301	长期借款		360 000
3101	实收资本		7 420 000
4101	生产成本	880 000	

(续表)

科目编号	科 目	本期发生额	
		借方金额	贷方金额
4105	制造费用	86 600	
5101	主营业务收入		1 354 000
5102	其他业务收入		3 000
5301	营业外收入		16 000
5405	其他业务成本	1 100	
5501	销售费用	5 300	
5502	管理费用	39 800	
	合 计	13 776 565	13 776 565

第五章 权责发生制和账项调整

第一节 会 计 期 间

一、会计期间的含义

企业在生产经营过程中,不断地取得营业收入,不断地发生各种成本费用,根据配比原则,必须将营业收入和相关的成本费用相配比,只有这样才有可能准确计算和确定生产经营活动过程中所产生的利润或发生的亏损。

企业的生产经营活动是日复一日、月复一月、年复一年、川流不息、循环往复地进行着的,在生产经营活动中,相应地不断产生利润(或亏损),不断地使企业资金发生着增减变动,从而不断产生新的财务状况。会计作为一种管理活动,不可能等到企业生产经营活动完全停止时再来确认企业总的盈利(亏损)结果和企业的财务状况。要使会计信息成为管理中的有用信息,势必要针对企业这种连绵不绝的生产经营活动,定期地总结账簿中的记录,并编出会计报表。于是就有必要确定会计期间。

会计分期是财务会计的一项基本假设。所谓会计分期,就是为了便于确认各项会计要素、便于总结会计资料,而对持续不断的生产经营活动过程所确定的一段起讫期间,将企业的经营活动人为地划分为若干个相等的时间间隔,以便确认相应会计期间的收入、费用、利润,确认相应会计期末的资产、负债、所有者权益,并据此编制会计报表,提供会计信息。由此可见,所谓的会计期间就是假定企业事实上并不停息的生产经营过程可以截断,并划分为一定的期间。确定了会计期间,就可以定期地反映企业的经营成果和财务状况。以便实施有效的管理。并把不同会计期间的情况进行比较。会计期间一般为1年,我国《会计法》第十一条规定:"会计年度自公历1月1日起至12月31日止。"

确定会计期间是进行会计工作的一个重要前提条件。企业中收入和费用的确定,成本的计算,利润的确定和分配,税金的计征,都与会计期间直接相联系。事业、机关等单位中预算资金的拨交和使用,也是按会计期间来进行的。确立了会计期间的概念,才能进一步掌握本章所阐述的权责发生制和账项调整。

二、会计期间的确定

《企业会计准则——基本准则》规定:"企业应当划分会计期间,分期结算账目和编制财务会计报告。会计期间分为年度和中期。中期是指短于一个完整的会计年度的报告期间。"

确定会计年度的方法有两种:一种是以日历年度为会计年度,即每年从1月1日起至12月31日止为一个会计年度。另一种是以营业年度为会计年度,即以业务的经营周期作为一个年度的起讫期,营业年度的结束,一般选择在存货、生产、销售、结算等处于最低点的月份,因为这时总结企业的经营情况,对正常生产经营的影响最小,账务工作和清查盘点工作量也较少,可以花费较少的人力和物力取得较好的效果。季节性的企业,采用营业年度尤为适宜,因为可以计算反映一个完整的营业周期的情况。根据我国的规定,会计年度均按公历起讫日期确定。这主要是为了适应编制国民经济计划的统一要求。

会计年度以1年为期毕竟期限较长。在一个年度以内,为了满足经营管理上的需要,还可以划分若干较短的经营期间。这种经营期间一般以日历月份或季度或半年度为准。因此,企业编制的财务会计报告,就有年报、半年报、季报和月报之分,前者被称为年报,后三者被统称为中期报告。

第二节 现金收付制和权责发生制

一、基本概念

(一)收入、费用的收支期间和应归属期间

确定了会计期间,在会计期末就可以根据账簿记录,总结企业的本期生产、经营活动情况,将本期的营业收入和本期的成本、费用相比较,以计算本期盈亏。这里存在一个问题,怎样确定本期的收入和费用,才能比较正确地计算出本期的盈亏呢?为了搞清这一问题,首先要研究两个基本概念:收入和费用的收支期间、收入和费用应归属期间。

收入和费用的收支期间,是指收到了现金(银行存款)和费用支付了现金(银行存款)的会计期间。这里流入和流出的现金不一定就是这一会计期间应当确认的收入和费用。

收入和费用的应归属期间,是指应确认收入和应负担费用的会计期间,这里确认的收入和负担的费用不一定在这一会计期间有现金(银行存款)流入和现金(银行存款)流出企业。

(二) 收入和费用的配比

如前所述,营业收入是企业向购买单位提供产品或劳务所得到的收入。一般地说,企业提供了产品或劳务,同时就可以收到一笔款项,或者虽然暂时只取得收取款项的权利,短期内即会收到这笔款项。企业的费用是为获取营业收入而发生的耗费,一般用现款支付,所支付的费用,应当由获得有关收入的会计期间来负担。这样可以使费用(成本)和营业收入在相互适应的基础上进行比较,并计算企业的盈亏。这种将相关的费用和收入相互配合和相互比较的计算程序,称为"配比"。合理地配比会计期间的收入和费用,才能比较正确地计算和反映企业的经营成果。

在一般情况下,企业在本期内收到的各种收入,就是本期获得的收入;企业在本期内支付的各种费用,就是本期应当负担的费用。但是,由于企业生产经营活动具有连绵不绝、川流不息的性质,以及人为地划分了会计期间的关系,难免会有一部分收入和费用出现收支期间和应归属期间不相一致的情况,因而账面所登记的本期内收到的现金收入,并不一定都属于本期内应该确认的收入,有的在以后会计期间才能确认。同样,账面所登记的现金支出,也不一定属于本期负担,有的须由以后的会计期间负担,归纳起来有四种情况。

1. 预收收入

这是指本期已经收到现款,但是不应当确认为本期的收入。例如,某企业有出租办公楼的租金收入。某年1月份把该年上半年的租金收入一次收讫,而1月份应该确认的租金收入仅为半年收入的1/6,其余部分应在以后5个月份内才能陆续确认。这部分已经收到但须在以后月份才能确认的收入,从1月份来看,就称为预收收入。

2. 预付费用

同样的,本期内支付的费用,也并不一定都应当由本期负担,有的应由以后会计期间来负担。例如,某企业在1月份把全年的保险费一次付讫,则1月份应当负担的保险费,仅为整笔支出的1/12,其余部分应由以后11个月份分别负担。

这部分已经支付但应由以后月份负担的费用,在1月份来看,就称为预付费用。

3. 应计收入

这是指有些虽然本期尚未收到现金,却应当归属于本期的收入。例如,每个季度的银行存款利息收入是在季末结算的。第二季度的利息收入在6月末才能收到。4月份存款上应得的利息收入,该月内虽然尚未收到,但明显的是属于4月份的收入。这部分已经确认但尚未收到的利息收入,在4月末就是应计收入。

4. 应计费用

同样,有些费用在本期内虽然尚未支付,却应当由本期负担。例如,本月份耗用的电力费,可能要等到下月份才予以支付。这部分应当由本月负担但尚未支付的电力费,在本月末就称为应计费用。

(三) 小结

综上所述,根据收入和费用的收支期间和应归属期间的是否一致,可以分为三种情况:

第一,本期内已经收到的收入就是本期已经确认的收入,或者,本期内已经支付的费用就是本期应当负担的费用。

第二,本期内已经收到的现金,但是不应当确认为本期的收入,或者,本期内已经支付了现金,但是不应当由本期负担的费用。

第三,本期尚未收到现金,但是应当属于本期确认的收入,或者,本期尚未支付的现金,但是应当由本期负担的费用。

上述第一种情况,收入和费用的收支期间和应归属期间相一致,确定为本期的收入和本期的费用不存在任何问题。至于第二、第三种情况下的收入和费用,则有两种办法来确定它们是否为本期的收入和费用。一种为现金收付制,另一种为权责发生制。这是确定本期收入和费用的两种不同处理方法。

二、现金收付制

现金收付制又称收付实现制。以这种方式确认本期收入和费用的标准是现金的实际收付。凡属本期以现金形式收到的收入和以现金的形式支付的费用,不管其是否应归属本期,都作为本期的收入和费用处理;反之,凡本期未曾以现金形式收到的收入和未曾以现金的形式支付的费用,即使应归属本期,也不作为本期的收入和费用。由于款项的收付实际上以现金收付,所以一般称为现金收付制。

现金收付制会计不考虑预收收入、预付费用,以及应计收入和应计费用的存在。会计期末根据账簿记录中实际收到的现金和实际支付的现金确定本期的收入和费用。因为实际收到和付出的现金,必然已经登记入账。所以,不存在对账簿记录于期末进行调整的问题。

三、权责发生制

权责发生制又称应计制或应收应付制。它确定本期收入和费用的标准是应收应付。就是说,凡属应当由本期确认的收入,不管其现金是否收到,都作为本期的收入处理;凡属应当由本期负担的费用,不问现金是否付出,都作为本期的费用处理。反之,凡不应归属本期的收入,即使其现金已经收到并入账,都不作为本期的收入处理;凡不应归属本期的费用,即使其现金已经付出并入账,都不作为本期的费用处理。由于它不问现金的收付,而以收入和费用应否归属本期为准,或者说,以获得收款的权利或应当付款的责任为准,所以称为权责发生制。

在权责发生制下归属本期的收入和费用,不仅包括上述第一和第三种情况的收入和费用,还包括以前会计期内预收而在本期确认的收入,以及在以前会计期内预付而应由本期负担的费用。但它不包括第二种情况下的收入和费用。所以,在会计期末,要确定本期的收入和费用,就要根据账簿记录,按照权责发生制规定的收入费用归属原则进行账项调整。

四、现金收付制和权责发生制的比较

如前所述,费用和收入应在相互适应的基础上进行配比,合理的配比才能比较正确地反映企业的经营成果。

会计期末,采用现金收付制确认收入和费用,以现金实际收付为准,不考虑所收到或者支付的现金应当归属的会计期间,因此本期的收入和费用之间缺乏上述合理配比关系,据以计算的本期盈亏相对地就不够正确。但是,采用现金收付制确定本期收入和费用时,不需对账簿记录进行账项调整,因此,就会计处理手续而言,手续比较简单。

会计期末,采用权责发生制确认收入和费用,不考虑现金流入和流出的实际情况,完全强调应否归属的期间为准,强调费用和收入应在相互适应的基础上进行配比。由于有些收入和费用并没有实际的现金流量,因此,在会计记录中未对此进行反映,会计期末必须进行必要的账项调整。采用权责发生制,本期的收入和费用存在合理的配比关系,所以用以计算本期盈亏,就比较正确。但是由于需要进行账项调整,因此在会计处理上手续就比较复杂。

第三节 期末账项调整

一、期末账项调整的必要性

从权责发生制的观点看,会计账簿中的日常记录不能确切地反映本期收入和费用的实际情况。有些收入款项虽然在本期收到现金并已经入账,但是却不应当归属于本期。同样,有的费用虽然本期已经支付现金,但是却不应当由本期负担。同时,也会出现应当确认为本期但是本期却没有收到现金的收入,以及应当由本期负担但是本期却没有支付现金的费用。所以在会计期末结账之前,必须对账簿里已记录的账项进行必要的调整。

账项调整就是按照权责发生制所规定的收入、费用应予归属的标准,合理地反映相互连接的各会计期间应当确认的收入和应当负担的费用,使各期的收入和费用能够在相互适应的基础上进行配比,从而比较正确地算出各期的盈亏。

同时还必须指出,期末进行账项调整,虽然主要是为了在利润表中正确地反映本期的经营成果,但是收入和费用的调整,必然会影响到有关会计要素项目发生相应的增减变动。因此,期末账项调整也与比较正确地反映企业期末财务状况密切有关。

综上所述,期末账项调整就是以会计分期为前提,以权责发生制和配比为原则,为正确确认每一会计期间的收入、费用、利润,正确确认每一会计期末的资产、负债、所有者权益,从而为编制会计报表提供正确会计信息所作的会计特殊处理。

二、有关收入的账项调整

(一)预收收入

收入是指企业在销售商品、提供劳务及让渡资产使用权等日常活动中所形成的经济利益的总流入。企业收入的确认必须要满足一定的条件,如果企业已经收到销货款,已经满足了收入的确认条件,那么收到的销货款可以直接确认为本期收入。如果企业已经收到销货款,无法满足收入的确认条件,那么这笔收到的销货款就是预收收入。预收收入又称买方信贷,就是由购买方在取得商品以前,预先以全部或一部分货款付给供货单位。它实际上是购买单位对供货单位所需经营资金的垫付。

预收收入虽已在本期或前期收到入账,但因构成收入的商品尚未交付或劳务尚未提供,所以是对预付款单位的一种负债,属于尚未确认的收入。为了不与本期确认的收入相混杂,应当另外设置"预收账款"账户予以记录和反映。"预收账款"账户不是一个收入账户,而是一个反映企业负债的账户。例见第四章的[业务37]。

除了销售商品会产生预收收入以外,企业中的其他业务也会产生预收收入,比如出租包装物或者固定资产的租金收入等等。

举例:继续以红光公司为例,说明其他预收收入的会计处理。

【业务39】 1月31日,红光公司从购买单位收到出租包装物本年上半年6个月的租金计7 200元,已存入银行。

出租包装物的租金收入,与正常的产品销售收入有区别,所以在实际工作中一般列作"其他业务收入"。红光公司1月份收到7 200元租金的受益期间是6个月,1月份可以确认的收入仅为其中的1/6,计1 200元,其余部分须在以后5个月内陆续确认。这笔已经收到但是不能全部确认为本期收入的包装物租金,应当记入"其他应付款"账户。会计分录如下:

借:银行存款　　　　　　　　　　　　　　　　　　　7 200
　　贷:其他应付款　　　　　　　　　　　　　　　　　　7 200

【业务40】 1月31日,红光公司根据权责发生制原则,对包装物租金中属于本月的收入予以调整,这笔账项调整的会计分录如下:

借:其他应付款　　　　　　　　　　　　　　　　　　1 200
　　贷:其他业务收入　　　　　　　　　　　　　　　　　1 200

另一可供选择的处理方法是,1月份收到半年租金7 200元时,按本期应确认的收入和预收收入分别入账。即将本月已获得的收入1 200元记入"其他业务收入"账户贷方,而将属于以后五5月的收入记入"其他应付款"账户贷方。会计分录如下:

借:银行存款　　　　　　　　　　　　　　　　　　　7 200
　　贷:其他业务收入　　　　　　　　　　　　　　　　　1 200
　　　　其他应付款　　　　　　　　　　　　　　　　　　6 000

(二) 应计收入

应计收入是本期已经确认,但尚未收到现金的收入。它主要是向外界提供劳务或让渡资产使用权而尚未结算、尚未收到现金的收入,如应收出租包装物租金收入、应收银行存款利息收入,等等。

应计收入虽在本期内未收到现金,但产生收入的劳务或资产使用权利已经提供,应当确认为本期的收入。因此,期末应将其调整入账,作为本期收入的组成部分。按照我国现行的做法,这笔应当确认但是尚未收到现金的收入,应当记入"其他应收款"账户的借方。"其他应收款"是一个资产类账户,其所反映和记录的内容之一就是应收而尚未收到的属于本期收入的款项。

举例:继续以红光公司为例,说明应计收入的会计处理。

【业务 41】 红光公司1月2日与某单位签订一项房屋租赁合同,将办公用房出租给该单位,月租赁费2 800元,租期三年,每年年中和年末结算一次租赁费。

1月31日,红光公司已经将办公用房出租了1个月,应当确认1个月的租金收入,但是,由于租金的结算期要等到年中,即6月30日,所以红光公司还未收到这笔租赁款项。按权责发生制原则,红光公司应当将属于1月份应收未收的房屋租金收入调整入账,在确认"其他业务收入"的同时记入"其他应收款"账户借方。这笔账项调整的会计分录如下:

借:其他应收款　　　　　　　　　　　　　　　　　　　　2 800
　　贷:其他业务收入　　　　　　　　　　　　　　　　　　　2 800

从2月份到5月份,每个月末的调整分录与1月末的相同,在6月末实际收到租金收入时的会计分录如下:

借:银行存款　　　　　　　　　　　　　　　　　　　　　16 800
　　贷:其他业务收入　　　　　　　　　　　　　　　　　　16 800

注:因为例题只处理红光公司1月份经济业务,所以2月份以后的租金业务不包括在本例的后续处理中。

另一种可供选择的处理方法是,当6月末收到7 200元半年租金收入时,应当归属于6月份的2 800元收入直接确认为"其他业务收入",同时冲减前5个月的"其他应收款"余额14 000元。会计分录如下:

借:银行存款　　　　　　　　　　　　　　　　　　　　　16 800
　　贷:其他业务收入　　　　　　　　　　　　　　　　　　 2 800
　　　　其他应收款　　　　　　　　　　　　　　　　　　　14 000

三、有关费用的账项调整

(一)预付费用

预付费用是指本期已经支付入账,但是不应当由本期负担,应当归属于以后会计期间的费用,如预付保险费、预付租金、预付报刊订阅费、支付的大修理费用等。

预付费用要根据这笔已经支付费用的受益期限,按照后续各期的受益比例予以分配摊销,计入相关的费用,所以又被称为待摊费用。如果这笔预付费用的摊销期限(也称受益期限)在 1 年以内,可设置"待摊费用"账户予以反映,如果摊销期限超过 1 年,则应设置"长期待摊费用"账户予以反映。我国现行的《企业会计准则》中未设置"待摊费用"账户。

举例:继续以红光公司为例,说明预付费用的会计处理。

【业务 42】 1 月 31 日,红光公司以银行存款支付今明两年的生产设备保险费 7 200 元。

    借:长期待摊费用   7 200
        贷:银行存款   7 200

【业务 43】 1 月 31 日,根据权责发生制原则,红光公司确认应当由本月承担的保险费用,会计分录如下:

    借:制造费用   300
        贷:长期待摊费用   300

另一种可供选择的处理方法是,预付时,应当由本月负担的费用 300 元按受益原则记入"制造费用"或者"管理费用"等相关账户的借方,应当由以后期间负担的费用 6 900 元记入"长期待摊费用"账户的借方。会计分录如下:

    借:制造费用   300
        长期待摊费用   6 900
        贷:银行存款   7 200

从 2 月份起,根据权责发生制原则将"长期待摊费用"按月摊销 300 元,即每个月从"长期待摊费用"账户中将 300 元转入"制造费用"等账户的借方。会计分录与[业务 43]相同。

(二)应计费用

应计费用是指本期已经发生应当由本期负担,但是尚未支付的费用,如应付职工薪酬、应付水电费、应付租金、应付利息等。这些费用或者要在以后的会计期间内予以支付,或者要在本期等账项调整后补行支付。为了正确计算本期的费用,均应于期末予以调整入账。应计费用的内容较多,现介绍常见的几个项目及其会计处理。

1. 应付利息

应付利息指应当由本期负担,但是尚未支付而预先予以提存的利息费用。比如,银行一般是一季度结算一次利息,如果企业从银行贷款,贷款利息要到季度末才实际支付,这样每一季度的最后 1 个月支付的是 3 个月的利息,如果全部计入第三个月,那么第三个月的利息费用偏高,而每一季度的第一、第二两个月,虽然使用了贷款,但是却没有计算应当负担的利息费用,这显然是不合理的,因此每一季度的第一、第二两个月都要计提一笔虽然没有实际支出但是应当由本月负担的利息费用。

企业预提利息费用时,需设置"应付利息"和"其他应付款"账户,按预提金额记入它的贷方,同时借记有关费用账户。

预提的利息费用实际支付时,就不能再记入有关费用账户,以免重复,而应记入"应付利息"和"其他应付款"账户的借方,以冲销前期预提的数额。按计划预提额与实际支付额之间的差额于支付月调整。

举例:继续以红光公司为例,说明应计费用的会计处理。

【业务 44】 1 月 31 日,红光公司每月按计划数 400 元预提机器设备修理费,以均衡全年各月负担的修理费。1 月份预提机器设备修理费 400 元。(注:按现行企业会计准则规定,企业中的固定资产修理费不预提、不待摊,实际发生时一次计入损益。本教材为说明权责发生制计算方法,暂按预提处理。)

机器设备修理费不能按产品归集,预提时应记入"制造费用"账户的借方,然后在各种产品间进行分配,所以这笔账项调整的会计分录应编制如下:

借:制造费用　　　　　　　　　　　　　　400
　　贷:其他应付款　　　　　　　　　　　　　400

【业务 45】 1 月 31 日,红光公司预提 1 月份银行借款利息 350 元。

银行借款利息通常按季在季末进行结算,并从银行存款中支付。采取按月预提的办法是为了将本月应负担的借款利息计入本期的费用。预提的利息费用,应记入"财务费用"账户的借方。其会计分录如下:

借:财务费用　　　　　　　　　　　　　　350
　　贷:应付利息　　　　　　　　　　　　　　350

2. 固定资产折旧

固定资产是企业中的主要劳动手段,如厂房、机器设备、运输设备等。固定资产可供长期使用,在使用过程中基本上保持其原有的实物形态不变,其价值则随着它在使用过程中发生的损耗而部分地、逐渐地转移到它所参与生产的产品成本中去,并通过销售收入得到补偿。固定资产在使用过程中逐渐损耗而转移到产品成本中去的那部分价值称为固定资产折旧。固定资产折旧作为生产费用的组成部分被称之为折旧费。固定资产折旧一般是根据企业使用中固定资产的原始价值和核定的折旧率按月计提的。

折旧费是因固定资产磨损发生价值损耗而转化的费用。固定资产的折旧费通常在期末计算确定,计作当期的费用。因此它也是期末必须进行调整的一个项目。使用固定资产进行生产的产品不止一种时,折旧费不能直接按产品归集,每月计提的折旧费,根据固定资产的使用用途,分别记入"制造费用""管理费用"等账户的借方。

相应地,固定资产价值因计提折旧而逐渐减少。但是,因为固定资产的原始价值是一项十分有用的资料,宜于在账面上予以保留,所以固定资产价值的减少通常不直接记入"固定资产"账户的贷方,而是另设一个"累计折旧"账户,记入"累计折旧"账户的贷方。"累计折旧"账户是固定资产的备抵账户,反映企业现有固定资产已损耗的价值。以"固定资产"账户的余额减去"累计折旧"账户的余额,就是企业固定资产账户的净值。

举例:继续以红光公司为例,说明固定资产折旧的会计处理。

【业务 46】 红光公司1月份按照核定的折旧率,计提1月份生产性固定资产折旧费12 700元。

1月末,将本月份应计折旧费记作制造费用。其会计分录如下:

借:制造费用　　　　　　　　　　　　　　　　　　12 700
　　贷:累计折旧　　　　　　　　　　　　　　　　　　　12 700

四、有关税金的账项调整

税金是企业根据税法规定计算的应当缴纳的各种税款,包括增值税、消费税、城市维护建设税、所得税等。增值税由于是一种价外税,并不影响企业的损益,不需要在期末加以确认,而其他的税金和费用,如消费税、教育费附加等则影响到当期企业的盈亏情况,为了正确确定本月份的利润,必须于月末进行有关税金和费用的调整账项,都应该在会计期末利用调整的方法加以确认,从而正确计算损益。

举例:继续以红光公司为例,说明税金账项调整的会计处理。

【业务 47】 1月31日,红光公司销售A、B两种商品,本月应缴纳的消费税为 67 500 元。

该业务发生,增加了"税金及附加",记入借方;另一方面也增加了"应交税费",记入该账户的贷方。其会计分录如下:

  借:税金及附加   67 500
    贷:应交税费——应交消费税   67 500

【业务48】 1月31日,红光公司确认教育费附加250元。

  借:税金及附加   250
    贷:应交税费——应交教育费附加   250

【业务49】 1月31日,根据应交的增值税、消费税的一定比例,计算出1月份应交的城市维护建设税为1 100元,于1月末确认。

  借:税金及附加   1 100
    贷:应交税费——应交城市维护建设税   1 100

实际缴纳税金时,记入"应交税费"账户的借方。

五、账项调整的账户钩稽关系

账项调整账户钩稽关系以图5-1表示。

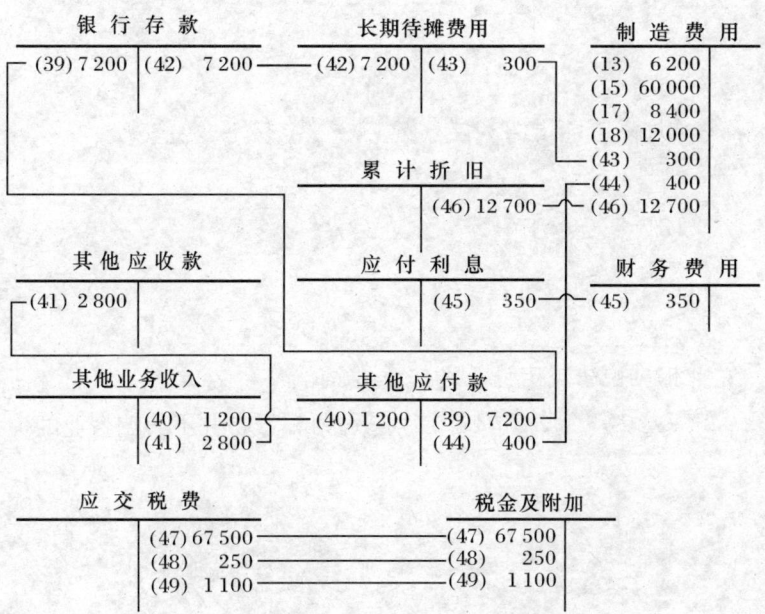

图5-1 账项调整账户钩稽关系图

综上所述,实行权责发生制时,进行期末账项调整,是一个必要的步骤。调整是将应当计入本期的收入和费用登记入账。账簿记录经过调整以后,就可以进行对账和结账,计算确定本期的经营成果,即利润或亏损。

第六章　实地盘存制和永续盘存制

第一节　库存品盘存的重要性

一、库存品的概念

库存品即存货,是指企业在日常活动中持有以备出售的产成品或商品、处在生产过程中的在产品、在生产过程或提供劳务过程中耗用的材料或物料等,包括各类原材料、周转材料、库存商品、发出商品、在产品、半成品等。

在会计期末(或者定期)要对库存品进行盘点,并将盘点结果与库存品的账面记录进行核对,如果实际盘存数与账面结存数产生差异,要对账面记录进行调整。所以,从概念上来说,库存品的盘存也应当属于账项调整的范畴。

二、库存品盘存的重要意义

企业为了保证生产经营过程连续不断地进行,必须不断地购买、耗用和销售存货。存货是企业一项重要的流动资产,其价值在企业资产中占有很大的比重,对库存品的盘存是非常重要的。

首先,存货的会计计量,对确定企业资产的价值和收益具有重要的意义。而存货会计核算的核心是计价,即正确地确定收入、发出及结存存货的价值,正确地进行存货的计价,又取决于存货数量的确定是否准确和存货计价方法的选择是否得当,企业存货的数量要靠盘存来确定。因此,企业应当定期对存货进行盘存。

其次,各单位所拥有的存货是其开展正常经营活动,发挥其职能作用的物质基础,保护单位财产的安全和完整,也是会计工作的基本任务,通过库存品盘存,可以确定账簿记录库存品的结存数量和实际财产结存情况是否一致,针对各种问题,及时采取措施,完善存货内控制度,从而保证单位财产的安全和完整。

最后,单位库存品是否得到有效的利用,以及资金周转的快慢是影响单位经济效益的重要因素。通过库存品盘存,可以了解各项财产的分布及使用情况是否合理,并采取相应的措施,挖掘潜力,提高财产使用效益,使得各种资产充分发挥其作用,避免损失浪费。做到物尽其用,加快单位资金的周转。

第二节 实地盘存制

常用的存货盘存方法有实地盘存制和永续盘存制两种。

一、实地盘存制的概念

实地盘存制也称定期盘存制,是指会计期末通过对全部存货进行实地盘点,以确定期末存货的数量,再乘以各项存货的单价,计算出期末存货的成本,并据以计算出本期耗用或已销售存货成本的一种存货盘存方法。

二、期末库存量的确定

采用实地盘存制时,平时只记录存货购进的数量和金额,不记发出的数量,期末通过实地盘点确定存货的实际结存数量,作为账存数量,并据以计算期末存货成本。本期减少数可按下列公式倒轧出来:

$$本期减少数 = 期初结存数 + 本期增加数 - 期末结存数$$

上式中,期初结存数和本期增加数可从账簿记录中取得,再通过实地盘存,确定期末结存数,即可计算出本期耗用(或销售)成本。

三、实地盘存制的优点和缺点

1. 实地盘存制的优点

采用实地盘存制,平时不记录发出存货的数量和金额,对存货明细账的设置也不要求非常详细,因此其最大优点是简便易行。

2. 实地盘存制的缺点

实地盘存制的缺点是非常明显的,表现在:

(1) 不能随时反映存货收入、发出、结存的动态,管理不够严格。

(2) 由于采用"以存计耗"和"以存计销"倒轧成本,使非正常销售或耗用的存货损失等全部计入耗用或销售成本,容易掩盖存货管理中的问题。

(3) 由于只能在期末才能结出结余存货的成本,因此这一方法的适用性较差。这一方法主要适用于那些自然损耗大、数量不稳定的鲜活商品。

四、库存成本和销售成本的计算方法

(一) 入库存货单价不变的核算

【例 6-1】 某企业 A 种材料某月月初结存数额为 2 000 千克,材料单价为 2.5 元,该月份发生下列收入、发出材料业务:

4 日,购进入库 1 000 千克,实际成本为 2 500 元;

10 日,购进入库 1 500 千克,实际成本为 3 750 元;

20 日,购进入库 1 000 千克,实际成本为 2 500 元。

假如期末实地盘点 A 种材料的结存数量为 1 500 千克,那么本月减少数用倒轧公式可计算出来:

本月减少数量 = 2 000 + 1 000 + 1 500 + 1 000 − 1 500 = 4 000(千克)

按照实地盘存制,该月 A 种材料在账簿中的记录见表 6-1。

表 6-1 原材料明细账   数量单位:千克

材料名称:A 种材料   金额单位:元

××××年		凭证字号	摘要	收入			发出			结存		
月	日			数量	单价	金额	数量	单价	金额	数量	单价	金额
6	1	略	期初结存							2 000	2.50	5 000
	4		购进	1 000	2.50	2 500						
	10		购进	1 500	2.50	3 750						
	20		购进	1 000	2.50	2 500						
	30		本月发出				4 000	2.50	10 000	1 500	2.50	3 750
6	31		月 结	3 500	2.50	8 750	4 000	2.50	10 000			

(二) 入库存货单价变动的核算

表 6-1 是在单价不变时账簿记录的情况,所以只要数量确定后,成本计算比较简单。而实际工作中,由于企业的各种存货是分次分批入库的,而每次入库的单价又往往不同,因此在存货的数量确定之后,究竟采用哪一批的单价计价,成为计算库存成本和销售成本的关键。在实地盘存制下,企业可以根据不同情况,采用最后进价法和加权平均法等。

1. 最后进价法

最后进价法是按每种库存品的最后一次的进货单价,作为库存品的进价,乘以月末结存数量,计算出月末库存成本,然后倒轧销售成本的方法。其计算公式为:

月末库存成本＝月末结存数量×最后进货单价

本月销售成本＝月初结存金额＋本月收入金额－月末库存成本

【例 6-2】 根据表 6-2 资料,以最后进价法计算发出存货的成本。

表 6-2　产成品明细账

品名：甲产品　　　　　　　　　　　　　　　数量单位：件　　金额单位：元

××××年		凭证字号	摘要	收入			发出			结存		
月	日			数量	单价	金额	数量	单价	金额	数量	单价	金额
6	1		上期结存							2 000	2.50	5 000
	5	15	入库	2 000	2.40	4 800						
	17	37	入库	3 000	2.60	7 800						
	25	86	入库	1 000	2.40	2 400						
	30		本月发出				5 500		14 000	2 500	2.40	6 000
6	30		合　计	6 000		15 000	5 500		14 000			

假定月末实际盘存甲产品数量为 2 500 件,根据表 6-2,可看出该产品最后一次进价为 2.40 元。

则：月末结存甲产品成本＝2 500×2.40＝6 000(元)

本月甲产品销售成本＝5 000＋4 800＋7 800＋2 400－6 000
　　　　　　　　　＝14 000(元)

此法的优点是手续简便,摆脱了繁琐的计算工作,同时也反映了"先进先出"的保管原则。其缺点是如果前后各批进货单价相差太大,就会出现销售进价偏高或偏低的现象。因此,此法适用先后进货单价相差幅度不大的库存品。

2. 加权平均法

加权平均法是根据期初库存品结存和本期收入库存品的数量和进价成本,期末一次计算库存品的本月加权平均单价,作为计算本期销售成本和库存成本的单价,以求得本期发出库存品成本和期末结存库存品成本的一种方法。

计算公式为：

$$加权平均单价 = \frac{期初库存品金额 + 本期收入库存品金额}{期初结存库存品数量 + 本期收入库存品数量}$$

期末结存库存品成本 = 期末结存库存品数量 × 加权平均单价

$$\frac{本期发出}{存货成本} = \frac{期初结存}{库存品金额} + \frac{本期收入}{库存品金额} - \frac{期末结存}{库存品成本}$$

【例 6-3】 仍以表 6-2 资料为例,用加权平均法计算发出存货成本:

$$加权平均单价 = \frac{5\,000 + 4\,800 + 7\,800 + 2\,400}{2\,000 + 2\,000 + 3\,000 + 1\,000} = \frac{20\,000}{8\,000} = 2.50(元)$$

月末实际盘存甲产品仍为 2 500 件,则:

月末结存甲产品成本 = 2 500 × 2.50 = 6 250(元)

本月甲产品销售成本 = 5 000 + 4 800 + 7 800 + 2 400 − 6 250

= 13 750(元)

此法的优点是计算结果比较正确,计算出来的库存品销售成本也比较合理均衡,但这种计算方法工作量大,对于经营品种较多的企业计算手续繁重。因此,这种计算方法适用于经营品种较少的企业或某些前后进价相差幅度较大的库存品。

第三节 永续盘存制

一、永续盘存制的概念

永续盘存制也称账面盘存制,是指会计人员平时根据会计凭证,对各项财产的增加和减少数,在有关账簿记录中进行连续登记,并随时在账簿上结算出各种财产的账面结存数量和结存金额的一种方法。

二、永续盘存制的账簿组织

采用这一存货盘存方法时,要求对企业的存货分别品种、规格等设置详细的明细账。收入和发出某项存货时,应根据有关会计凭证及时将收入数和发出数(包括收入数量和金额及发出数量和金额)登记在相应的明细账簿的收入栏和发出栏,并将收入与发出所引起的该存货的结存数额及时结出,登记在账簿的结存栏内,收入和发出存货后,该存货结存数额的计算公式为:

结存数 = 期初结存数 + 本期收入数 − 本期发出数

各项库存品的期末余额同样也可以在账面上直接计算出来。

三、永续盘存制度的优缺点

（一）永续盘存制度的优点

采用永续盘存制度，在会计核算手续上较为严密，对于存货的变动情况要逐日逐笔地进行登记，并要随时结出其余额，因此对存货的增减变动反映是相当及时的，有利于掌握存货收、发、存状况，这对于加强财产管理，挖掘财产潜力，保证财产安全完整，都起到了重要的作用。各企业大部分的存货，都是按永续盘存制来处理的。

（二）永续盘存制度的缺点

永续盘存制也存在不足之处，那就是该盘存制工作量比较大，要逐日逐笔登记账簿，另外，在账簿中记录的存货的增减变动及结存情况，都是根据有关会计凭证登记的，可能发生账实不符的情况，因此采用这一方法时，为了核对存货账面记录，加强存货管理，企业应视具体情况对其存货进行不定期的盘存，但每年至少应盘存一次。

四、入库存货单价不变的核算

【例 6-4】 用表 6-3 的资料说明核算方法。

按照永续盘存制的方法，该项材料在明细账上的收入、发出和结存的记录见表 6-3。

表 6-3　材料明细分类账　　　　　　　　数量单位：件

材料名称：A 种材料　　　　　　　　　　金额单位：元

××××年		凭证字号	摘要	收入			发出			结存		
月	日			数量	单价	金额	数量	单价	金额	数量	单价	金额
6	1	（略）	期初金额							2 000	2.50	5 000
	4		购进	1 000	2.50	2 500				3 000	2.50	7 500
	6		生产领用				1 800	2.50	4 500	1 200	2.50	3 000
	10		购进	1 500	2.50	3 750				2 700	2.50	6 750
	11		生产领用				1 700	2.50	4 250	1 000	2.50	2 500
	15		生产领用				400	2.50	1 000	600	2.50	1 500
	20		购进	1 000	2.50	2 500				1 600	2.50	4 000
6	30		合计	3 500	2.50	8 750	3 900	2.50	9 750			

五、入库存货单价变动的核算

表6-3中是假设单价不变时账簿记录的情况,如前所述,实际工作中,企业的库存品每次入库的单价往往不同,因此平时我们只能在账面上随时结出数量,而结存成本和销售成本仍需采用一定的方法进行计算才能得到。在永续盘存制下,企业常用的计算方法有:个别计价法、加权平均法、移动加权平均法、先进先出法等。

(一)个别计价

【例6-5】 某企业6月份乙产品入库、发出和结存情况见表6-4。

表6-4 乙产品明细账

数量单位:个

××××年		摘 要	入 库		发 出 数 量	结 存 数 量
月	日		数 量	单价(元)		
6	1	期初结存	2 000	2.50		2 000
	7	入库	1 500	2.40		3 500
	13	入库	1 000	2.65		4 500
	17	发出			3 000(其中:期初2 000个、6月13日入库1 000个)	1 500
	23	入库	1 500	2.50		3 000
	30	发出			1 000(均为6月7日入库)	2 000

本月销售成本 = $2\,000 \times 2.50 + 1\,000 \times 2.65 + 1\,000 \times 2.40 = 10\,050$(元)

月末结存成本 = $500 \times 2.40 + 1\,500 \times 2.50 = 4\,950$(元)

(二)加权平均法

永续盘存制下加权平均法的计算原理与实地盘存制基本一致,都要先计算加权平均单价,区别在于:在永续盘存制下,先以加权平均单价计算出本期出库存货的成本,然后再计算出期末库存存货的成本。

【例6-6】 仍以表6-4资料为例说明加权平均法的核算方法。

加权平均单价 = $\dfrac{2\,000 \times 2.50 + 1\,500 \times 2.40 + 1\,000 \times 2.65 + 1\,500 \times 2.50}{2\,000 + 1\,500 + 1\,000 + 1\,500} = \dfrac{15\,000}{6\,000} = 2.50$(元)

月末结存成本 = $1\,000 \times 2.50 = 2\,500$(元)

本月销售成本 $=2\,000\times2.50+1\,500\times2.40+1\,000\times2.65+1\,500\times2.50-2\,500=12\,500(元)$

(三) 移动加权平均法

移动加权平均法即在每次库存品入库后,立即为库存品计算出新的加权平均单价,在随后发出库存品时就按这一新的加权平均单价计算发出库存品成本。采用这种方法,可以在每次发货时就计算销售成本,也能随时结出发出库存品后结存库存品的成本。其计算公式为:

$$\frac{移动加权}{平均单价}=\frac{本次收入前结存金额+本次收入金额}{本次收入前结存数量+本次收入数量}$$

$$销售成本=本次销售数量\times 当前移动加权平均单价$$

$$\frac{月末结存}{存货成本}=\frac{月初结存}{存货成本}+\frac{本月收入}{存货成本}-\frac{本月销售}{存货成本}$$

【例 6-7】 仍以 6-4 资料为例,说明移动加权平均法的核算方法,计算结果见表 6-5。

表 6-5 乙产品明细账 数量单位:个 金额单位:元

××××年		摘要	收入			发出			结存		
月	日		数量	单价	金额	数量	单价	金额	数量	单价	金额
6	1	期初结存							2 000	2.50	5 000
	7	入库	1 500	2.40	3 600				3 500	2.46	8 600
	13	入库	1 000	2.65	2 650				4 500	2.50	11 250
	17	发出				4 000	2.50	10 000	500	2.50	1 250
	23	入库	1 500	2.50	3 750				2 000	2.50	5 000
	30	发出				1 000	2.50	2 500	1 000	2.50	2 500
6	30	合计	4 000		10 000	5 000	2.50	12 500			

7 日入库后的加权平均单价 $=\dfrac{5\,000+3\,600}{2\,000+1\,500}=2.46(元)$

13 日入库后的加权平均单价 $=\dfrac{8\,600+2\,650}{3\,500+1\,000}=2.50(元)$

17 日发出产品成本 $=4\,000\times2.50=10\,000(元)$

17 日结存成本 $=500\times2.50=1\,250(元)$

23 日入库后加权平均单价 $=\dfrac{1\,250+3\,750}{500+1\,500}=2.50(元)$

30 日发出产品成本＝1 000×2.50＝2 500(元)

30 日结存产品成本＝1 000×2.50＝2 500(元)

采用移动加权平均法,虽可以随时计算销售成本,但每次入库后都要重新计算加权平均单价,工作量大。

(四) 先进先出法

先进先出法是假定先收到的存货先发出或先收到的存货先耗用,并根据这种假定的成本流转次序对发出存货和期末存货进行计价的方法。具体做法是:接收有关存货时,逐笔登记每一批存货的数量、单价和金额;发出存货时,按照先进先出的原则计价,并逐笔登记存货的发出和结存金额。

【例 6-8】 为了说明先进先出的核算方法,乙产品的明细计算结果见表 6-6。

表 6-6 乙产品明细账

计量单位:个

金额单位:元

××××年		摘要	收入			发出			结存		
月	日		数量	单价	金额	数量	单价	金额	数量	单价	金额
6	1	期初结存							2 000	2.50	5 000
	7	入库	1 500	2.40	3 600				2 000 1 500	2.50 2.40	5 000 3 600
	13	入库	1 000	2.65	2 650				2 000 1 500 1 000	2.50 2.40 2.65	5 000 3 600 2 650
	17	发出				2 000 1 500 500	2.50 2.40 2.65	5 000 3 600 1 325	500	2.65	1 325
	23	入库	1 500	2.50	3 750				500 1 500	2.65 2.50	1 325 3 750
	30	发出				500 500	2.65 2.50	1 325 1 250	1 000	2.50	2 500
6	30	合计	4 000		10 000	5 000		12 500			

6 月 17 日销售 4 000 个,按先进先出的原则,其中 2 000 个按每个 2.50 元计算,1 500 个每个按 2.40 元计算,500 个每个按 2.65 元计算,合计 9 925 元。

6 月 30 日发出 1 000 个中,500 个按每个 2.65 元计算,另 500 个每个按 2.50

元计算,合计 2 575 元。

由表 6-6 可得出,本期发出产品的成本为 12 500 元,期末结存存货为 2 500 元。

采用先进先出法的优点是在有关存货的明细账上既能逐笔登记发出数量,又能随时结转成本,但是,在采购收发业务频繁,单价经常变动的情况下,其计价工作量较大。

（五）后进先出法

后进先出法是假定后收到的存货先发出或后收到的存货先耗用,并根据这种假定的成本流转次序对发出存货和期末存货进行计价的一种方法。

【例 6-9】 为了说明后进先出法的核算方法,乙产品明细计算结果见表 6-7。

表 6-7 乙产品明细账

数量单位:个
金额单位:元

××××年		摘要	收入			发出			结存		
月	日		数量	单价	金额	数量	单价	金额	数量	单价	金额
6	1	期初结存							2 000	2.50	5 000
	7	入库	1 500	2.40	3 600				2 000 1 500	2.50 2.40	5 000 3 600
	13	入库	1 000	2.65	2 650				2 000 1 500 1 000	2.50 2.40 2.65	5 000 3 600 2 650
	17	发出				1 000 1 500 1 500	2.65 2.40 2.50	2 650 3 600 3 750	500	2.50	1 250
	23	入库	1 500	2.50	3 750				2 000	2.50	5 000
	30	发出				1 000	2.50	2 500	1 000	2.50	2 500
6	30	合计	4 000		10 000	5 000		12 500			

由表 6-7 可得出,本期发出产品的成本为 12 500 元,期末结存产品成本为 2 500 元。

这一方法的假设与先进先出法正好相反,其特点是:期末结存存货的账面价值是反映最早进货的成本,而发出存货的成本则接近存货近期的成本水平。

说明:按《企业会计准则第 2 号——存货》的规定,不允许企业再采用后进先出法核算存货成本,本教材仍将其作为一种计算方法介绍。

上述几种方法,企业可以根据自己的具体情况选用,但计价方法一经确定,必须遵循一贯性原则,不能随意变更。如果外界条件发生变化,需要变更原计价方法,则应在财务报表上揭示其变更原因、变更的影响等。

第四节　库存品的清查

一、库存品清查的意义

会计核算的任务之一,就是反映和监督财产和物资的保管和使用情况,保护企业财产物资的安全完整,提高各种物资的使用效果,库存品是企业财产物资的重要组成部分。根据财务管理的要求,各经济单位应通过账簿记录来反映和监督各项库存品的增减变化及结存情况。为了保证账簿的记录正确,应加强会计凭证的日常审核,定期核对账簿记录,做到账证相符、账账相符。即便是账簿记录正确,也不能说明账簿所做的记录真实可靠。因为有很多客观原因,使各项财产的账面数额与实际结存额发生差异,造成账实不符。

例如,在财产物资的保管过程中,发生自然损耗。在管理和核算方面,由于手续不健全,或制度不严密而发生的错收错付等情况;由于计量或检验不准确,造成多收多付或少收少付等情况;由于管理不善或责任者的过失,造成毁损和短缺,或漏记、重记、计算不准等情况;甚至有可能在账实相符的情况下,由于库存品的毁坏变质使账簿记录不符合客观真实性。

因此,为了保证会计账簿记录的真实、正确,为经济管理提供可靠的信息资料,必须对库存品进行定期清查,并与账簿记录核对相符,做到账实相符。

综上所述,库存品清查,就是通过对库存品的实地盘点,来确定库存品的实存数,并查明账面结存数与实存数是否相符的一种专门方法。

库存品清查是管好企业所采取的一项措施,是实现会计监督职能的重要方面,概括起来作用如下:

(1)通过库存品清查,提高会计资料的质量,保证会计资料的真实。通过库存品清查,可以确定各项库存品的实存数,将实存数与账存数进行对比,确立盘盈或盘亏,及时调整账簿记录,做到账实相符,以保证账簿记录的真实正确,为经济管理提供可靠的数据资料。

(2)通过库存品清查,促进企业改善经营管理,加速资金周转。通过库存清查,查明各项库存品盘盈或盘亏的原因和责任,从而找出库存品管理中存在的问题,改善经营管理。在清查过程中,可以查明各项库存品的储存情况,查明各项库存品占用资金的合理性,以便调整库存品结构,提高资金使用效率。

(3) 通过库存品清查,促使其保管人员加强责任感,以保证各项库存品的安全完整,库存品清查既是会计核算的一项专门方法,又是一项行之有效的会计监督活动。通过库存品清查,促使企业建立健全库存品保管的岗位责任制,保护各项库存品的安全完整。

二、库存品清查的类型及使用的凭证

(一) 库存品清查的种类

库存品清查总是在具体的时间、地点和一定范围内进行的,为了正确使用这种专门方法,必须对其进行分类考察,库存品清查可以按不同的标志进行分类。

1. 按清查的对象和范围划分,可分为全面清查和局部清查

(1) 全面清查,是指对所有库存品进行全面盘点和核对。全面清查涉及企业全部存货,包括原材料、产成品、库存商品、辅助材料、包装物、低值易耗品等。

全面清查一般在年终决算以前,或单位合并、撤销,单位改变隶属关系,以及清产核资等情况下才进行。

(2) 局部清查,是指根据需要对库存品中收发较频繁或贵重的部分存货进行盘点和核对,鉴于全面清查的内容多,工作量大,进行一次清查所需时间较长等特点,对于一些必要的存货还要进行局部清查。

局部清查,一般在月末、季末进行,除此之外,单位在发生意外事故(如被盗)、自然灾害和更换有关管理人员时,也应当对有关库存品进行局部清查,以确保账实相符,保证单位财产的安全完整不受侵害。

2. 按照清查的时间分,可分为定期清查和不定期清查

(1) 定期清查,是指按照预先计划安排的时间对库存品进行盘点和核对,这种清查经常在年末、季末、月末结账时进行。定期清查根据不同需要,可以全面清查,也可以局部清查。

(2) 不定期清查,是指事先并无规定的清查时间,而是根据实际需要临时决定对库存品进行盘点与核对。如更换仓库保管员时,对其所保管的库存进行的清查,发生非常灾害和意外损失时对受损的库存品所进行的清查等等,其目的在于分清责任,查明情况。

(二) 库存品清查的准备工作

库存品清查工作是一项复杂的工作,其工作内容涉及面广,涉及的人员多,在清查之前应当充分做好组织上和物质业务上的准备工作。

1. 组织上的准备

在总会计师及有关主管厂长的领导下,成立由财会部门牵头,有设备、技术、生产、行政及各有关部门参加的财产清查领导小组,具体负责财产清查的领导和组织工作。清查领导小组的主要任务是:根据管理制度或有关部门的要求拟定财产清查工作的详细步骤,确定清查的对象和范围,安排清查工作的进度,配备清查人员等;在库存品清查过程中及时掌握工作进度,检查和督促工作,研究和解决库存品清查工作中出现的问题;在库存品清查工作结束后,写出清查工作的书面报告,对发生盘盈或盘亏提出处理意见。

2. 物质及业务上的准备

物质及业务上的准备是进行库存品清查的必要的前提条件,各业务部门特别是会计部门应主动配合做好准备工作,各部门需要做的准备工作有如下内容:

首先,财会人员,应在库存品清查之前将所有的经济业务登记入账,将有关账簿登记齐全并结出余额,总分类账与其所属明细分类账核对清楚,做到账证相符、账账相符,为库存品清查提供可靠依据。

其次,财产物资保管部门和人员,应将截至财产清查时点之前的各项财产物资的出入办好凭证手续,全部登记入账,结出各科目余额,并与会计部门的有关分类账核对相符,同时财产物资保管人员应将其所保管的各种财产物资码放整齐,挂上标签,标明品种、规格和结存数量,以便进行实物盘点。

最后,财产清查小组应组织有关部门准备好计量器具,印制好各种各样登记表册。

(三) 库存品清查的方法

在清查中,应根据不同情况采用以下几种技术方法来确定库存的实有数。

1. 实地盘点法

实地盘点法是指在财产物资堆放现场进行逐一清点数量,要用计量仪器确定实存数的一种方法。

这种方法适用范围广,要求严格,数量准确、可靠,清查质量高,大多数库存品的清查一般都可采用这种方法,但这种方法工作量大,如事先按库存品的实物形态进行科学的码放,如五五排列、三三制码放等,有助于提高清查的速度。

2. 技术推算盘点法

技术推算盘点是利用技术方法,如量方计尺等对库存品的实存数进行推算的一种方法。

这种方法适用于大量成堆,难以逐一清点的库存品。

(四)库存品清查使用的凭证

为了明确经济责任,进行库存品的盘点时,有关财产的保管人员必须在场,并参加盘点工作,对各项库存品的盘点结果,应逐一如实地登记在"盘存单"上并由参加盘点的人员和实物保管人员同时签章生效,"盘存单"是记录各项库存品实存数量盘点的书面证明,也是清查工作的原始凭证之一,一般格式见表6-8。

表6-8 盘 存 单

单位名称: 盘点时间:
财产类别: 存放地点: 编号:

序号	名 称	规格型号	计量单位	实存数量	单价	金额	备注

盘点人: 实物保管人:

盘点完毕,将"盘存单"中所记录的实存数额与账面结存余数核对,发现某些库存品账实不符时,填制"实存账存对比表",确定库存品盘盈或盘亏的数额。"实存账存对比表"是库存品清查的重要报表,是调整账面记录的原始凭证,也是分析盈亏原因、明确经济责任的重要依据,应严肃认真地填报,其一般格式见表6-9。

表6-9 实存账存对比表

(存货盘点报告表)

单位名称: 年 月 日

序号	名称	规格型号	计量单位	单价	实存		账存		实存与账存对比				备注
					数量	金额	数量	金额	盘盈		盘亏		
									数量	金额	数量	金额	
合计													

盘点人签章: 会计签章:

三、库存品溢缺的处理

（一）库存品清查结果的处理步骤和原则

1. 处理步骤

库存品清查的结果，必须按国家有关财务制度的规定，严肃认真地进行处理，清查中发生的盘盈、盘亏、毁损和变质等问题，应认真核准数字，按规定的程序上报批准后再行处理，库存品清查结果的会计处理程序分为两个步骤：

首先，在报经有关部门处理前，根据"存货盘点报告表（实存账存对比表）"将盘盈或盘亏毁损的存货，先作为待处理财产溢余或损失处理，同时，按盘盈、盘亏、毁损存货的实际成本调整存货的账面价值，使存货账实相符。

其次，在报经有关部门批准后，根据存货盘盈、盘亏、毁损的不同原因和处理结果，将待处理财产损溢分别结转到不同的账户，以落实经济责任。

根据现行制度规定，在编制会计报表时，如果待处理项目还未经有关部门批准，应先予以处理，待批准时再按批准金额调整已处理的金额。

2. 账户设置

为了核算企业在财产清查中查明的各种财产物资的盘盈、盘亏和毁损，企业应设置"待处理财产损溢"账户，其借方登记发生的各种财产物资的盘亏金额和批准转销的盘盈金额，贷方登记发生的各种财产物资的盘盈金额和批准转销的盘亏金额，期末借方余额为尚未处理的各种财产物资的净损失、期末贷方余额为尚未处理的各种财产物资的净溢余。该账户可按盘盈、盘亏的资产种类和项目进行明细核算。企业如有盘盈固定资产的，应作为前期差错记入"以前年度损益调整"账户。

3. 处理原则

发生盘盈的存货，经查明是由于收发计量或核算上的误差等原因造成的，应及时办理存货入账的手续，调整存货的账面数，按盘盈存货的成本记入"待处理财产损溢"账户。经有关部门批准后，再冲减管理费用。

发生盘亏或毁损的存货，在报经批准以前，应按其成本转入"待处理财产损溢"账户。报经批准以后，再根据造成盘亏和毁损的原因分别以下情况进行处理：

属于自然损耗产生的定额内损耗，经批准后转为管理费用。

属于计量收发差错和管理不善等原因造成的存货短缺或毁损，应先扣除残料价值、可以收回的保险赔偿和过失人的赔偿，然后将净损失记作管理费用。

属于自然灾害或意外事故造成的存货毁损,应先扣除残料价值和可以收回的保险赔偿,然后将净损失转入"营业外支出"账户进行核算。

(二)库存品盘盈的账务处理

【例 6-10】 某企业在库存品清查中,发现甲材料盘盈 4 000 元。

在批准前,根据"实存账存对比表"所确定的材料盘盈数字,编制会计分录如下:

  借:原材料——甲材料   4 000
   贷:待处理财产损溢   4 000

在报经审批后,根据审批的处理意见,转销材料盘盈,编制会计分录如下:

  借:待处理财产损溢   4 000
   贷:管理费用   4 000

【例 6-11】 某企业在库存品清查中发现产成品盘盈 5 000 元。

在报经批准前,根据"实存账存对比表"所确定的产品盘盈数字,编制会计分录如下:

  借:库存商品   5 000
   贷:待处理财产损溢   5 000

报经审批后,根据审批意见,转销产成品盘盈,编制会计分录如下:

  借:待处理财产损溢   5 000
   贷:管理费用   5 000

(三)库存品盘亏的账务处理

【例 6-12】 某企业在库存品清查中,盘亏乙材料 600 元。

在批准前,根据"实存账存对比表"所确定的材料盘亏数,编制会计分录如下:

  借:待处理财产损溢   600
   贷:原材料——乙材料   600

报经批准后乙材料自然损耗核销 200 元,责任事故造成 400 元损失,应由责任人赔偿,编制会计分录如下:

  借:管理费用   200
    其他应收款——××   400
   贷:待处理财产损溢   600

【例6-13】 在财产清查中,发现自然灾害造成产成品损失4 000元。
报经批准前,编制会计分录如下:

  借:待处理财产损溢   4 000
    贷:库存商品   4 000

注:进项税额转出略。

报经批准后,应由保险公司赔偿3 000元,其余作本企业损失,编制会计分录如下:

  借:其他应收款——××保险公司   3 000
    营业外支出   1 000
    贷:待处理财产损溢   4 000

(四)库存品残损变质的处理

库存品残损变质是指在保管过程中,由于保管不当、包装不善等原因,造成残次损坏或腐烂变质。企业在中期、期末或年度终了时,应对库存品进行全面的清查,除核实数量盈亏外,还应核查质量是否完好,有无残损变质。如果发现库存品残损变质,即由于库存品遭受毁损,全部或部分陈旧过时或销售价格低于成本等原因,使库存品成本不可收回的部分,企业必须在当期确认库存品跌价损失,并进行有关的账务处理。具体分以下两种情况。

1. 应将存货账面价值全部转入当期损益的情况

(1) 已霉烂变质的存货。

(2) 已过期且无转让价值的存货。

(3) 生产中已不再需要,并且已无使用价值和转让价值的存货。

(4) 其他足以证明已无使用价值和转让价值的存货。

企业当期发生上述情况时,应按存货的账面价值,借记"资产减值损失"账户,按已计提的存货跌价准备,借记"存货跌价准备"账户,按存货的账面余额,贷记"库存商品"等账户。

2. 应当计提存货跌价准备的情况

(1) 资产的市价当期大幅度下跌,其跌幅明显高于因时间的推移或者正常使用而预计的下跌。

(2) 企业经营所处的经济、技术或者法律等环境以及资产所处的市场在当期或者将在近期发生重大变化,从而对企业产生不利影响。

(3) 市场利率或者其他市场投资报酬率在当期已经提高,从而影响企业计算资产预计未来现金流量现值的折现率,导致资产可收回金额大幅度降低。

（4）有证据表明资产已经陈旧过时或者其实体已经损坏。

（5）资产已经或者将被闲置、终止使用或者计划提前处置。

（6）企业内部报告的证据表明资产的经济绩效已经低于或者将低于预期,如资产所创造的净现金流量或者实现的营业利润(或者亏损)远远低于(或者高于)预计金额等。

（7）其他表明资产可能已经发生减值的迹象。

资产负债表日,存货发生减值的,按存货可变现净值低于成本的差额,借记"资产减值损失"账户,贷记"存货跌价准备"账户。

已计提跌价准备的存货价值以后又得以恢复,应在原已计提的存货跌价准备金额内,按恢复增加的金额,借记"存货跌价准备"账户,贷记"资产减值损失"账户。

发出存货结转计提的存货跌价准备的,借记"存货跌价准备"账户,贷记"主营业务成本""生产成本"等账户。

【例 6-14】 年底,某企业 A 材料的账面金额为 400 000 元,由于市场价格下跌,预计可变现净值为 370 000 元,由此应提取存货跌价准备为 30 000 元。编制会计分录如下:

借：资产减值损失——计提的存货跌价准备　　　　　　　30 000
　　贷：存货跌价准备　　　　　　　　　　　　　　　　　30 000

【例 6-15】 接[例 6-14],第二年 6 月末,A 材料的账面金额仍为 400 000 元,由于市场价格有所上升,使得 A 材料的预计可变现净值为 385 000 元,应转回的存货跌价准备为 15 000 元,编制会计分录如下:

借：存货跌价准备　　　　　　　　　　　　　　　　　　15 000
　　贷：资产减值损失——计提的存货跌价准备　　　　　　15 000

"存货跌价准备"是存货的备抵账户,用来核算企业提取的存货跌价准备金,在期末发生可变现净值低于存货成本时,记入贷方;在已计提跌价准备的存货价值恢复时,或已计提跌价准备金的存货被领用、出售或报废时记入借方,余额在贷方,表示尚待处置的存货跌价准备金的数额。

第七章 对账和结账

第一节 成本结转

在采用权责发生制的情况下,经过期末账项调整,已把应当归属本期的收入和费用完全登记入账。接着,就需要在本期所生产的各种产品之间分配产品生产的间接费用,然后计算确定完工产品的制造成本和本期产品的销售成本。为了把这些业务在账上反映出来,需要在有关账户之间进行必要的转账。这一会计步骤,统称为成本结转。成本结转完成以后,才能进一步把本期的成本、费用和收入配对,计算确定本期的利润或亏损。

一、制造费用的分配和结转

(一) 分配率的计算和分配方法

经过期末账项调整以后,"制造费用"账户的借方应已完整地归集了本期的生产间接费用,即可在本期所生产的各种产品之间进行分配,以便按产品分别计算和确定本期完工产品的制造成本。

分配制造费用,要采用一定的分配标准。分配标准应能比较确切地表明各种产品对生产间接费用受益的比例关系。就是说,受益大的产品应负担制造费用多些,而受益小的产品应负担少些。

分配制造费用,有多种可供选择的分配标准,如生产工人工资、生产工人工时、机器工时等。分配标准选择得是否合理恰当,直接影响分配的结果、影响产品成本计算的正确性。各企业生产特点不同,制造费用的内容不同,分配标准也不同。企业在选择分配标准时,应当作具体的分析。

采用生产工人工时作为分配标准,就是假定各产品所发生的生产工人工时,足以比较确切地表明各产品对生产间接费用的受益比例关系。如果这一假定比

较符合实际情况,则分配结果也就是比较合理的。用这种分配标准计算分配额的公式为:

$$\text{某种产品应负担的制造费用} = \frac{\text{该种产品生产工人工时}}{\text{生产工人工时总额}} \times \text{制造费用总额}$$

或:

$$\text{某种产品应负担的制造费用} = \frac{\text{制造费用总额}}{\text{生产工人工时总额}} \times \text{该产品生产工人工时}$$

以生产工人工资或以机器工时为分配标准,分配额的计算公式可以此类推,即将式中的生产工人工时改为生产工人工资或机器工时即可。

举例:继续以红光公司为例,说明制造费用的分配方法。

【业务50】 1月31日,红光公司采用生产工人工时作为分配制造费用的标准。根据前面的核算资料,A、B两商品的生产工人工时各为21 000小时和29 000小时,制造费用合计数为100 000元。

$$\text{制造费用分配率} = \frac{\text{制造费用总额}}{\text{工时总额}} = \frac{100\ 000}{21\ 000 + 29\ 000}$$
$$= 2.00(\text{元/时})$$

A商品应分摊的制造费用 = 2.00元 × 21 000 = 42 000(元)
B商品应分摊的制造费用 = 2.00元 × 29 000 = 58 000(元)

分配结果见表7-1。

表7-1 制造费用分配表

商品名称	分配标准 (生产工人工时)	分配率 (元/时)	分配额 (元)
A商品	21 000	2.00	42 000
B商品	29 000	2.00	58 000
合　　计	50 000		100 000

根据上述分配额,制造费用就可以按有关产品进行归集,从制造费用账户转入"生产成本"账户。会计分录如下:

借:生产成本——A商品　　　　　　　　　　　　　　　　42 000
　　　　　　——B商品　　　　　　　　　　　　　　　　58 000
　　贷:制造费用　　　　　　　　　　　　　　　　　　100 000

以上结转分录同时还需在"生产成本——A 商品""生产成本——B 商品"明细分类账户的借方和"制造费用"账户的贷方进行登记。经过以上转账后,"制造费用"账户期末时即无余额。分配了制造费用以后的生产成本明细账户有关资料见表 7-2。

表 7-2 "生产成本"明细分类账

商品品种或类别：A 商品　　　　　　　　　　本月完工商品数量：4 690 件

年		凭证号码	摘要	借方（成本项目）				
月	日			直接材料	直接人工	燃料动力	制造费用	合计
			期初在产品成本	8 300	20 800	1 500	7 000	37 600
		14	领用材料	97 700				97 700
		16	分配工资		280 000			280 000
		18	分配福利费用		39 200			39 200
		19	支付水电费			3 100		3 100
		50	分配制造费用				42 000	42 000
			月计	97 700	319 200	3 100	42 000	462 000
			合计	106 000	340 000	4 600	49 000	499 600

商品品种或类别：B 商品　　　　　　　　　　本月完工商品数量：2 034 件

年		凭证号码	摘要	借方（成本项目）				
月	日			直接材料	直接人工	燃料动力	制造费用	合计
			期初在产品成本	3 500	13 200	1 800	1 200	19 700
		14	领用材料	91 500				91 500
		16	分配工资		320 000			320 000
		18	分配福利费用		44 800			44 800
		19	支付水电费			3 700		3 700
		50	分配制造费用				58 000	58 000
			月计	91 500	364 800	3 700	58 000	518 000
			合计	95 000	378 000	5 500	59 200	537 700

（二）制造费用分配的账户钩稽关系

制造费用分配账户的钩稽关系以图 7-1 表示。

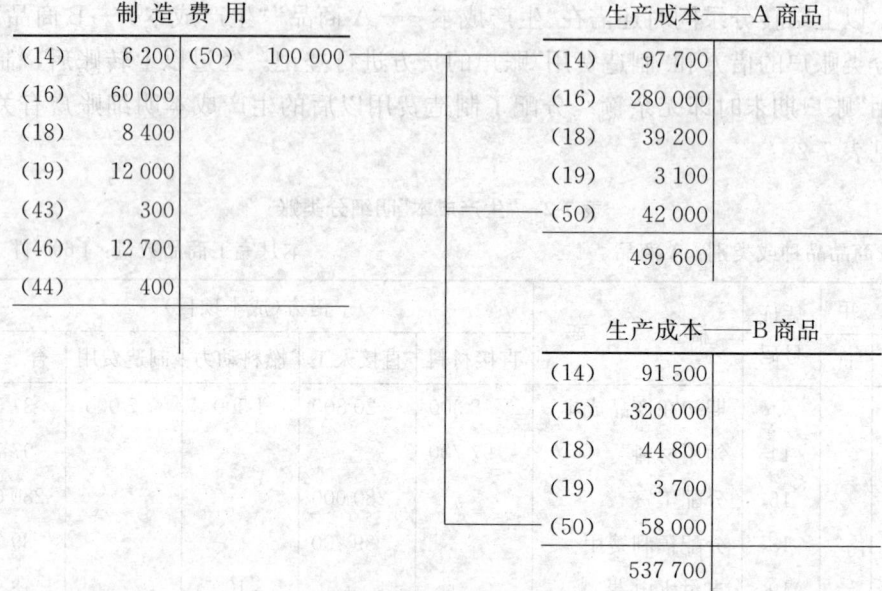

图 7-1 制造费用分配账户钩稽关系图

二、本月完工产品制造成本的确定和结转

产品从原材料投入生产起,经过一定的加工工艺过程,制造完成并经检验合格,即成为企业可供销售的产成品。处在生产过程中尚未制造完成的产品,则称为在产品。月末应计算确定本月完工产品的制造成本,并将其从"生产成本"账户转入"库存商品"账户,以反映本期验收入库的完工产品成本。

在第四章中叙述的经济业务,说明本期发生的原材料费用、生产工人工资及工资附加费,已按产品归集到了"生产成本"账户的借方,在第五章叙述的经济业务,说明期末已经按权责发生制的要求进行了账项调整,本章又叙述了制造费用按产品分配结转的过程。

至此,所有的生产费用都按产品对象归集分配完毕。接下来的问题是如何将生产费用在完工产品和未完工的在产品之间进行分配,计算确定本期完工产品成本。在没有在产品的情况下,归集到某一产品上的生产费用,即为该产品的本月完工产品制造成本。在有在产品的情况下,则归集到某一产品上的全部生产费用(包括月初在产品成本在内),还须在本月完工产品和月末在产品之间进行分摊,才能确定本月完工产品成本和月末在产品的成本。

其计算公式为:

$$\text{月初在产品成本} + \text{本月生产费用} - \text{本月完工产品成本} = \text{月末在产品成本}$$

在公式中，本月完工产品成本和月末在产品成本，在实施成本会计，具有完整的成本记录时，都是直接根据成本记录中的资料，分别计算确定的，在不实施成本会计，或成本记录并不完整时，就需将当月的全部生产费用在本月完工产品和月末在产品之间进行分摊。比较简易的分摊办法，是先对月末在产品计价，确定月末在产品的成本，然后从全部生产费用中减去月末在产品成本，即为当月完工产品的成本。计算公式如下：

本月完工产品成本＝月初在产品成本＋本月生产费用－月末在产品成本

对月末在产品计价，必须首先确定月末在产品的数量。在没有在产品动态记录的情况下，月末在产品数量可以通过实地盘点来确定。

举例：继续以红光公司为例，说明产品成本的计算方法。

【业务51】 经盘点，2015年1月31日的月末在产品有A产品40件，B产品60件。每件在产品按下列标准计价：

产品名称	完工数量	原材料	生产工人工资及附加费	燃料动力	制造费用
A产品	40件	185	500	7	58
B产品	60件	140	450	5	60

按上列标准计价，月末在产品成本见表7-3。

表7-3　月末在产品成本计算表　　　　　　　　　　　　单位：元

在产品名称	数量（件）	原材料		生产工人工资及附加费		燃料动力		制造费用		合计
		单位成本	小计	单位成本	小计	单位成本	小计	单位成本	小计	
A产品	40	185	7 400	500	20 000	7	280	58	2 320	30 000
B产品	60	140	8 400	450	27 000	5	300	60	3 600	39 300
合计			15 800		47 000		580		5 920	69 300

按照上述公式计算本月完工产品的制造成本见表7-4。

产品制造完成，应予验收入库。为了反映库存产成品的增加，同时反映生产过程中占用资金的减少，须将本月完工产品的制造成本从"生产成本"账户转入"库存商品"账户的借方。这笔账项结转的会计分录如下：

　　借：库存商品——A产品　　　　　　　　　　　　　　　469 600
　　　　　　　　——B产品　　　　　　　　　　　　　　　498 400
　　　贷：生产成本——A产品　　　　　　　　　　　　　　469 600
　　　　　　　　——B产品　　　　　　　　　　　　　　　498 400

表 7-4 完工产品成本计算表　　　　　　　　　　　单位：元

产品名称	月初在产品成本	本月生产费用	生产费用合计	月末在产品成本	本月完工产品成本	完工产品数量
A产品	37 600	462 000	499 600	30 000	469 600	4 690（件）
其中：原材料	8 300	97 700	106 000	7 400	98 600	
工资及附加费	20 800	319 200	340 000	20 000	320 000	
燃料动力	1 500	3 100	4 600	280	4 320	
制造费用	7 000	42 000	49 000	2 320	46 680	
B产品	19 700	518 000	537 700	39 300	498 400	2 034（件）
其中：原材料	3 500	91 500	95 000	8 400	86 600	
工资及附加费	13 200	364 800	378 000	27 000	351 000	
燃料动力	1 800	3 700	5 500	300	5 200	
制造费用	1 200	58 000	59 200	3 600	55 600	
合　　计	57 300	980 000	1 037 300	69 300	968 000	

本月完工产品的制造成本结转以后，"生产成本"账户的借方余额69 300元，即为1月末在产品的成本。同时还要在"生产成本"账户所属的A商品和B商品明细分类账户中作完工产品成本的结转。结转后的账户余额分别为A商品和B商品的月末在产品成本，见表7-5和表7-6。

表 7-5 "生产成本"明细分类账

商品品种或类别：A商品　　　　　　　　　　　本月完工商品数量：4 690 件

年		凭证号码	摘　　要	借方（成本项目）				
月	日			直接材料	直接人工	燃料动力	制造费用	合　计
			期初在产品成本	8 300	20 800	1 500	7 000	37 600
		14	领用材料	97 700				97 700
		16	分配工资		280 000			280 000
		18	分配福利费用		39 200			39 200
		19	支付水电费			3 100		3 100
		50	分配制造费用				42 000	42 000
			月计	97 700	319 200	3 100	42 000	462 000
			合计	106 000	340 000	4 600	49 000	499 600
			本月完工产品成本（4 690 件）	98 600	320 000	4 320	46 680	469 600
			月末在产品成本	7 400	20 000	280	2 320	30 000

表 7-6 "生产成本"明细分类账

商品品种或类别：B 商品　　　　　　　　　　　　　　　本月完工商品数量：2 034 件

年 月	日	凭证号码	摘　要	直接材料	直接人工	燃料动力	制造费用	合　计
			期初在产品	3 500	13 200	1 800	1 200	19 700
		14	领用材料	91 500				91 500
		16	分配工资		320 000			320 000
		18	分配福利费用		44 800			44 800
		19	支付水电费			3 700		3 700
		50	分配制造费用				58 000	58 000
			月计	91 500	364 800	3 700	58 000	518 000
			合计	95 000	378 000	5 500	59 200	537 700
			本月完工产品（2 034 件）	86 600	351 000	5 200	55 600	498 400
			月末在产品成本	8 400	27 000	300	3 600	39 300

本月完工产品成本结转的账户钩稽关系以图 7-2 表示。

```
生产成本——A 商品
期初      37 600   (51)   469 600
(14)      97 700
(16)     280 000
(18)      39 200
(19)       3 100
(50)      42 000
          30 000

                                    库 存 商 品
                              (51) A 产品   469 600
                              (51) B 产品   498 400

生产成本——B 商品
期初      19 700   (51)   498 400
(14)      91 500
(16)     320 000
(18)      44 800
(19)       3 700
(50)      58 000
          39 300
```

图 7-2　完工产品成本结转账户钩稽关系图

三、产品销售成本的计算和结转

（一）产品销售成本计算和结转的方法

如前所述，产品制造完成，验收入库，应在"库存商品"账户的借方登记。销售发出的产成品，应计算确定其销售成本，记入这一账户的贷方，以示库存产成品的减少。因而，"库存商品"账户是一个资产账户，它的借方余额反映库存产成品成本，亦即产成品所占用的资金。结存的库存商品，可用实地盘存制来确定，也可以用永续盘存制来确定。

产成品验收入库，账上所记的金额，即本期完工产品的成本。销售发出的产品成本，同前述领用的材料一样，也要采用一定的计价方法，如先进先出法、加权平均法等予以计算确定。月份内收入、发出和结存的产品成本，可用下列公式表示：

$$\text{月初库存商品成本} + \text{本月完工产品成本} = \text{本月销售产品成本} + \text{月末库存商品成本}$$

如果产成品销售成本是在月末先计价确定了库存商品结存成本后计算的，则可采用下列公式：

$$\text{本月销售产品成本} = \text{月初库存商品成本} + \text{本月完工产品成本} - \text{月末库存商品成本}$$

计价确定了产成品销售成本，应在贷记"库存商品"账户的同时，记入"主营业务成本"账户的借方。

举例：继续以红光公司为例说明商品销售成本的结转方法。

【业务52】 2015年1月1日结存的库存商品，A商品200件，计19 400元，B商品150件，计47 600元。月末经实地盘点，库存商品结存为：A商品90件，B商品64件。该厂对销售发出和月末结存的库存商品，采用综合加权平均成本计价。

计算综合加权平均成本的方法，和第六章的计算方法相同，根据有关资料，计算库存商品的月末结存成本和销售成本，并列出表7-7。

表7-7 产品销售成本计算表　　　　　　　　　　　单位：元

商品名称	产品数量（件）			成本			加权平均单价	月末库存商品成本		本月销售成本
	期初	本期完工	合计	期初	本期完工	合计		数量（件）	成本	
A商品	200	4 690	4 890	19 400	469 600	489 000	100	90	9 000	480 000
B商品	150	2 034	2 184	47 600	498 400	546 000	250	64	16 000	530 000
合计	350	6 724	7 074	67 000	968 000	1 035 000		170	25 000	1 010 000

A 商品的加权平均单位成本 = (19 400+469 600)/(200+4 690) = 100(元)

B 商品加权平均单位成本 = (47 600+498 400)/(150+2 034) = 250(元)

A 商品月末结存成本 = 100×90 = 9 000(元)

B 商品月末结存成本 = 250×64 = 16 000(元)

A 商品本月销售成本 = 19 400+469 600-9 000 = 480 000(元)

B 商品本月销售成本 = 47 600+498 400-20 000 = 530 000(元)

结转本月份的产品销售成本。其会计分录如下:

借:主营业务成本　　　　　　　　　　　　　　　　1 010 000
　　贷:库存商品——A 商品　　　　　　　　　　　　480 000
　　　　　　　　——B 商品　　　　　　　　　　　　530 000

同时还应在 A、B 两个库存商品明细分类账户的发出栏分别作相应的登记(见表 7-8 和表 7-9),并结出月末的结存余额。

表 7-8　库存商品明细分类账　　　　　　数量单位:件

商品名称:A 商品　　　　　　　　　　　金额单位:元

年		凭证号	摘要	收入			发出			余额		
月	日			数量	单位成本	金额	数量	单位成本	金额	数量	单位成本	金额
			期初余额							200		19 400
			完工入库	4 690		469 600						
			销售				4 800		480 000	90	100	9 000

表 7-9　库存商品明细分类账　　　　　　数量单位:件

商品名称:B 商品　　　　　　　　　　　金额单位:元

年		凭证号	摘要	收入			发出			余额		
月	日			数量	单位成本	金额	数量	单位成本	金额	数量	单位成本	金额
			期初余额							150		47 600
			完工入库	2 034		498 400						
			销售				2 120		530 000	64	250	16 000

（二）商品销售成本结转的账户钩稽关系

本月商品销售成本结转的账户钩稽关系以图 7-3 表示。

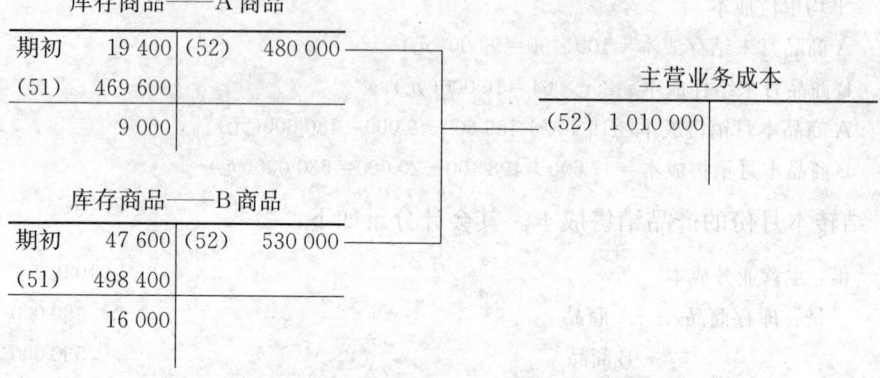

图 7-3　商品销售成本结转账户钩稽关系图

第二节　对　账

一、对账是会计工作必要的环节

由于账簿记录是编制会计报表的重要依据，账簿记录的正确与否直接影响到会计报表的质量。因此，会计人员不但要认真做好记账、算账工作，还要做好对账工作。因为账簿记录的准确与真实可靠，不仅取决于账簿本身，还涉及账簿与凭证的关系，账簿记录与实际情况是否相符的问题等。所以，对账应包括账簿与凭证的核对。账簿与账簿的核对，账簿与实物的核对，账簿与款项的核对。这种核对要建立定期的对账制度，在结账前和结账过程中，把账簿记录的数字核对清楚，做到账证相符、账账相符、账物相符和账款相符。

《会计法》第十七条规定："各单位应当定期将会计账簿记录与实物、款项及有关资料相互核对，保证会计账簿记录与实物及款项的实有数额相符、会计账簿记录与会计凭证的有关内容相符、会计账簿之间相对应的记录相符、会计账簿记录与会计报表的有关内容相符。"在会计工作中，有时难免发生各种差错和账实不符情况。例如，填制记账凭证的差错，记账或过账的差错，数量或金额计算上的差错，以及财产物资的盘盈或盘亏等等。发生这些差错和溢缺，有的是可以避免的，如工作疏忽或存在不正常行为；而有的是不可避免的，如财产物资本身的性质或自然原因所造成的溢余或者短缺。因此,在结账前,有必要核对各种账簿记录,检查记账工作有无差错,确保账证相符、账账相符和账实相符。只有这样,才能据以编出翔实可靠的会计报表,做到账表相符。

对账不仅是日常会计工作中一个必要的环节,还是审计常用的一个查账方法。通常狭义的对账是指本单位而言的。而广义的对账,不仅需要核对本单位的账证、账账、账实是否相符,还往往需要和外单位的账目相核对。因为在正常情况下,凡与本单位有结算关系的单位,应当此收彼付,彼收此付,金额和时间相符。通过对账,就可以证明本单位账目正确无误,或确定存在的问题,或发现需要进一步查清的线索。下面仅就日常会计工作中的对账加以阐明。

二、对账的内容

日常填制的记账凭证,应当随时审核。万一出现差错,应当在记账之前就查明更正。根据《会计法》的规定,定期对账的内容一般包括以下几个方面。

(一)账证核对

账证核对,即各种账簿记录应该与有关记账凭证或原始凭证核对相符。将账簿记录与会计凭证相核对,这是保证账账相符、账实相符的基础。账证核对工作,平常是通过编制凭证和记账中的"复核"环节进行的,在结账时,对主要内容有疑问之处,应进行重点抽查与核对。

(二)账账核对

账账核对,即账簿与账簿之间的有关数字应核对相符。一般包括:

(1)总分类账中各账户的本期借方发生额合计数和贷方发生额合计数,期末借方余额合计数和贷方余额合计数,应分别核对相符。以检查总分类账户的登记是否正确。

(2)各种明细分类账和现金、银行存款日记账中的本期发生额合计数以及期末余额合计数,应分别与有关总分类账户的相应数字核对相符,以检查两者的登记是否正确。

(3)会计部门各种财产物资明细分类账的结存数,应与财产物资保管或使用部门的有关保管账的结存数核对相符,以检查双方的登记是否正确。

以上各种账簿间的核对,可以直接进行核对,对内容较多的可以通过编表进行核对。

(三)账实核对

账实核对,即账簿记录应与各项财产物资和现金、银行存款的实存数核对相符。这种核对工作又称财产清查。

1. 内部核对

（1）财产物资明细分类账的结存数量应与实存数量核对相符。

（2）现金日记账的余额应与库存现金数核对相符。

（3）银行存款日记账的记录应与银行对账单核对相符。

（4）各种应收、应付款项等明细分类账各账户的余额，应与有关单位或个人核对相符；已上交的税金及其他预交款应与有关监交部门核对相符。

上述账实（包括账物、账款）核对工作中，结算款项一般利用对账单的形式进行核对，各种财产物资一般通过财产清查来进行核对。

2. 外部核对

外部核对是指将有关账户记录与外单位的账目核对，核实有关资产和有关负债的实有数。外部核对也包括在账实核对的范围内。具体包括：

（1）各种应收、应付款项明细分类账的余额，应与有关结算单位或个人核对相符。

（2）有关税金和应交款项账户的余额，应与国库或有关部门核对相符。

（3）对外投资账户的余额和被投资单位的所有者权益核对相符。

三、对账的方法

对账的方法要根据对账的内容来决定。一般的核对方法有三种。

（一）账证核对

账证核对是指将原始凭证、记账凭证与账簿中的各项经济业务，核对其内容、数量、金额和会计科目是否相符。可以逐笔核对，也可抽查核对。如果发现差错，应逐步查对到最初的根据，直到查出差错的原因为止。

（二）账账核对

账账核对一般有三个方面的工作。

1. 检查总分类账的记录

各总分类账户的记录有无差错，可通过编制试算平衡表（即本期发生额及余额表）进行检查；如借贷双方金额不平衡，则说明有差错，要作进一步检查。

2. 总分类账户与所属明细分类账户之间的核对

一般有两种方法：一种是通过编制本期发生额及余额明细表或财产物资的收发结存表等与总分类账户核对，如有不符，则再进一步查找差错所在及原因。另一种是根据各明细分类账户加计的发生额或余额合计数，直接与有关总分类账户的相应数进行核对，以省略上述明细表的编制工作。

3. 财产物资的明细分类账户与保管账(卡)之间的核对

一般是将有关账户的余额(数量或金额)直接与保管账(卡)的余额(数量或金额)核对,如有不符,则再作进一步的查对,找出其差错的原因。

在通常情况下,账证核对、账账核对,可按下列程序进行:

(1) 核对试算表中本期发生额及期末余额栏的借贷两方的合计数是否平衡,如不平衡,应再复算一遍,以防算错。

(2) 如无算错,应再将表中数字与各账户的数字核对一遍,以防抄错或遗漏。

(3) 如无抄错或遗漏,应将各总分类账户和明细分类账户的数字再复算一次,以防发生额或余额算错。

(4) 如各账户的数字没有算错,则须将凭证与账簿进行逐笔核对,检查所登记的账户、方向、金额等有无差错。一般说来,经过以上步骤,除账户对应关系差错等少数情况外,多数差错都能查出。

(三) 账实核对

账实核对是指将账面记录与实物数量进行核对,账实核对必须采用实地盘存的方法。固定资产、原材料、在产品、库存商品、现金等均应盘点实物,并与账面数量核对相符。如发生盘亏、盘盈或毁损情况,应先调整账面数额,将溢缺分别转入"待处理财产盘盈"或"待处理财产盘亏"账户,待查明原因,再按照规定报经批准予以处理。对结算中的债权、债务,可通过对账单、征询函、走访等途径向对方查询核对。经过核对,如发现本单位有错账,应及时更正;如发现对方有错账,应及时通知对方进行更正。

四、更正错账的方法

经上述各项核对之后,若发现账簿记录或凭证记录有错,应根据错误发生的具体情况,采用正确的方法予以更正。更正错误的方法一般有三种。

(一) 划线更正法

1. 适用范围

在记账以后,结账以前发现账簿记录的数字或文字有错误,且这些错误不是由于记账凭证编错,而纯属记账笔误造成时,可采用此法予以更正。

2. 更正方法

先在错误的文字或数字上划两条红线,表示注销,然后将正确文字或数字用蓝字写在红线上面的空白处。对划销的字,应保持原有字迹可辨认,以备查考;对错误的数字,应全部划线,不得只划其中需要更正的数字。按照《会计法》第十五条的规定,错账更正以后,应当"由会计人员和会计机构负责人(会计主管人员)在更正处盖章",以明确责任。

（二）红字更正法

1. 适用范围

记账后发现账簿记录有错误,且这些错误是因为记账凭证上应记科目或者金额错误而造成时,可以采用此方法更正。

2. 更正方法

先用红字金额填制一张内容与错误记账凭证相同的记账凭证,据以用红字登账,以冲销原有的错误记录;然后再以蓝字填制一张正确的记账凭证,据以用蓝字登记入账。无论是用红字金额还是用蓝字金额填制的记账凭证,都需要在其摘要栏内注明"更正第××号凭证错误",以便查考。

【例 7-1】 甲企业购入材料 5 000 元,料款未付。在填制记账凭证时,贷方账户误记为"银行存款",并已据以入账。

(1) 原错误分录如下:

借：原材料　　　　　　　　　　　　　　　　　　　　　　5 000
　　贷：银行存款　　　　　　　　　　　　　　　　　　　　5 000

(2) 用红字更正法更正如下:

先用红字金额冲销原错误分录：

借：原材料　　　　　　　　　　　　　　　　　　　　　　－5 000
　　贷：银行存款　　　　　　　　　　　　　　　　　　　　－5 000

（用"－"表示红字,下同）

(3) 再编制一笔正确分录：

借：原材料　　　　　　　　　　　　　　　　　　　　　　5 000
　　贷：应付账款　　　　　　　　　　　　　　　　　　　　5 000

上述分录过账后,有关账户中的记录如图 7-4 所示。

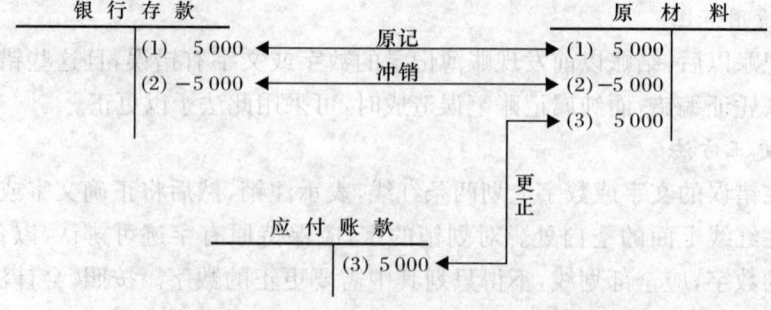

图 7-4　红字更正法有关账户记录图(1)

若上述经济业务在填制记账凭证时,应借、应贷账户未错,只是记载金额大于应记金额,则也可以用红字更正法予以更正。

(1) 原错记的分录如下:

借:原材料 50 000
　　贷:应付账款 50 000

(2) 可将多记的金额 45 000 元用红字金额编制记账凭证,从原记金额中冲销:

借:原材料 －45 000
　　贷:应付账款 －45 000

上述分录过账后,有关账户记录如图 7-5 所示。

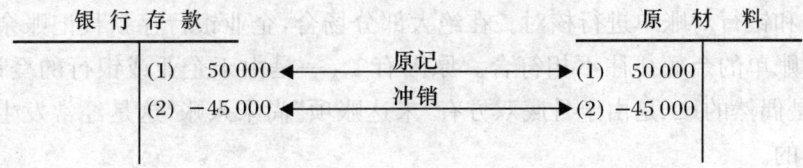

图 7-5　红字更正法有关账户记录图(2)

(三) 补充登记法

1. 适用范围

当记账后发现账簿记录的错误是因为记账凭证上的金额小于实际发生额时,可以采用此方法。

2. 更正方法

将少记的金额填制一张蓝字记账凭证,据以补记入账,补记时应在摘要栏内注明补记"第××号凭证错误",以备查考。

【例 7-2】 甲以 10 000 元现金存入银行。在编分录时把金额误记为 1 000 元,并已登记入账。

(1) 原错误分录如下:

借:银行存款 1 000
　　贷:库存现金 1 000

(2) 发现错误后,可将少记的金额 9 000 元再补编一笔分录如下:

借：银行存款　　　　　　　　　　　　　　　　　　　　　　　　9 000
　　贷：库存现金　　　　　　　　　　　　　　　　　　　　　　　　9 000

上述分录过账后，有关账户的记录如图 7-6 所示。

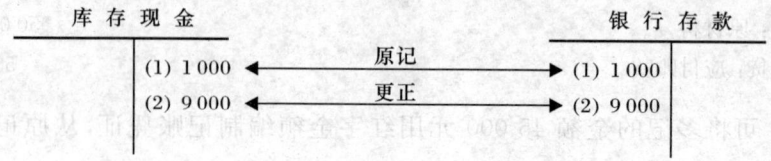

图 7-6　补充登记法有关账户记录图

五、银行存款余额调节表的编制

在对账过程中，有一项很重要的工作，这项工作就是企业银行存款日记账的记录要和银行对账单进行核对。在绝大部分场合，企业银行存款日记账余额，与银行对账单的余额往往不相符合。原因有二：一是由于企业或银行的登记有差错，这是偶然的；二是由于月底双方有"未达账项"尚未入账，这是经常发生的，也是正常的。

所谓未达账项，是指在企业与银行之间，由于凭证传递上的时间差异，一方已经登记入账，而另一方尚未登记入账的账项。具体地说，有下列四种情况：

（1）企业存入银行的款项，企业已作为存款的增加登账，而银行尚未登账。

（2）企业开出的支票或其他委托银行付款的凭证，企业已作为存款的减少登账，而银行尚未登账。

（3）银行代企业收取的款项或支付给企业的利息等，银行已记作企业存款的增加，而企业尚未登账。

（4）银行收到公用事业单位的委托收款凭证，已直接代企业转账支付的水电费等款项，银行已记作企业存款的减少，而企业尚未登账。

在对账过程中，如发现企业有错账，应由企业及时更正，如发现银行有错账，应及时通知银行更正。对于未达账项应通过编制银行存款余额调节表进行调整。现举例说明调节表的编制方法。

【例 7-3】　甲企业 201×年 6 月底银行存款日记账的余额为 40 000 元，银行对账单的余额为 38 890 元，经逐笔核对，发现有下列未达账项：

6 月 27 日，企业开出转账支票 600 元，支付某供应单位款项，银行尚未入账。

6月30日，企业存入转账支票一张，计400元，银行尚未入账。

6月30日，企业存入销货款现金1 200元，银行尚未入账。

6月29日，银行代付水电费260元，企业尚未入账。

6月30日，银行付给企业存款利息150元，企业尚未入账。

根据上述未达账项，编制银行存款余额调节表见表7-10。

表7-10　银行存款余额调节表

201×年6月30日　　　　　　　　　　　　　　　单位：元

项　　目	金　额	项　　目	金　额
企业银行存款日记账余额	40 000	银行对账单余额	38 890
加：企业未入账的收入款项		加：银行未入账的收入款项	
存款利息	150	1. 存入转账支票	400
		2. 存入现金	1 200
减：企业未入账的支出款项		减：银行未入账的支出款项	
银行代付水电费	260	开出转账支票	600
调整后的存款余额	39 890	调整后的存款余额	39 890

由表7-10可见，6月30日，企业银行存款账上的余额和银行对账单上的余额不符，是因为有未达账项。所谓调节，就是从双方账面余额出发，有收入予以增加，有支出予以减少，从而调整为两个一致的余额。如果双方记账无差错，调整后的两个存款余额应该相等；如有不等，应进一步查明更正。

企业月底编制银行存款余额调节表，主要是用以查对双方记账有无错误。对于因未达账项而暂时出现的双方账面余额的差异，无需在账簿上作任何调整。因为一俟双方未达账项在下月初入账后，账目也就互相符合了。

第三节　结　　账

一、结账的概念和内容

在会计期末，即在月度、季度、年度终了时，需要进行结账。结账是一项将账

簿记录定期结算清楚的账务工作。通常,结账工作包括:

(1) 结算各种收入、费用账户,并据以计算确定本期的利润或亏损,把经营成果在账上揭示出来。

(2) 要结算各个资产、负债、所有者权益的总分类账户和明细分类账户,分别结出它们的本期发生额及期末余额。

(3) 将期末余额结转为下期的期初余额。

通过结账,使前后期的账簿记录既前后连贯,又可以划分清楚,不致混淆。

二、结账之前的准备工作

结账前,通常要做好下列各项准备工作:

(1) 详细查明本期内日常发生的经济业务是否都已填制记账凭证,并据以记入各种账簿。如果发现漏账,应当及时补记。

(2) 实行权责发生制的企业,应调整账项,按照权责发生制的要求来反映本期的收入和费用。

(3) 按照一定的标准分配制造费用,完整反映生产成本账户的情况。

(4) 计算确定完工产品成本,严格区分在产品成本和完工产品成本的界限,将完工产品成本转入库存商品账户。

(5) 计算确定本期的主营业务成本,以便与本期的主营业务收入相配比,确定本期的经营成果。

(6) 进行对账,确保账证相符、账账相符和账实相符。

三、收入、费用、利润(亏损)的计算和结账

(一)利润的计算

工业企业的利润是由主营业务利润、其他业务利润、投资收益、营业外收入和营业外支出五个部分组成的。计算过程如下:

1. 营业利润

$$营业利润 = 营业收入 - 营业成本 - 税金及附加 - 销售费用 - 管理费用 - 财务费用 + 投资收益 - 资产减值损失 \pm 公允价值变动损益$$

2. 利润总额

$$利润总额 = 营业利润 + 营业外收入 - 营业外支出$$

3. 净利润

净利润＝利润总额－所得税费用

（二）账户的设置

为了计算确定企业在生产经营中所实现的利润（或发生的亏损），需要设置一个"本年利润"账户。结账时，应将本期所有收入费用账户的本期发生额全部转入"本年利润"账户，"本年利润"账户的借贷差额就是本年度的盈利或者亏损。

（三）结账过程

首先将"主营业务收入""其他业务收入"账户贷方发生额转入"本年利润"账户的贷方，把"主营业务收入""其他业务收入"账户结平。

将本期"主营业务成本""税金及附加""其他业务成本""销售费用""管理费用""财务费用"账户的借方发生额，分别转入"本年利润"账户的借方，结平各该账户。

这样，在"本年利润"账户里就汇集了计算营业利润的各个因素，"本年利润"的贷差，即贷方金额大于借方金额之差，反映本期实现的营业利润；反之，"本年利润"账户的借差，即为本期发生的营业亏损。

随后将"投资收益""营业外收入"转入"本年利润"的贷方。将"营业外支出"账户转入"本年利润"账户的借方。结平"投资收益""营业外收入""营业外支出"账户。这些项目结账完毕以后，"本年利润"账户的贷差，就是利润总额；反之，就是净亏损。在年内每个月的月末，"本年利润"账户的月末余额加上"利润分配——未分配利润"账户年初余额，就是到本期为止累计实现的利润（或者亏损）。到年末，不管"本年利润"账户产生贷差（盈利）还是借差（亏损），其余额都要转入"利润分配——未分配利润"，将"本年利润"账户结平。

举例：继续以红光公司为例。说明收入费用结账的会计处理过程。

在前面的资料中，红光公司 2015 年 1 月 31 日有关收入和费用的账户资料如下：

主营业务收入（见第 97 页"T"形账）	1 354 000
其他业务收入（见第 97 页"T"形账）	7 000
营业外收入（见第 97 页"T"形账）	16 000
主营业务成本（见第 140 页"T"形账）	1 010 000

其他业务成本(见第97页"T"形账)	1 100
税金及附加(见第111页"T"形账)	68 850
管理费用(见第96页"T"形账)	39 800
财务费用(见第111页"T"形账)	350
销售费用(见第97页"T"形账)	5 300

根据以上记录,计算确定本月份主营业务利润、其他业务利润和本月实现的利润数额如下:

营业收入＝1 354 000＋7 000＝1 361 000(元)

营业成本＝1 010 000＋1 100＝1 011 100(元)

营业利润＝1 361 000－1 011 100－68 850－39 800－350－5 300
　　　　＝235 600(元)

利润总额＝235 600＋16 000＝251 600(元)

结转本期产品销售收入和有关成本、费用,计算确定本期实现的利润。应编制的会计分录如下:

【业务53】 结转销售收入。

　　借:主营业务收入　　　　　　　　　　　　　　　　1 354 000
　　　　贷:本年利润　　　　　　　　　　　　　　　　　　1 354 000

【业务54】 结转销售成本。

　　借:本年利润　　　　　　　　　　　　　　　　　　1 010 000
　　　　贷:主营业务成本　　　　　　　　　　　　　　　　1 010 000

【业务55】 结转税金及附加。

　　借:本年利润　　　　　　　　　　　　　　　　　　68 850
　　　　贷:税金及附加　　　　　　　　　　　　　　　　　68 850

【业务56】 结转其他业务收入。

　　借:其他业务收入　　　　　　　　　　　　　　　　7 000
　　　　贷:本年利润　　　　　　　　　　　　　　　　　　7 000

【业务57】 结转其他业务成本。

　　借:本年利润　　　　　　　　　　　　　　　　　　1 100
　　　　贷:其他业务成本　　　　　　　　　　　　　　　　1 100

【业务58】 结转期间费用。

借：本年利润 45 450
　　贷：管理费用 39 800
　　　　销售费用 5 300
　　　　财务费用 350

【业务59】 结转营业外收入。

借：营业外收入 16 000
　　贷：本年利润 16 000

(四) 利润(亏损)计算和结账的账户钩稽关系

利润(亏损)计算和结账的账户钩稽关系如图7-7所示。

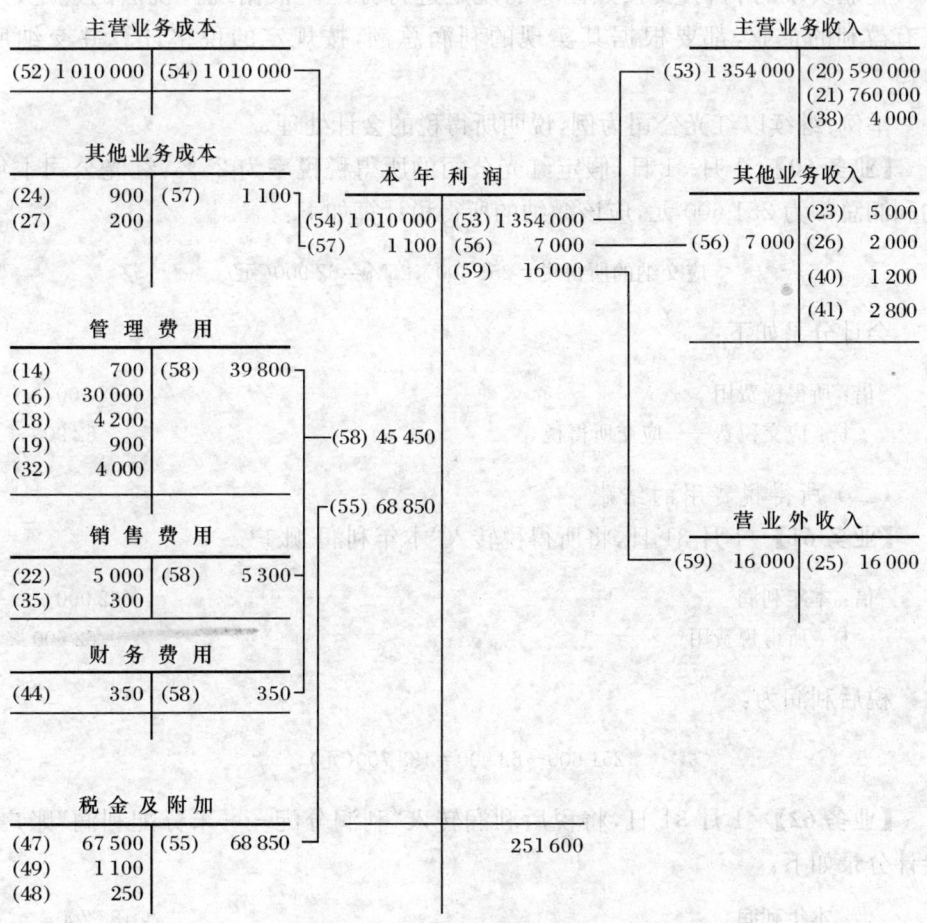

图 7-7　利润(亏损)计算和结账账户钩稽关系图

从图 7-7 可以看出,经过结账,各收入账户和各成本、费用账户期末均无余额。"本年利润"账户的贷方本期发生额减去其借方本期发生额后的差额 251 600 元,即为 1 月份所实现的利润总额。

第四节 利润分配

一、所得税的计算和账务处理

(一)所得税的计算及处理

企业实现的利润,要按照国家的规定进行分配。根据现行税法的规定,凡获有盈利的企业,都要根据其实现的利润总额,按规定的税率计算并交纳所得税。

举例:继续以红光公司为例,说明所得税的会计处理。

【业务 60】 1 月 31 日,假定红光公司的所得税税率为 25%,红光公司本年的利润总额为 251 600 元,应该缴纳的所得税计算如下:

$$应交纳的所得税 = 251\ 600 \times 25\% = 62\ 900(元)$$

会计分录如下:

借:所得税费用　　　　　　　　　　　　　　　　　　　62 900
　贷:应交税费——应交所得税　　　　　　　　　　　　　　62 900

(二)所得税费用的结账

【业务 61】 1 月 31 日,将所得税转入"本年利润"账户。

借:本年利润　　　　　　　　　　　　　　　　　　　　62 900
　贷:所得税费用　　　　　　　　　　　　　　　　　　　　62 900

税后利润为:

$$251\ 600 - 62\ 900 = 188\ 700(元)$$

【业务 62】 1 月 31 日,将税后利润转入"利润分配——未分配利润"账户,会计分录如下:

借:本年利润　　　　　　　　　　　　　　　　　　　　188 700
　贷:利润分配——未分配利润　　　　　　　　　　　　　188 700

(三)所得税核算的账户钩稽关系

上述的核算过程中账户钩稽关系如图 7-8 所示。

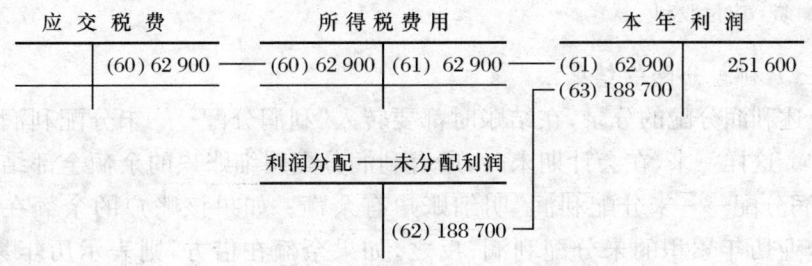

图 7-8 所得税核算账户钩稽关系图

二、税后利润的分配

(一)税后利润的分配顺序

按照《公司法》的规定,税后利润按照下列顺序进行分配,弥补以前年度的亏损、计算和提取法定盈余公积、任意盈余公积,在提取了上述各项公积以后,剩余的利润可以向投资者分配。未分配的利润构成企业的一项留存收益。

(二)税后利润分配的处理

利润的分配情况,应当专设一个"利润分配"账户加以反映,在"利润分配"账户下,应当根据利润分配的情况设置相应的明细账户。

举例:继续以红光公司为例,说明税后利润分配的核算方法。

【业务 63】 1月31日,红光公司按税后利润的10%提取法定盈余公积。

法定盈余公积=188 700×10%=18 870(元)

借:利润分配——提取法定盈余公积　　　　　　　　　　　　　18 870
　　贷:盈余公积——法定盈余公积　　　　　　　　　　　　　　　　18 870

【业务 64】 1月31日,红光公司按15%提取任意盈余公积。

任意盈余公积=188 700×15%=28 305(元)

借:利润分配——提取任意盈余公积　　　　　　　　　　　　　28 305
　　贷:盈余公积——任意盈余公积　　　　　　　　　　　　　　　　28 305

【业务 65】 1月31日,按税后利润的20%向投资者分配现金股利。

分配现金股利＝188 700×20％＝37 740(元)

借：利润分配——向所有者分配　　　　　　　　　　　　　　　37 740
　　贷：应付股利　　　　　　　　　　　　　　　　　　　　　　37 740

（三）利润分配的结账

上述利润分配的分录,在结账时都要转入"利润分配——未分配利润"账户的借方。这样一来,在会计期末时,所有利润分配明细账户的余额全部结清,只有"利润分配——未分配利润"明细账户有余额。如果该账户的余额在贷方,表示企业历年累积的未分配利润;反之,如果余额在借方,则表示历年累积的亏损。

【业务66】　1月31日,红光公司结转利润分配：

借：利润分配——未分配利润　　　　　　　　　　　　　　　　84 915
　　贷：利润分配——提取法定盈余公积　　　　　　　　　　　　18 870
　　　　　　　　——提取任意盈余公积　　　　　　　　　　　　28 305
　　　　　　　　——应付普通股股利　　　　　　　　　　　　　37 740

（四）利润分配处理的账户钩稽关系

上述利润分配处理的账户钩稽关系如图7-9所示。

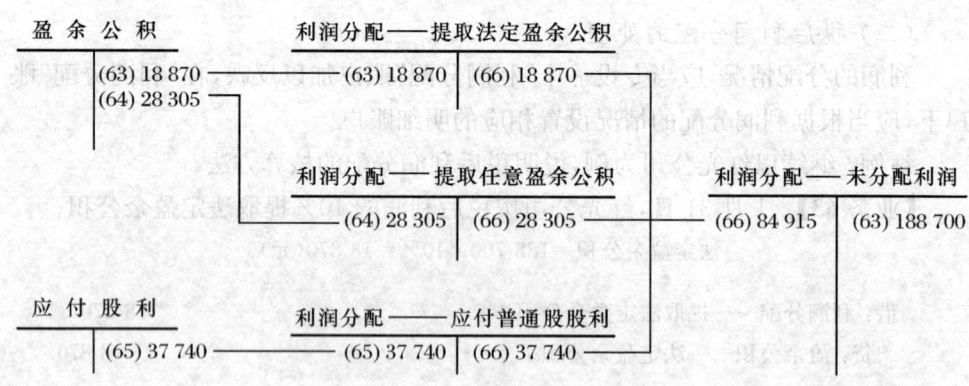

图7-9　利润分配处理账户钩稽关系图

将[业务39]至[业务66]的经济业务记入"T"形账户(工作底稿),如图7-10所示。

根据"T"形账户(工作底稿)编制红光公司[业务39]至[业务66]科目汇总表,见表7-11(参见第十章,第三节)

银行存款

(39)	7 200	(42)	7 200

生产成本

(50)	42 000	(51)	469 600
(50)	58 000	(51)	498 400
	100 000		968 000

制造费用

(43)	300	(50)	100 000
(44)	400		
(46)	12 700		
13 400			100 000

库存商品

(51)	469 600	(52)	480 000
(51)	498 400	(52)	530 000
	968 000		1 010 000

其他应收款

(41)	2 800		

长期待摊费用

(42)	7 200	(43)	300

税金及附加

(47)	67 500	(55)	68 850
(48)	250		
(49)	1 100		
68 850			68 850

所得税费用

(60)	62 900	(61)	62 900

累计折旧

		(46)	12 700

其他应付款

(40)	1 200	(39)	7 200
		(44)	400
12 00			7 600

本年利润

(54)	1 010 000	(53)	1 354 000
(55)	68 850	(56)	7 000
(57)	1 100	(59)	16 000
(58)	45 450		
(61)	62 900		
(62)	188 700		
	13 770 00		1 377 000

盈余公积

		(63)	18 870
		(64)	28 305
			47 175

其他业务收入

(56)	7 000	(40)	1 200
		(41)	2 800
	70 00		4 000

其他业务成本

		(57)	1 100

财务费用

(45)	350	(58)	350

管理费用

		(58)	39 800

销售费用

		(58)	5 300

应付利息

		(45)	350

应交税费

		(47)	67 500
		(48)	250
		(49)	1 100
		(60)	62 900
			131 750

应付股利

		(65)	37 740

利润分配——未分配利润

(66)	84 915	(62)	188 700

利润分配——提取法定盈余公积

(63)	18 870	(66)	18 870

利润分配——提取任意盈余公积

(64)	28 305	(66)	28 305

利润分配——向所有者分配

(65)	37 740	(66)	37 740

营业外收入

(59)	16 000		

主营业务收入

(53)	1 354 000		

主营业务成本

(52)	1 010 000	(54)	1010 000

图 7-10 红光公司结账和利润分配“T”形账户示意图

表 7-11　红光公司科目汇总表

2015 年 1 月 31 日

[业务 39] 至 [业务 66]　　　　　　　编号：汇 2

科目编号	科　　目	本期发生额	
		借方金额	贷方金额
1002	银行存款	7 200	7 200
1221	其他应收款	2 800	
1405	库存商品	968 000	1 010 000
1602	累计折旧		12 700
1801	长期待摊费用	7 200	300
5001	生产成本	100 000	968 000
5101	制造费用	13 400	100 000
2221	应交税费		131 750
2231	应付利息		350
2232	应付股利		37 740
2241	其他应付款	1 200	7 600
4101	盈余公积		47 175
4104	利润分配	84 915	188 700
		18 870	18 870
		28 305	28 305
		37 740	37 740
4103	本年利润	1 377 000	1 377 000
6001	主营业务收入	1 354 000	
6401	主营业务成本	1 010 000	1 010 000
6051	其他业务收入	7 000	4 000
6402	其他业务成本		1 100
6403	税金及附加	68 850	68 850
6301	营业外收入	16 000	
6601	销售费用		5 300
6602	管理费用		39 800
6603	财务费用	350	350
	所得税费用	62 900	62 900
	合　计	5 165 730	5 165 730

第五节　余额及发生额结计

一、月末余额的结计

结账时,要结计各个账户的本期发生额和期末余额,并加以划线结束,然后将期末余额结转下期。月终结账时,可在账户记录的最末一行之下划一道单红线。在下一行"摘要"栏内注明"本期发生额和期末余额",然后再在"本期发生额和期末余额"行之下划一道单红线,以表示本期账簿记录已经结束。紧接下一行,在"日期"栏填写下月的1日。在"摘要"栏注明"期初余额",并在"金额"栏将上期期末余额转为本期的期初余额。下一个月份的经济业务,即可在期初余额以下接续登记。举例见表7-12。

表7-12　总分类账

总账科目：原材料

| 2015年 | | 凭证号码 | 摘要 | 借方金额 | 贷方金额 | 借或贷 | 结余金额 |
月	日						
1	1	7	期初余额			借	14 000
		8	购进	168 000		借	182 000
		9	购进	18 000		借	200 000
			领用		150 000	借	50 000
1	31		本期发生额	186 000	150 000		
			期初余额	14 000			
			期末余额		50 000		
			合计	200 000	200 000		
2	1		期初余额			借方	50 000

对于期末没有余额的各个收入、费用、成本等账户,在加计借贷发生额,显示双方金额相等后,应在其下划一道双红线,以表示该账户月底已结平。下月份在双红线之下接续登记。如果需要在账户中反映年初至本期止累计发生额的,可在"本月发生额和期末余额"行下,增加"本年累计"一行。其下也划一道单红线,把它与下月记录分开。本年累计数可根据上期累计数和本期发生数加算后计入。

二、年末余额的结计

年度结账时,则要将各个账户结平,并将各账户余额结转到下年度新开的账户中去。结转时,可在上年账户最后一笔记录的下一行"摘要"栏内,注明"结转下年"字样,并以与期末余额相反的方向,以同一数额记入"借方"或"贷方"金额栏内,即借方期末余额记入"贷方"金额栏,贷方期末余额记入"借方"金额栏,然后在其下划一道单红线,并结出借、贷方合计数,再在其下划一道双红线,以表示该账户已在本年底结束。在下年度新开的账户第一行填写日期1月1日,在"摘要"栏中注明"上年结转"字样,并记入余额。上年为借方余额的,结转至下年仍为借方余额;贷方余额亦同。举例见表7-13。

表 7-13 总 分 类 账

账户名称:应收账款

2015年		凭证号	摘 要	借方金额	贷方金额	借或贷	结余余额
月	日						
1	1		上年结转			借	30 000
			(略)	(略)	(略)		
			(略)	(略)	(略)	借	10 000
12	31		本年发生额	250 000	270 000		
			年初余额	30 000			
			年末余额		10 000		
			合计	28 0000	280 000		

应收账款下年初开新账见表7-14。

表 7-14 总 分 类 账

账户名称:应收账款

2016年		凭证号	摘 要	借 方	贷 方	借或贷	余 额
月	日						
1	1		上年结转			借	10 000

第八章 会计凭证

第一节 会计凭证的作用及种类

一、会计凭证的作用

会计凭证是具有一定格式，用以记录经济业务的发生和完成情况，明确经济责任的书面证明，也是登记账簿的依据。填制和审核会计凭证，是整个会计工作的基础和起点，也是会计核算工作的首要环节，是会计信息处理的重要方法之一，它对会计核算过程、会计资料质量起着至关重要的作用。会计凭证的作用，归纳起来主要有下面几方面。

（一）反映经济活动

任何一笔经济业务的发生，都必须填制会计凭证。会计凭证上记录着经济业务活动发生的时间、内容（包括数量、金额及完成情况）。通过认真填制和严格审核会计凭证，保证经济业务如实地反映在会计凭证上。

（二）为记账提供依据

认真填制和严格审核会计凭证，为账簿记录提供了真实、可靠的依据，使账簿记录与实际情况相符，保证了会计核算资料的真实性与准确性，从而保证会计核算的准确性。并为分析、检查经济活动和财务收支情况，提供确切可靠的原始资料。

（三）监督、控制经济活动

通过凭证审核，可以检查每笔经济业务是否符合有关政策、法令、制度，是否执行了计划和预算，有无铺张浪费和违纪行为，从而保护了财产安全，起到了会计监督和控制的作用。

（四）便于分清经济责任，加强经济责任制

由于每一项经济业务都要填制或取得会计凭证，并且在凭证上都要求有关经手人签名盖章,以明确在业务处理中所负的责任,这样就加强了有关部门和人员的责任感,促使他们在自己的职责范围内严格按照政策、法令、制度、计划和预算办事,保证了经济业务的正常运行。而且一旦出现问题,还便于检查和分清责任,从而加强经济责任制。

(五)为日后审计提供了依据

会计凭证必须妥善保存 15 年以上直至永久。这些会计凭证为经济案件的事后审计提供了有力的法律证据,也为会计机构审核经济业务提供了条件。会计机构取得了会计凭证,就能了解到经济业务发生的时间和内容,通过对其审核,就可检查经济业务是否合理、合法、合规,以发挥会计的监督作用,就可抵制违法乱纪行为,严肃财经纪律,以保证财产的安全及合理使用。

二、会计凭证的分类

为了较好地了解和掌握各种不同会计凭证,可以按照不同标准对会计凭证进行分类。按用途和填制程序,会计凭证分为原始凭证和记账凭证两大类。这是最基本的分类。

(一)原始凭证

原始凭证又称单据,是在经济业务发生或完成时取得或填制的,用以记录或证明经济业务的发生或完成情况的书面证明,是记账的原始依据,也是会计核算的重要资料。原始凭证是反映经济业务最初面目,最原始情况的凭证。一切经济业务在发生时,都应由有关部门或人员向会计部门提供一种单据即原始凭证,它能够证明它所记录的经济业务的实际情况,证明执行或完成该项经济业务的有关部门或人员所负的经济责任。因而它可以作为记账的原始依据,并具有法律效力。凡不能证明业务已执行或完成的书面文件,如派工单、请购单等,均不能算作原始凭证,而只能当作主要原始凭证的附件。

1. 自制原始凭证和外来原始凭证

按取得来源不同,原始凭证分为自制原始凭证和外来原始凭证两类。

(1)自制原始凭证。自制原始凭证是由本单位经办业务的部门或人员在执行或完成某项经济业务时自行填制的凭证。常见的有收料单、领料单、工资结算单,制造费用分配表等。收料单是仓库验收材料入库的原始凭证,一般为三联:第一联为存根,留供应部门;第二联为记账联,留会计部门,作为入库材料核算的依据;第三联为保管联,留仓库作为仓库材料明细账的记账依据。其格式见表 8-1。

表 8-1 收 料 单

供货单位：　　　　　　　　年　月　日　　　　　　　凭证编号：
发票号码：　　　　　　　　　　　　　　　　　　　　　收料仓库：

材料编号	材料名称及规格	计量单位	数量		价　　格	
			应收	实收	单价	金额
备　注					合计	

仓库负责人：　　　　记账：　　　　仓库保管：　　　　收料：

第一联

领料单是仓库发出材料的原始凭证,一般有四联：第一联为存根联,留领料部门备查或作为车间二级核算的原始凭证；第二联为记账联,留会计部门作为出库材料核算的依据；第三联为保管联,留仓库作为仓库材料明细账的发出依据；第四联为业务联,留供应部门作为物资供应统计的依据。其格式见表 8-2。

表 8-2 领 料 单

领料单位：　　　　　　　　年　月　日　　　　　　　仓库发料第　号

用　途		车　间　用		产品批量			订单号		
材料类别	材料编号	材料名称	规格	计量单位	数量		单价	金额	
					请领	实发			
备注									

核算：　　　　主管：　　　　发料：　　　　主管：　　　　领料：

二、财务存

(2) 外来原始凭证。外来原始凭证是指在经济业务发生或完成时,从其他单位或个人取得的原始凭证。外来凭证一般都是一次性凭证,比如增值税专用发票。增值税专用发票是一般纳税人在销售货物时开具的销货发票,一式四联,销货单位和购货单位各两联。销货单位的两联,一联存有关业务部门,一联作为会计机构的记账凭证；交购货单位的两联,一联作为购货单位的结算凭证,一联作为税款的抵扣凭证。其格式见表 8-3。

出差时的各种费用单据,承运部门出售的火车票、船票、飞机票,由供货单位开出的普通发货票,由收款单位或个人开出的现金收据,格式见表 8-4。

表 8-3 上海增值税专用发票

3100084140　　　　　　　　　　　　　　　　　　NO:10871641

　　　　　　　　　　　　　　　　　　　　　　开票日期：

购货单位	名　　称：		密码区					
	纳税人识别号：							
	地　址、电　话：							
	开户行及账号：							
货物或应税劳务名称	规格型号	单位	数量	单价	金额	税率	税额	
合　计								
价税合计（大写）					（小写）			
销货单位	名　　称：		备注					
	纳税人识别号：							
	地　址、电　话：							
	开户行及账号：							

收款人：　　　复核：　　　开票人：　　　　销货单位:（章）

第三联：发票联　购货方记账凭证

表 8-4　收　　据

　　　　　　年　　月　　日　　　　　　　　　　No

付款单位＿＿＿＿＿＿＿＿＿＿　收款方式＿＿＿＿＿＿＿＿＿＿

人民币（大写）＿＿＿＿＿＿＿＿＿＿＿＿￥

收款事由＿＿＿＿＿＿＿＿＿＿＿＿＿＿＿＿＿＿＿＿

收款单位（盖章）：　　审核：　　经手：　　　　出纳：

第　联

2. 一次原始凭证、累计原始凭证和汇总原始凭证

按其填制的手续及内容不同，原始凭证可以分为一次原始凭证、累计原始凭证和汇总原始凭证。

（1）一次原始凭证是指填制手续一次完成的凭证，是对一项经济业务或若干项同类经济业务，在其发生后一次填制完毕的原始凭证，如现金收据，发货票等。外来凭证一般都是一次凭证，自制原始凭证则不全是一次凭证。一次凭证

只能一次有效。

(2) 累计原始凭证是指一定时期内,将连续发生的若干项同类经济业务登记在一起,至期末按其累计数作为记账依据的原始凭证。累计凭证的特点是填制手续分次完成,在一张凭证上累计登记同类经济业务。它一般为自制原始凭证,具有代表性的为限额领料单,格式见表 8-5。

表 8-5 限 额 领 料 单

领料单位：　　　　　　　　　生产订单号　　　　　　　　年　　月
　　　　　　　　　　　　　　　　　　　　　　　　　　仓库限发字　号

材料类别	材料编号	材料名称	规格	计量单位	全月限额数	全月领用数	单价	金额

供应科长_____　　　　　生产计划科长_____

领料记录	月	日	请领数	实领数	发料人	领料人	月	日	请领数	实领数	发料人	领料人

核算：　　　　　　　仓库主管：　　　　　　　发料：

二、财务存

(3) 汇总原始凭证也称原始凭证汇总表,它是指根据一定时期内若干张同类性质的经济业务的原始凭证加以汇总而填制,至期末按其汇总数作为记账依据的原始凭证。它合并了同类业务,简化了记账工作量。在一张汇总凭证中,只能反映一类业务,如发料凭证汇总表(格式见表 8-6)、收料凭证汇总表、工资汇总表等。一般汇总凭证都是自制凭证。

(二) 记账凭证

1. 记账凭证的概念

记账凭证是会计人员根据审核无误的原始凭证或原始凭证汇总表归类、整理,确定会计分录,简要说明经济业务内容编制的,作为登记账簿直接依据的会计凭证。

2. 收款凭证、付款凭证和转账凭证

记账凭证按所反映的内容划分可分为收款凭证、付款凭证和转账凭证。

表 8-6　发料凭证汇总表

2015 年 6 月 30 日　　　　　　　　　　　　　　　　　　　　单位：元

领料单位	材料名称	用途	单位	数量	单价		总成本	
					计划	实际	计划	实际
一车间	A 材料	甲产品	千克	1 000	120		120 000	
二车间	B 材料	乙产品	千克	2 000	60		120 000	
机修车间	A 材料	一般耗用	千克	2 500	120		300 000	
二车间	A 材料	乙产品	千克	3 600	120		432 000	
厂部	C 材料	一般耗用	千克	1 000	100		100 000	
销售科	配件	一般耗用	千克	500	10		5 000	
二车间	C 材料	乙产品	千克	1 400	100		140 000	
合　计				12 000			1 217 000	

会计主管：　　　　审核：　　　　　　材料：　　　　　　　　　保管：

（1）收款凭证专门用于登记现金和银行存款收入的业务。收款凭证根据有关现金和银行存款收入业务的原始凭证填制，是登记现金日记账、银行存款日记账以及有关明细账和总账等账簿的依据，也是出纳人员收讫款项的依据。

【例 8-1】　收回 A 公司所欠的购货款 10 000 元存入银行。

这笔经济业务使企业收到一笔银行存款，所以编制收款凭证，见表 8-7。

表 8-7　收 款 凭 证

借方科目　银行存款√　　　　2015 年 6 月 5 日

总号　64
分号　收5

摘要	应贷科目		金　　额									
	一级科目	二级和明细科目		亿	千	百	十	万	千	百	十	元	角	分
收到货款	应收账款	A 公司	√					1	0	0	0	0	0	0
合　计							￥	1	0	0	0	0	0	0

附件一张

财务主管：　　记账：　　　　出纳：　　　　复核：　　　　　　制单：

（2）付款凭证专门用于登记现金和银行存款支出的业务。付款凭证根据有关现金和银行存款支付业务的原始凭证填制，是登记现金日记账、银行存款日记账以及有关明细账和总账等账簿的依据,也是出纳人员支付款项的依据。

【例8-2】 从银行提取现金3 000元。

这笔经济业务使银行存款减少,因此应当编制付款凭证(在涉及现金和银行存款之间相互划转的经济业务中,即存取现金业务或提取现金业务一律以减少方为主编制付款凭证,不编收款凭证),见表8-8。

表8-8 付 款 凭 证

总号 65　　分号 付5

贷方科目　银行存款✓　　2015年6月12日

摘要	应借科目			金　　　额									
	一级科目	二级和明细科目		亿	千	百	十	万	千	百	十	元	角	分
提取现金	库存现金		✓						3	0	0	0	0	0
合　计								¥	3	0	0	0	0	0

附件一张

财务主管:　　　记账:　　　出纳:　　　复核:　　　制单:

收款凭证和付款凭证中的"款",指的是现金和银行存款,所以收款凭证可以再分为现金收款凭证和银行存款收款凭证,付款凭证可以再分为现金付款凭证和银行存款付款凭证。它们是根据货币资金收付业务的原始凭证填制的。出纳人员收、付款的唯一依据就是经会计主管人员或指定人员审批的收付款凭证,而不是办理收、付款业务的原始凭证。

(3)转账凭证是用来记录转账业务(即不牵涉货币资金收付的业务)的凭证,它根据转账业务的原始凭证填制,是直接登记总账及有关明细账的依据。

【例8-3】 领取原材料5 000元用于甲产品的生产。

这笔经济业务既没有现金(银行存款)流入,也没有现金(银行存款)流出,也就是说不涉及现金或银行存款,因此编制转账凭证,见表8-9。

为便于识别,不同专用凭证用不同颜色印刷。一般说来,收款凭证用红色,付款凭证用绿色,转账凭证用黑色。

3. 通用记账凭证

通用记账凭证是指不分收款、付款和转账,各类经济业务共同使用的凭证,亦称作标准凭证。业务比较单纯、业务量也较少的单位,适宜使用这类记账凭证。

表 8-9 转 账 凭 证

2015 年 6 月 15 日

总号	66
分号	转5

摘要 生产甲产品领用 A 材料				金 额	
应借科目		贷方科目			
一级科目	二级和明细科目	一级科目	二级和明细科目	亿千百十万千百十元角分	
生产成本	甲产品	原材料	A 材料	√	5 0 0 0 0 0
		合 计		¥ 5 0 0 0 0 0	

附件一张

财务主管：　　　记账：　　　　　　复核：　　　　　制单

【例 8-4】 以银行存款 500 元购买办公用品。

这笔经济业务可使用的通用记账凭证见表 8-10。

表 8-10 记 账 凭 证

2015 年 6 月 15 日

总号	52
分号	

摘 要	总账科目	明细科目	借 方 亿千百十万千百十元角分	贷 方 亿千百十万千百十元角分
购文具	管理费用	办公费	5 0 0 0 0 √	
	银行存款			5 0 0 0 0 √
	合 计		¥ 5 0 0 0 0	¥ 5 0 0 0 0

财会主管：　　　记账：　　　出纳：　　　复核：　　　制单：

4. 复式记账凭证、单式记账凭证和汇总记账凭证

记账凭证按其填制方法分可分为复式记账凭证、单式记账凭证和汇总记账凭证。

（1）复式记账凭证又称多科目记账凭证，特点是业务涉及的全部科目集中填列在一张记账凭证上。其优点是：可以集中反映账户的对应关系；减少填制记账凭证的工作，减少记账凭证的数量。其缺点是：不便于汇总计算每一会计科目的发生额，不便于记账分工。收、付款凭证和转账凭证都属于复式记账凭证。表 8-7 至表 8-10 都是复式记账凭证。

(2) 单式记账凭证又称单科目记账凭证,特点是把某项业务涉及的每个科目,分别填制两张或两张以上的记账凭证。每张凭证只填一个科目,其对方科目仅供参考,不凭以记账。优点:便于分工记账;缺点:填制记账凭证的工作量大,出现差错不易查找。

【例 8-5】 向甲厂销售 A 产品一批,收到价款 10 000 元,增值税额 1 700 元,存入银行。

这笔经济业务涉及三个会计科目,就需要用三张单式记账凭证,见表 8-11。

表 8-11 单式记账凭证(一) 借项记账凭证

2015 年 6 月 15 日　　　凭证编号　记字第 198 1/3 号

摘　　　要	总账科目	明细科目	账　页	金　额
销售给甲厂 A 产品一批	银行存款			11 700
对应总账科目:主营业务收入, 　　　　　　应交税费		合　　计		¥11 700

会计主管:　　　记账:　　　审核:　　　制单:

单式记账凭证(二) 贷项记账凭证

2015 年 6 月 15 日　　　凭证编号　记字第 198 2/3 号

摘　　　要	总账科目	明细科目	账　页	金　额
销售给甲厂 A 产品一批	主营业务收入	A 产品		10 000
对应总账科目:银行存款		合　　计		¥10 000

会计主管:　　　记账:　　　审核:　　　制单:

单式记账凭证(三) 贷项记账凭证

2015 年 6 月 15 日　　　凭证编号　记字第 198 3/3 号

摘　　　要	总账科目	明细科目	账　页	金　额
销售给甲厂 A 产品一批	应交税费	应交增值税		1 700
对应总账科目:银行存款		合　　计		¥1 700

会计主管:　　　记账:　　　审核:　　　制单:

(3) 汇总记账凭证是将许多同类记账凭证逐日或定期(3 天、5 天、10 天等)加以汇总后填制的凭证。如将收款凭证、付款凭证或转账凭证按一定的时间间隔分别汇总,编制汇总收款凭证、汇总付款凭证或汇总转账凭证;又如,将一段时间的记账凭证按相同会计科目的借方和贷方分别汇总,编制记账凭证汇总表(格式见表 8-12),等等。

表 8-12　科 目 汇 总 表

2015年6月1日至6月15日

编号:	记汇第11号	自第1号至12号	自第1号至22号	自第1号至19号
	现金	银行存款	转账	
凭证号数				

会计科目	总页	借方 千百十万千百十元角分	贷方 千百十万千百十元角分
库存现金		5 800.00	4 022.00
银行存款		81 520.00	60 500.00
应收账款		2 840.00	
交易性金融资产		50 000.00	
固定资产		500 800.00	
累计折旧			1 424.00
应付账款		52 240.00	7 825.00
主营业务收入			810 850.00
管理费用		4 300.00	
财务费用			
合　计		¥884 626.00	¥884 626.00

制表:　　　　复核:　　　　记账:　　　　财务主管:

第二节 原始凭证的填制和审核

一、原始凭证的填制

填制原始凭证是会计核算工作的起点和基础。《会计法》第十条规定:"下列经济业务事项,应当办理会计手续,进行会计核算:(一)款项和有价证券的收付;(二)财物的收发、增减和使用;(三)债权债务的发生和结算;(四)资本、基金的增减;(五)收入、支出、费用、成本的计算;(六)财务成果的计算和处理;(七)需要办理会计手续、进行会计核算的其他事项。"《会计法》第十四条规定:"办理本法第十条所列的经济业务事项,必须填制或者取得原始凭证并及时送交会计机构。"

(一)原始凭证的基本内容

因为经济业务的性质不同,所以记录不同经济业务的原始凭证的形式和具体内容也有所不同。但客观地、真实地记录和反映经济业务的发生、完成情况,是所有原始凭证的共同要求,这一共同要求决定了每种原始凭证都必须具备以下几方面的基本内容:

(1)原始凭证的名称。
(2)填制凭证的日期和凭证的号码。
(3)填制凭证单位的名称及公章(或专用章)。
(4)经办人的签名盖章。
(5)经济业务的内容。
(6)经济业务的数量、计量单位、单价和金额。
(7)接受凭证单位的名称。
(8)原始凭证的附件(如与业务有关的经济合同、费用预算等)。

(二)原始凭证填制的基本要求

原始凭证既是具有法律效力的书面证明,又是进行会计处理的基础,为了保证原始凭证能够及时、准确、清晰地反映经济业务的真实情况,提高会计工作质量,填制原始凭证时必须严格遵守以下要求:

(1)真实可靠,即如实填列经济业务内容,不弄虚作假,不涂改、挖补。
(2)内容完整,即应该填写的项目要逐项填写(接受凭证方应注意逐项验明),不可缺漏,尤其需要注意的是,年、月、日要按照填制原始凭证的实际日期填写；名称要写全不能简化；品名或用途要填写明确，不能含糊不清；有关人员的签章必须齐全。

（3）填制及时，即每当一项经济业务发生或完成，都要立即填制原始凭证，做到不积压、不误时、不事后补制。

（4）书写清楚，即原始凭证上的数字和文字，要认真填写，做到字迹清晰、整齐和规范，易于辨认。不得使用未经国务院公布的简化汉字；大小写金额数字要符合规格。一旦出现书写错误，不得随意涂改、刮擦、挖补，应按规定办法更改。有关货币资金收付的原始凭证，如果填写错误，不允许在凭证上进行更改，只能加盖"作废"戳记，重新填写，以免错收错付。

阿拉伯数字应逐个书写清楚，不得连写；金额前应冠以人民币符号"￥"，中间不留空位。以元为单位的金额数字一律填写到角分，无角分的，角位和分位填写"0"，不得空格。汉字大写金额数字，应符合规定要求，用正楷字书写，如壹、贰、叁、肆、伍、陆、柒、捌、玖、拾、佰、仟、万、亿、元、角、分、零、整等，不得用其他字样代替。大写金额前应有"人民币"字样，中间不留空白。

阿拉伯金额数字中间有"0"或连续几个"0"时，汉字大写金额只写一个"零"字即可，如 501 008 元，汉字大写金额应为人民币伍拾万零壹仟零捌元整。

（5）顺序使用，即收付款项或实物的凭证要顺序或分类编号，在填制时按照编号的次序使用，跳号的凭证应加盖"作废"戳记，不得撕毁。

（三）原始凭证填制的附加要求

（1）从外单位取得的原始凭证，必须盖有填制单位的公章；从个人取得的原始凭证，必须有填制人员的签名或者盖章。自制原始凭证必须有经办部门负责人或其指定的人员的签名或者盖章。对外开具的原始凭证必须加盖本单位具有法律效力和规定用途的公章及能够证明单位身份和性质的印鉴，如业务公章、财务专用章、发票专用章、收款专用章等等。

（2）凡填有大写和小写金额的原始凭证，大写与小写的金额必须相符。

（3）购买实物的原始凭证，必须有验收证明。需要入库的实物，必须填写入库验收单，由仓库保管人员在入库验收单上如实填写实收数额，并签名或盖章。不需要入库的实物，由经办人员在凭证上签名或盖章以后，必须交由实物保管人员或使用人员进行验收，并由实物保管人员或使用人员在凭证上签名或盖章。经过购买人以外的第三者查证核实以后，会计人员才能据以报销付款并作进一步的会计处理。

（4）一式几联的原始凭证，必须注明各联的用途，并且只能以一联用作报销凭证;一式几联的发票和收据,必须用双面复写纸套写,或本身就具备复写功能,并连续编号,作废时应加盖"作废"戳记,连同存根一起保存。

(5)发生销货退回及退还货款时,必须填制退货发票,附有退货验收证明和对方单位的收款收据,不得以退货发票代替收据。如果情况特殊,可先用银行的有关凭证,如汇款回单等,作为临时收据,待收到收款单位的收款证明以后,再将其附在原付款凭证之后,作为正式原始凭证。

(6)职工因公出差借款的收据,必须附在记账凭证之后。职工借款时,应由本人填制借款单,经审核并签名或盖章后,然后办理借款。借款收据是此项借款业务的原始凭证,在收回借款时,应当另开收据或者退还借款收据的副本,不得退还原借款收据。

(7)经上级有关部门批准的经济业务,应当将批准文件作为原始凭证附件。如果批准文件需要单独归档的,应当在凭证上注明批准机关名称、日期和文件字号。

(8)发现原始凭证有错误的,应当由开出单位重开或者更正。在更正处应当加盖开出单位的公章。金额错误必须重开。

二、原始凭证填制的方法

原始凭证一般由经办人员根据经济业务的发生或完成的实际情况,按照原始凭证的填制要求,在规定的格式中,按照具体内容直接填列。现分别简要举例说明常用的一次凭证、累计凭证和汇总凭证的填制方法。

1. 一次凭证的填制方法

一次凭证包括全部外来凭证和部分自制凭证。现以"领料单"和"增值税专用发票"为例进行说明。

领料单为自制原始凭证。为了便于分类汇总,领料单要"一料一单"地填制,即一种原材料填写一张单据。领用原材料需经领料车间负责人批准后,方可填制领料单;车间负责人、收料人、仓库管理员和发料人均需在领料单中签章,无签章或签章不全的均属无效,不能作为记账的依据。其一般格式见表8-13。

企业销售产品时,须填制发货票一式数联,如企业为一般纳税人,即填制"增值税专用发票",一般一式四联,在发票上应填明开票日期、编号、购货单位名称和地址、商品或劳务名称、数量、单价、金额、增值税率、税额、销货单位名称等具体内容。具体格式见表8-3。

表 8-13 领 料 单

领料部门　甲车间　　　　　2015 年 6 月 8 日　　　　　仓库发料第 6 号

用　途	生　产　用		产品批量			订单号		
材料类别	材料编号	材料名称	规格	计量单位	数　量		单价	金　额
					请领	实发		
金属	25	铜棒	60	只	6	6	56	366
备　注							合　计	￥366

核算：　　　主管：　　　发料：　　　主管：　　　领料：

二、财务存

2. 累计凭证的填制方法

累计凭证是一种自制凭证，它要求在一张凭证上连续累计登记一定时期内相同经济业务，这样就可以在一张凭证上反映出同类经济业务的累计发生情况，其填制手续需要多次才能完成。累计凭证可以简化核算手续，如工业企业常用的"限额领料单"。"限额领料单"是反映一定时期内（一般为 1 个月）连续领用同一材料的原始凭证，只要领用数量累计不超过限额就可以连续使用。"限额领料单"一般一式两联，经生产计划部门和供应部门负责人审核签章后，一联交仓库发料，登记材料明细账；一联送交领料单位据以领料。其一般格式见表 8-5。

3. 汇总凭证的填制方法

汇总凭证是根据一定时期内同类经济业务的原始凭证进行汇总编制而成的，它是一种自制凭证，如工业企业常用的"发料凭证汇总表"等。

"发料凭证汇总表"是根据"发料单"原始凭证分别按领料部门、材料类别编制而成的，每月编制一张，财会部门可据以编制记账凭证，简化核算手续。其填制方法见表 8-6。

三、原始凭证的审核

原始凭证必须经过严格、认真的审核，才能作为记账的依据，这是保证会计记录真实、准确，充分发挥会计监督作用的重要环节。对原始凭证进行审核，是确保会计资料质量的重要措施之一，也是会计机构、会计人员的重要职责。

《会计法》规定：会计机构、会计人员必须审核原始凭证，这是法定职责。会计机构、会计人员审核原始凭证应当按照国家统一的会计制度的规定进行。按照原始凭证的填制要求进行审核，即审核原始凭证的填制是否及时，内容是否真实完整，书写是否清楚规范，项目是否填写齐全，经济内容的填制是否正确、完整、清晰，数字的填写是否规范，计算是否准确，大小写金额是否一致等，有无涂改、刮擦、挖补等伪造凭证的情况，还要审核有关部门人员是否签章等。《会计基础工作规范》规定，购买实物的原始凭证必须附有验收证明，以确认实物已经收入库，会计机构、会计人员在审核有关原始凭证时，应当根据要求查验验收证明。

会计机构、会计人员对不真实、不合法的原始凭证有权不予受理，并向单位负责人报告，请求查明原因，追究有关当事人的责任；对记载不准确、不完整的原始凭证应予以退回并要求经办人员按照国家统一的会计制度的规定进行更正、补充。

原始凭证的审核是一项十分重要、严肃的工作。因此，要求会计人员必须熟悉有关部门的财经政策、法规、制度，全面了解本单位业务经营情况，同时，又要求会计人员能够自觉地执行政策、遵守制度，做到认真、细致、逐项进行审核，从而更好地发挥会计监督职能的作用。

第三节 记账凭证的填制和审核

一、记账凭证的基本内容

在日常经营管理中发生的经济业务比较繁杂，反映这些经济业务的原始凭证也千差万别、式样众多。由于原始凭证所记录的内容不能完全满足会计核算的需要，因而难以直接据以登记账簿。为此，必须在审核无误的基础上，对原始凭证进行归类、整理，然后填制记账凭证。在记账凭证中，要为有关原始凭证所记载的某项经济业务确定会计分录，根据记账凭证，进行会计账簿的登记。

为了概括地反映经济业务的基本情况，满足登记账簿的需要，记账凭证必须具备下列内容要素：

（1）填制凭证的日期。

（2）凭证的名称和编号。

（3）经济业务的摘要。

(4) 应记会计科目(包括一级科目、二级科目和明细科目)、方向及金额。

(5) 记账符号。

(6) 所附原始凭证的张数。

(7) 填制人员、稽核人员、记账人员和会计主管人员(收款凭证和付款凭证还应增加出纳人员)的签名或印章。

二、记账凭证的填制

(一) 填制要求

记账凭证是登记账簿的直接依据,除了应严格遵守前述填制原始凭证所要求的真实可靠、内容完整、填制及时、书写清楚以外,还应注意遵守以下基本要求。

1. 以原始凭证为依据

编制记账凭证,首先必须以审核无误的原始凭证为依据,即在对原始凭证审核无误的基础上填制记账凭证。这是内部牵制制度的一个重要环节。

2. 内容完整

记账凭证应该包括的内容都要具备。应该注意的是:以自制的原始凭证或者原始凭证汇总表代替记账凭证使用的,也必须具备记账凭证所应有的内容;记账凭证的日期,一般为编制记账凭证当天的日期,按权责发生制原则计算收益、分配费用、结转成本利润等调整分录和结账分录的记账凭证,虽然需要到下月才能编制,仍应填写当月月末的日期,以便在当月的账内进行登记。

3. 分类正确

根据经济业务的内容,正确区别不同类型的原始凭证,正确应用会计科目。会计分录的填写应当准确,必须按会计制度统一规定的会计科目填写,不得任意变更会计账户的名称和核算内容,同时,应借应贷科目的对应关系必须清楚,一级账户和二级账户或明细账户要填写齐全。金额计算要正确,金额栏的数字应对准借贷栏次和账户行次正确填写。记账凭证可以根据每一张原始凭证填制,或者根据若干张同类原始凭证汇总编制,也可以根据原始凭证汇总表填制;但不得将不同内容和类别的原始凭证汇总填制在一张记账凭证上。

4. 连续编号

记账凭证应当连续编号,这有利于分清会计事项处理的先后顺序,便于记账凭证与会计账簿之间的核对,确保记账凭证的完整。记账凭证编号的方法有多种,可采用顺序编号法,即将所有的记账凭证按日期顺序编号,也可以按现金收付、银行存款收付和转账业务三类分别编号，具体地可编号为"收字第××号""付字第××号""转字第××号"；还可以按现金收入、现金支出、银行存款收入、银行存款支出和转账五类进行编号，则具体的编号为"现收字第××号""现付字第××号""银收字××号""银付字第××号""转字第××号"；或者将转账业务按照具体内容再分成几类编号。各单位应当根据本单位业务实际情况来选择便于记账、查账和内部稽核的简单严密的编号方法。无论采用哪一种编号方法，都应该按月顺序编号，即每月都从1号编起，顺序编至月末。一笔经济业务需要填制两张或者两张以上记账凭证的，可以采用分数编号法编号，即每一项经济业务编一总号，再按凭证张数编几个分号。如第二项转账业务须填制三张记账凭证，则填制的三张记账凭证的编号分别为"转字$2\frac{1}{3}$""转字$2\frac{2}{3}$"和"转字$2\frac{3}{3}$"。

5. 凭证附件

除结账和更正错误，记账凭证必须附有原始凭证并注明所附原始凭证的张数，如有重要资料或原始凭证数量过多需单独保管的，要在记账凭证摘要栏中加以说明，并注明保管地点及编号。所附原始凭证张数的计算，一般以原始凭证的自然张数为准。与记账凭证中的经济业务记录有关的每一张证据，都应当作为原始凭证的附件。如果记账凭证中附有原始凭证汇总表，则应该把所附的原始凭证和原始凭证汇总表的张数一起计入附件的张数之内。但报销差旅费等的零散票券，可以粘贴在一张纸上，作为一张原始凭证。一张原始凭证如涉及几张记账凭证的，可以将该原始凭证附在一张主要的记账凭证后面，在其他记账凭证上注明该主要记账凭证的编号或者附上该原始凭证的复印件。

一张原始凭证所列的支出需要由两个以上的单位共同负担时，应当由保存该原始凭证的单位开给其他应负担单位原始凭证分割单。原始凭证分割单必须具备原始凭证的基本内容，包括凭证的名称、填制凭证的日期、填制凭证单位的名称或填制人的姓名、经办人员的签名或盖章、接受凭证单位的名称、经济业务内容、数量、单价、金额和费用的分担情况等。

6. 错误更正

填制记账凭证时如果发生错误，应当重新填制。已经登记入账的记账凭证在当年内发现错误的，可以用红字注销法进行更正。在会计科目应用上没有错误，只是金额错误的情况下，也可以按正确数字同错误数字之间的差额，另编一张调整记账凭证。发现以前年度的记账凭证有错误时，应当用蓝字填制一张更正的记账凭证。

7. 符合电算化要求

实行会计电算化的单位,其机制记账凭证应当符合对记账凭证的一般要求,并应认真审核,做到会计科目使用正确,数字准确无误。在打印出来的机制记账凭证上,要加盖制单人员、审核人员、记账人员和会计主管人员印章或者签字,以明确责任。

8. 空行处理

记账凭证填制完经济业务事项后,如有空行,应当在金额栏目最后一笔金额数字下的空行处至合计数上的空行处划线注销。

9. 符合复式记账原理

复式记账原理要求正确编制会计分录并保证借贷平衡,即必须根据国家统一会计制度的规定和经济业务的内容,正确使用会计科目和编制会计分录,记账凭证借方、贷方的金额必须相等,合计数必须计算正确。

10. 摘要的填写

摘要应与原始凭证内容一致,能正确反映经济业务的主要内容,表述简短精练。应能使阅读的人通过摘要就能了解该项经济业务的性质、特征,判断出会计分录的正确与否,一般不必再去翻阅原始凭证或询问有关人员。

11. 现金与银行存款间的转存

只涉及现金和银行存款之间收入或付出的经济业务,应以付款业务为主,只填制付款凭证,不填制收款凭证,以免重复。

12. 盖章审核

记账凭证填制完毕,必须有填制人员、审核人员、记账人员和会计主管签章,以明确责任,加强管理。

(二)填制方法

1. 收款凭证的填制方法

收款凭证是根据现金和银行存款收款业务的原始凭证填制的。凡是涉及现金或者银行存款账户金额增加的,都必须填制收款凭证。

收款凭证左上方的"借方科目",应根据经济业务填写"库存现金"或"银行存款";右上方应填写凭证编号(参照记账凭证填制要求 4)。收款凭证的编号可以按涉及现金或银行存款分为"现收×号"和"银收×号"分类,业务量少的单位也可不分"现收"与"银收",而按收款业务发生的先后顺序统一编"收字×号"。

"摘要"栏内填写经济业务的简要内容(参照记账凭证填制要求 10);"贷方科目"栏内填写与"库存现金"或"银行存款"科目相对应的总账科目及其所属明细

科目;"金额"栏内填写实际收到的现金或银行存款数额;"过账"栏是登记有关账簿以后做记号用的,表示该项金额已经记入有关账户,避免重记或漏记。

收款凭证的具体填制见表8-7。

2. 付款凭证的填制方法

付款凭证根据现金和银行存款付款业务的原始凭证填制。凡是涉及现金或者银行存款减少的,都必须填制付款凭证。付款凭证的填制方法和要求与收款凭证基本相同,只是付款凭证左上方是"贷方科目"而不是"借方科目",它也应根据经济业务填写"库存现金"或"银行存款";"借方科目"栏内填写与"库存现金"或"银行存款"科目支出业务有关的总账(一级)科目和明细(二级)科目。具体填制见表8-8。

对于只涉及"库存现金"与"银行存款"这两个账户的业务,如从银行存款中提取现金或现金存入银行等,只需填制付款凭证,不再填制收款凭证,以免重复记账。

3. 转账凭证的填制方法

转账凭证是根据不涉及现金和银行存款收付业务的原始凭证填制的。在转账凭证中,要按"借方科目"和"贷方科目"分别填列有关总账(一级)科目和明细(二级)科目。借方科目的金额与贷方科目的金额都在同一行的"金额"栏内填列。具体填制见表8-9。

4. 记账凭证汇总表的填制方法

如果企业经济业务很多,根据记账凭证逐笔登记总账工作量很大,可以先填制记账凭证汇总表(又称科目汇总表),然后根据记账凭证汇总表再来登记总账。一般填制方法如下:

(1) 填写记账凭证汇总表的日期、编号和会计科目名称。

(2) 将需要汇总的记账凭证按照相同的会计科目名称进行汇总,将相同会计科目的本期借方发生额和贷方发生额分别加总,求出合计金额。

(3) 将每一会计科目的合计金额填入汇总表的相对应栏目。

(4) 将汇总表的本期借方发生额和本期贷方发生额合计,双方合计数应相等。

具体填制见表8-12。

三、记账凭证的审核

记账凭证是根据审核无误的原始凭证填制的,是登记账簿的依据。记账凭

证在填制完毕之后,必须由专人进行严格认真的审核,以保证账簿记录的正确性。审核的内容主要有以下几个方面:

(1) 是否附有原始凭证,记账凭证的内容与所附原始凭证记载的内容是否一致。

(2) 凭证中会计科目是否正确,账户对应关系与应借应贷金额是否正确。

(3) 记账凭证的内容是否齐全,是否符合规定,有关人员是否都已签章等。

在审核中如发现记账凭证的记录有错误,应查明原因,并按规定的方法及时进行更正或重新填制。只有经过审核无误的记账凭证,才能作为记账的依据。

第四节 会计凭证的传递和保管

一、会计凭证的传递

会计凭证的传递,是指会计凭证从填制或取得起,到归档保管止,按一定的传递程序和时间,在有关部门和人员间传递的全过程。

会计凭证应当及时传递,不得积压。及时是会计凭证传递中的要旨之一。及时传递不仅对及时进行会计核算是必要的,而且对会计凭证获得必要的保管也是十分关键的。传递不及时,会计凭证散失的可能性就会加大。正确组织会计凭证的传递,有利于有关部门和人员及时利用会计凭证反映经济业务状况,合理组织经济活动,加速对经济业务的处理。同时能够加强经济责任,实行会计监督,保证会计工作有序地进行。

会计凭证的传递,是会计工作的一个重要组成部分,由于各种会计凭证所记载的经济业务内容不同,所涉及的部门和人员不同,企业管理的要求也不同。因此,各单位应根据自身的具体情况,确定每一种凭证的传递程序和方法,主要包括三个方面。

1. 确定凭证的传递程序

各单位应根据经济业务的特点,内部组织机构和人员分工情况,规定会计凭证填制必须流经的环节,并以此确立会计凭证的份数,使各有关部门和人员,既能保证会计凭证经过必要的环节进行处理和审核,又可以避免会计凭证在不必要的环节停留,从而使经济活动有序地、协调地高速度流转。

2. 规定凭证的传递时间

确立会计凭证的传递时间应考虑各环节的工作内容和工作量,以及在正常情况下完成工作所需的时间,明确规定凭证在各个环节停留的时间,以保证会计凭证及时传递,加速经营过程,加强岗位责任制,提高工作效率。

3. 制定会计凭证传递过程中的衔接手续

为防止凭证在传递过程中出现遗失毁损或其他意外情况,凭证在传递过程中,应建立凭证的交接签收制度,凭证的收发、交接都按一定的手续制度办理,以保证会计凭证的安全和完整。

二、会计凭证的保管

会计凭证的保管是指会计凭证记账后的整理、装订、归档存查工作,是会计档案管理工作的一个重要方面。会计凭证在完成经济业务手续和记账后,就成为企业重要的会计档案和历史资料,是企业或上级机关日后了解经济活动情况、检查工作、明确责任的证明。因此,必须妥善保管会计凭证,切实防止散失、毁损。其主要要求有:

(1) 会计凭证应定期装订成册,防止散失。

(2) 会计凭证封面应注明单位、凭证张数、起止号数、年度、月份、会计主管人员、装订人员等有关事项。

(3) 会计凭证应加贴封条,防止抽换凭证。

(4) 原始凭证较多时,可单独装订,但应在凭证封面注明。

(5) 每年装订完成的会计凭证,在年度终了时可暂由单位财务部门保管1年,期满后原则上应移交档案机构保管。

(6) 严格遵守会计凭证的保管期限要求。2015年12月11日,中华人民共和国财政部、国家档案局第79号令发布了修订后的《会计档案管理办法》,自2016年1月1日起施行。根据该办法,原始凭证、记账凭证保管期限为30年,银行存款余额调节表、银行对账单、纳税申报表保管期限为10年。保管期满的记账凭证可以按规定的程序予以销毁,但是,《会计档案管理办法》第十九条规定:"保管期满但未结清的债权债务会计凭证和涉及其他未了事项的会计凭证不得销毁,纸质会计档案应当单独抽出立卷,电子会计档案单独转存,保管到未了事项完结时为止。"

第九章 会计账簿

第一节 会计账簿的意义和种类

一、账簿的意义

（一）账簿的定义

会计账簿是以会计凭证为依据，对全部经济业务进行全面、系统、连续、分类地记录和核算的簿籍，它由专门格式并以一定形式连接在一起的账页所组成。

（二）账簿的作用

通过会计凭证的填制和审核，可以反映和监督这些经济业务的发生或完成情况。可是，一个单位一定时间的会计凭证很多，每张凭证只反映一项经济业务，因而会计凭证对经济业务的反映只能是分散的、零星的、片面的，而不能全面、连续、分类地反映同类和全部经济业务的发生情况。为了便于了解单位在一定时期内的全部经济活动情况，就必须设置账簿，通过账簿记录我们可以了解各项财产物资、资金的增减变动情况，监督财产物资和资金的妥善保管和合理使用，以保护其安全和完整。同时账簿核算资料还是编制会计报表的基本依据。另外，账簿也是重要的经济档案，有利于会计资料的保存，便于查考。

（三）账簿、账页和账户

设置账簿是会计工作的一个重要环节，登记账簿则是会计核算的一种专门方法。通常说的记账，就是在账簿中按账户进行登记，账户应设置在具有一定格式的账页上面，把账页连接在一起就组成不同类型的簿籍（或称为账册）。因此，簿籍是账簿的外表形式，而账户记录是账簿的内容。所以，账簿是由一定格式、相互联系的账页所组成，用来序时、分类地记录和反映经济业务的会计簿籍。

二、账簿的种类

各单位在日常核算工作中应根据国家统一会计制度的规定和会计业务的需要设置会计账簿,账簿的设置既要严密、完整,又要便于全面反映和分析检查生产经营状况。并以能够提供总括核算资料和详细情况为原则。各单位会计账簿按不同的标志,可进行不同的分类。

(一)账簿按其用途分类

按其用途分类,账簿可分为序时账簿、分类账簿和备查账簿三类。

1. 序时账簿

序时账簿也称日记账,是指按经济业务发生时间的先后顺序,逐日、逐笔登记经济业务的账簿。日记账,按其记录经济业务的范围不同,又可分为两种:一种是用来登记全部经济业务完成情况的,称之为普通日记账,这种日记账目前已很少采用;另一种是以登记某一类经济业务完成情况的,称之为特种日记账,如现金日记账、银行存款日记账,这是所有单位都要设置的日记账,用以加强对货币资金的监督和控制。

2. 分类账簿

分类账簿也称分类账,是对各项经济业务按照账户进行分类登记的账簿。按其反映经济业务内容详细程度的不同,又分为总分类账簿(简称总账)和明细分类账簿(简称明细账)。总分类账是根据总分类科目(一级科目),用来分类登记全部经济业务,提供资产、负债、所有者权益以及成本、费用、收入等总括核算资料的账簿。明细分类账,是根据需要按某个总分类科目所属二级科目开设账户,用来分类登记某些经济业务,借以提供某项明细核算资料的账簿。分类账是会计账簿的主体,是编制会计报表的主要依据。

3. 备查账簿

备查账簿也称辅助登记账簿,是用以对某些日记账和分类账等主要账簿中未能登记或记载不全的经济业务进行补充登记以备查考的账簿。这类账簿主要用于对某些经济资料提供必要的参考资料,如经营租入固定资产登记簿、委托加工材料登记簿等。备查账簿应根据各单位实际需要设置。

(二)账簿按其外表形式分类

按其外表形式分类,账簿可分为订本式账簿、活页式账簿和卡片式账簿三类。

1. 订本式账簿

订本式账簿是在启用前进行顺序编号并固定装订成册的账簿。订本账一般用于现金日记账、银行日记账和总分类账。这类账簿的优点,是可避免账页散失,防止随便抽换账页。缺点是由于账页固定,不能增减,必须为每一账户预留空白账页,如预留过多,就会造成浪费;过少,又会使账簿记录前后分开,不便查阅。此外,在同一时间内,只能由一人登记,不便分工。

2. 活页式账簿

活页式账簿是把若干具有专门格式的账页装放在账夹里,启用时不做固定的装订,于年终时才把它装订成册的账簿。活页账的优缺点与订本账恰恰相反。为防止散失和抽换,使用时应按账页顺序编号。一般适用于明细分类账。

3. 卡片式账簿

卡片式账簿是由专门格式、分散的卡片作为账页组成的账簿。这种账簿一般用卡片箱装置,可以随取随放,它实际也是一种活页账。卡片账除具有一般活页账具有的优点外,它不必每年更换,可以跨年度使用。"固定资产明细账""低值易耗品明细账"一般都采用这种格式。

第二节 会计账簿的设置

会计账簿的设置是各企事业单位根据《会计法》《会计基础工作规范》和《企业会计制度》的原则规定,结合本单位会计核算业务的需要,建立有关的会计账簿,构成本单位会计核算体系的过程。

会计账簿的设置一般是在企业开张或更换新账之前进行的。每个独立核算单位都要建立总账、日记账和明细账,但建账册数以及每册账簿选用的格式要根据企业的实际情况来确定。

一、总分类账的设置

总分类账(总账)一般采用订本式。选购时结合企业业务量的大小,尽量使选用的账页满足一年所用。活页账装订成册时,应注意纸色、大小的一致,且装订应排齐订紧,以保证账本外形美观,防止账页松动。账簿封面的颜色,同一年度应力求统一,每年应更换一色,以便于区别。

(一)三栏式总分类账的设置

这里的三栏是指账页中"借方""贷方""余额"三个栏目。三栏式总分类账有两种,一种是只记录金额,不反映账户之间的对应关系的三栏式总分类账,格式见表9-1。另一种是既反映金额,又反映账户之间的对应关系的三栏式总分类账,这种三栏式总分类账除在账页中设有借方、贷方和余额三个金额栏外,还分别在借方和贷方金额栏中设有对方科目栏,以便可以直接从总分类账中了解经济业务的来龙去脉。格式见表9-2。

表9-1　总　分　类　账

会计科目:

年		凭证		摘要	借方金额	贷方金额	借或贷	余额
月	日	种类	编号					

表9-2　总　分　类　账

会计科目:

年		凭证		摘要	借方金额		贷方金额		借或贷	余额
月	日	种类	编号		金额	对方科目	金额	对方科目		

三栏式总分类账的登记内容和方法如下:

(1)"凭证"—"种类"栏内填列:现收、现付、银收、银付、转账。

(2)"凭证"—"编号"栏内填列凭证编号。

(3)"摘要"栏内说明登记入账的经济业务的内容,文字要简洁。

(4)"借或贷"是指借贷相抵之后的余额的方向。

(二)多栏式总分类账的设置

多栏式总分类账,把序时账簿和总分类账簿结合在一起,变成了一种联合账簿,通常称为日记总账,它具有序时账簿和总分类账簿的双重作用。采用这种总分类账簿,可以减少记账的工作量,提高工作效率,并能较全面地反映资金运动的情况,便于分析经济活动情况。它适用于经济业务较少的经济单位。其格式和内容见表9-3。

表 9-3 多栏式总分类账

会计科目：

年		凭证		摘要	发生额	××科目		××科目		××科目		××科目	
月	日	种类	编号			借	贷	借	贷	借	贷	借	贷

多栏式总分类账按下列要求登记：

(1)"发生额"栏内填列某一笔经济业务的合计发生额。

(2)"××科目""借""贷"栏填列各对应科目的借贷方发生额。

二、日记账的设置

(一) 三栏式日记账的设置

三栏式日记账是指按"收""付""余"三栏设置的现金（银行存款）日记账，比较常用的三栏式日记账有：现金日记账、银行存款日记账（格式见表 9-4 和表 9-5）。

表 9-4 现金（银行存款）日记账

第 页

年		凭证号码		对方科目	摘要	收入	付出	结余
月	日	收	付					

以前述红光公司的银行存款为例，登记银行存款日记账，见表 9-5。

表 9-5 银行存款日记账

第 页

2015		凭证号码		对方科目	摘要	收入	付出	收或付	结余
月	日	收	付						
1	1				月初余额（或承前页）			收	10 000
	4	3		实收资本	外商投入资本	7 000 000			
	4	4		短期借款	借入短期借款	20 000		收	7 030 000

(续表)

2015		凭证号码		对方科目	摘要	收入	付出	收或付	结余
月	日	收	付						
	5	5		长期借款	借入长期借款	360 000		收	7 390 000
	7		6	固定资产	购置设备		309 000		
	7		6	固定资产	购置设备进项税额		51 000	收	7 030 000
	9		11	在途物资	购材料		505 500		
	9		11	应交税费	购材料进项税额		85 935	收	6 438 565
	10		12	在途物资	支付运杂费		94 500	收	6 344 065
	15		15	应付职工薪酬	支付工资		690 000	收	5 654 065
	16		17	应付职工薪酬	支付福利费		96 600	收	5 557 465
	20		19	支付水电费	生产成本		6 800		
	20		19		制造费用		12 000		
	20		19		管理费用		900	收	5 537 765
	21	20		主营业务收入	销售商品	590 000			
	21	20		应交税费	销售商品销项税额	100 300		收	6 228 065
	22		22	销售费用	支付广告费		5 000		
	22	23		其他业务收入	销售多余材料	1 000			
	22	23		应交税费	销售材料销项税额	170		收	6 224 235
	23	25		无形资产	出售专利	4 000			
	23	25		营业外收入	出售专利	16 000			
	23	26		其他业务收入	收取租金	2 000		收	6 246 235
	25	28		应收账款	收回九峰欠款	200 000			
	25		30	其他应收款	张春预借差旅费		3 000	收	6 443 235
	27		31	预付账款	预付购料款		52 650	收	6 390 585
	29		32	管理费用	张春报销差旅费		1 000		
	29		33	应付票据	支付鸿安票据款		115 920	收	6 273 665
	30	36		其他应付款	出借包装物押金	500			
	30	37		预收账款	新华公司订货款	4 680		收	6 278 845

(续表)

2015 月	日	凭证号码 收	凭证号码 付	对方科目	摘要	收入	付出	收或付	结余
	31	39		其他应付款	预收1~6月租金	7 200			
	31		42	长期待摊费用	预付2年保险费		7 200	收	6 278 845
	31				本页累计	8 305 850	2 037 005		
					月初转入(或前页转入)	10 000			
					过次页		6 278 845		
					合计	8 315 850	8 315 850		

说明：

（1）月初余额是由银行存款上一页转入的，登记至[业务42]本页满页需要转次页。

（2）以业务编号作为凭证编号，即凭证编号与业务编号一致。

（3）"对方科目"填列银行存款收入的来源科目或支出的用途科目。如开出支票支付材料款，其支出的用途科目（对方科目）为"在途物资"或"原材料"科目，其作用在于了解经济业务的来龙去脉。

（4）"收入""付出""结余"是指银行存款（现金）本期实际收付的金额。每日终了，应分别计算银行存款（现金）的收入和付出的合计数，结算出余额，做到日清；月终应计算出银行存款（现金）全月收入、付出的合计数，做到月结。

（5）登记银行存款（现金）日记账时，在一页的最后一笔经济业务登记完之后，应留出四行，该四行分别为"本页累计""前页转入""过次页"和"合计"。其登记方法如下：

"本页累计"是指本页发生额的累计；

"前页转入"是本页第一行"承前页"的金额；

"过次页"是本页最后一笔经济业务登记完以后结算出的余额；

"合计"的收入栏是本页收入累计加"前页转入"；付出栏是本页付出累计加"过次页"的余额。最后一行"合计"的"收入"栏金额应当等于"付出"栏金额。

（6）应当注意的是：在现金日记账中，对于从银行中提取现金的现金收款业务，根据银行存款的付款凭证登记；在银行存款日记账中，对于将现金存入银行的银行存款收款业务，根据现金的付款凭证登记。

(二)多栏式现金(银行存款)日记账的设置

多栏式现金(银行存款)日记账是指按现金(银行存款)的支出对象(费用项目)和现金(银行存款)的收入来源设置的现金(银行存款)日记账。多栏式现金(银行存款)日记账可以把现金(银行存款额)收入和付出分两本账簿设置,也可以在一张账页上分"收入""付出"和"余额"三个栏目设置,在"收入"栏目下再按收入来源设置专栏,"支出"栏目下按费用项目设置专栏。

表9-6是单独设置的多栏式现金(银行存款)付出日记账。收入日记账与它的格式一样,只是将"付款凭证"栏目改为"收款凭证",将"借方科目"改为"贷方科目",将各费用项目改为收入项目。

表9-6 现金(银行存款)支出日记账

年		付款凭证	摘要	结算凭证		借 方 科 目			
月	日			种类	编号	管理费用	销售费用	……	支出合计

多栏式现金日记账和银行存款日记账的账务处理有两种方法:

(1)由出纳人员根据审核后的收付款凭证登记日记账,每月结算出账面结余额,会计人员根据日记账各专栏的合计数,分别登记总账的有关账户。

(2)另外设置现金和银行存款出纳登记簿,由出纳人员根据审核后的收付款凭证登记。然后把收付款凭证交由会计人员据以逐日汇总登记日记账,月末登总账。

三、明细账的设置

各种明细分类账按照二级科目或明细科目设置账户,记录经济业务的明细情况,这是对总分类账的必要补充。一般来说,明细账除了记录金额以外,还要记录实物数量、费用与收入的构成、债权债务结算等具体情况。因此,要按照经济业务的不同特点和管理要求,采用不同格式、不同形式的账页。明细账一般采用活页账,有些也采用卡片账。其基本格式主要有"三栏式""数量金额式""多栏式"等几种格式(见表9-7、表9-8和表9-9)。生产成本、制造费用、经营费用、管理费用和财务费用等科目的明细核算可采用规范化的多栏式明细账。

表 9-7　应付账款明细分类账(三栏式)

华光公司　　　　　　　　　　　　　　　　　　　　　　　　　　　　　　第　页

年		凭证号数	摘要	借方	贷方	借或贷	余额
月	日						

类别	
名称或规格	
编号	

表 9-8　_____明细账

（数量金额式）

计量单位	
存放地点	
储备定额	

年		凭证		摘要	收入			支出			结存		
月	日	种类	编号		数量	单价	金额	数量	单价	金额	数量	单价	金额

表 9-9　生产成本明细账

（多栏式）

年		凭证		摘要	借　方(项目)				贷方	余额
月	日	种类	编号		材料	工资	制造费用	合计		

四、辅助账的设置

辅助账(备查账簿)按其所反映的经济业务事项分别设立账户。如代管物资辅助账按委托单位和代管物资的品名设立账户,租入固定资产登记簿按租借单位和固定资产名称设立账户。

五、发生额及余额表

本会计期内各会计账户的累计借贷方发生额及借方或贷方余额,可以通过编制"发生额及余额表"来汇总体现。"发生额及余额表"也可以作为编制资产负债表及利润表的基础。其格式见表9-10。

表 9-10 发生额及余额表

科 目	期初余额		本期发生		期末余额	
	借方	贷方	借方	贷方	借方	贷方
库存现金	1 000		6 100	6 800	300	
应收账款	26 000		532 400	500 000	58 400	
存货	325 000		685 000	710 000	300 000	
⋮						

第三节 会计账簿的启用和登记

一、账簿启用

(一)账簿启用及接交表

会计账簿是企业重要的经济档案,为了保证账簿记录的合法性、合理性,保证账簿资料的完整性,防止舞弊行为,明确记账责任,会计人员启用新的账簿时,应在账簿的扉页上填制"账簿启用表"和"经管账簿人员一览表"(有的合称"账簿启用及接交表"),详细填明:企业名称、账簿名称、账簿编号、账簿页数(如为活页账应在装订成册后写明页数)和启用日期等。并填明会计主管人员、记账人员姓名,加盖公章,由会计主管人员和记账人员签章。如记账人员更换时,应在主管会计监督下办理接交手续,并在表内注明接交日期。移交人和接管人双方都应签章,以明确责任。其格式见表9-11。

表9-11 账簿启用及接交表

单位名称	华光公司	公　　　章								
账簿名称	应收账款									
账簿编号	00113									
账簿页数	本账簿共计100页									
启用日期	2015年3月1日									
经管人员	负责人		主办会计		复核		记账			
	姓名	盖章	姓名	盖章	姓名	盖章	姓名	盖章		
	张三		李四		周明		赵军			
接交人员	经管人员			接管			交出			
	职别	姓名	年	月	日	盖章	年	月	日	盖章
备注										

(二) 印花税的缴纳

启用账簿一般要缴纳印花税,账簿启用的印花税有以下两种缴纳方法:

(1) 账簿启用时,直接将印花税票粘贴在账簿的扉页上,印花税票一律粘贴在账簿启用表的右上角。并在印花税票中间划两条出头的注销线,以示注销。

(2) 使用缴款书缴纳印花税,账簿启用时,在账簿启用表右上角注明"印花税"已缴及缴款金额,缴款书作为某年某月某日第某号记账凭证的原始凭证。

二、会计账簿的登记

(一) 记账规则

1. 登账的依据

为了保证账簿记录的准确性,必须根据审核无误的会计凭证,及时地登记各种账簿。登记账簿时,应将会计凭证的日期、编号、摘要、金额等逐项登记入账,做到数字准确、摘要简明清楚、登记及时。

2. 过账的方法

账簿登记完毕,应在会计凭证的"过账"栏内注明账簿的页数或作出"√"符号,表示已登记入账,以免重登、漏登,也便于查阅、核对,并在记账凭证上签名或盖章。

3. 摘要的填写

"摘要"栏内的说明,应简明扼要,文字要规范,"金额"栏的数字应与账页上标明的位数对准,各账户结出余额后,应在"借或贷"栏内写明"借"或"贷"。没有余额的账户在"借或贷"栏内写"平"字,在"余额"栏内写"0"。

4. 墨水的使用

为了使账簿记录清晰,防止涂改,记账时必须用钢笔和蓝、黑墨水或规定使用的圆珠笔书写,不能使用铅笔或不合规定的圆珠笔登账,红色墨水只能在结账划线、改错和冲账时使用。

5. 错误更正

各种账簿必须按事先编写的页码,逐页、逐行顺序连续登记,不得隔页、跳行,如不慎发生此种情况,应在空页或空行处用红色墨水对角划线注销,并注明"作废"字样,同时由经手人员盖章。对各种账簿的账页不得任意抽换和撕毁,以防舞弊。

账簿记录发生错误时,不得括、擦、挖补,不得随意涂改或用褪色药水更改字迹,应根据错误的情况,按规定的方法进行更正。

6. "承前页""过次页"的填写方法

每一账页登记完毕,应在账页的最末一行加计本页发生额及余额,并在摘要栏内注明"过次页",同时在新账页的首行记入上页加计的发生额和余额,并在摘要栏内注明"承前页",以便对账和结账。

(二) 总分类账与明细分类账的平行登记

为了使总分类账与其所属的明细分类账之间能起到统驭与补充的作用,便于账户核对,并确保核算资料的正确、完整,必须采用平行登记的方法,在总分类账及其所属的明细分类账中进行记录。

平行登记是指经济业务发生后,根据会计凭证,一方面要登记有关的总分类账户;另一方面要登记该总分类账所属的各有关明细分类账户。

采用平行登记规则,应注意以下要点。

1. 登记必须记入同期

对于需要提供详细指标的每一项经济业务,应根据审核无误后的记账凭证,一方面记入有关的总分类账户;另一方面要记入同期总分类账所属的有关各明细分类账户。

这里所指的同期是指在同一会计期间,而并非同一时点。因为明细账一般根据记账凭证及其所附的原始凭证于平时登记,而总分类账因会计核算组织程序不同,可能在平时登记,也可能定期登记,但登记总分类账和明细分类账必须在同一会计期间内完成。

2. 登记总分类账及其所属的明细分类账的方向应当相同

这里所指的方向,是指所体现的变动方向,而并非是指账户的借贷方向。一般情况下,总分类账及其所属的明细分类账都按借方、贷方和余额设专栏登记,这时,在总分类账与其所属明细分类账中的记账方向是相同的,如存货账户和债权、债务结算账户即属于这种情况。但有些明细分类账户按组成项目设多栏记录,采用多栏式明细账格式。在这种情况下,对于某项需要冲减有关组成项目额的事项,只能用红字记入其相反的记账方向,而与总分类账中的记账方向不同。如"财务费用"账户按其组成项目设置借方多栏式明细账,发生需冲减利息费用的存款利息收入时,总分类账中记入贷方,而其明细账中则以红字记入"财务费用"账户利息费用项目的借方,以其净发生额来反映利息净支出。这时,在总分类账及其所属的明细分类账中,就不可能按相同的记账方向(指借贷方向)进行登记,而只能以相同的变动方向进行登记。

3. 记入总分类账户的金额与记入其所属的各明细分类账户的金额相等

总分类账户提供总括指标,明细分类账户提供总分类账户所记内容的具体指标,所以,记入总分类账的金额与记入其所属各明细分类账户的金额相等。但这种金额相等只表明其数量关系,而不一定都是借方发生额相等和贷方发生额相等的关系。如"财务费用"账户的明细账,采用多栏式时,本月既有存款利息收入,也有借款利息支出的情况下,"财务费用"总分类账户的贷方发生额与明细账的贷方发生额就不一致,但作为抵减利息支出的利息收入数额是相等的。

综上所述,总分类账户及其所属的明细分类账户,按平行登记规则进行登记,一般可以概括为:依据相同,方向一致,金额相等。但要注意对"方向一致、金额相等"的正确理解。

在会计核算工作中,可以利用上述关系检查账簿记录的正确性。检查时,根据总分类账与明细分类账之间的数量关系,编制明细分类账的本期发生额和余额明细表,同其相应的总分类账户本期发生额和余额相互核对,以检查总分类账与其所属明细分类账记录的正确性。明细分类账户本期发生额和余额明细表根据不同的业务内容,可以分别采用不同的格式。

现以材料核算为例,对总分类账和明细分类账的平行登记加以说明。

【例 9-1】 某单位 2015 年 1 月份原材料业务有关资料如下:

(1) 1 月 1 日,原材料余额如下:

原材料:10 000 元

其中:甲材料:7 500 元

乙材料:2 500 元

(2) 本月购入甲材料 10 千克,单价 300 元;购入乙材料 220 千克,单价 25 元,货款已用银行存款支付,材料已验收入库(不通过物资采购账户,不考虑增值税)。根据这一经济业务,其验收入库的会计分录如下:

  借:原材料——甲材料   3 000
     ——乙材料   5 500
    贷:银行存款   8 500

(3) 本月生产产品领用:甲材料 20 千克,每千克 300 元;发出材料的会计分录如下:

  借:生产成本   6 000
    贷:材料——甲材料   6 000

根据上述资料及会计分录对"原材料"总分类账及甲、乙材料明细账进行平行登记(见表 9-12 至表 9-14)。

表 9-12 总 分 类 账

会计科目:原材料

2015年		凭 证		摘 要	借方金额	贷方金额	借或贷	余 额
月	日	种类	编号					
1	1			月初余额			借	10 000
	5	转账	1	购进	8 500		借	18 500
	10	转账	2	生产投入		6 000	借	12 500

表 9-13 材料明细分类账

材料名称:甲材料

2015年		凭证号	摘 要	收 入			发 出			结 存		
月	日			数量	单价	金额	数量	单价	金额	数量	单价	金额
1	1		月初余额							25	300	7 500
	5	转1	购进	10	300	3 000				35	300	10 500
	10	转2	生产投入				20	300	6 000	15	300	4 500
1	31		本月发生额	10		3 000	20		6 000			

表 9-14　材料明细分类账

材料名称：乙材料

2015年		凭证号	摘要	收入			发出			结存		
月	日			数量	单价	金额	数量	单价	金额	数量	单价	金额
1	1		月初余额							100	25	2 500
	5	转1	购进	220	25	5 500				320	25	8 000
1	31		本月发生额	220		5 500						

从表 9-13 和表 9-14 中可看出，原材料明细分类账期初余额之和、本期发生额之和以及期末结存额之和与原材料总分类账相应的指标是相等的，即：

期初余额：7 500＋2 500＝10 000（元）

本期购进：3 000＋5 500＝8 500（元）

本期发出：6 000＝6 000（元）

期末结存：4 500＋8 000＝12 500（元）

由于总分类账和明细分类账是按平行登记的方法进行登记的，因此对总分类账和明细分类账登记的结果，应当进行相互核对。

以上总账和明细账这种有机联系，是检查账簿记录是否正确的理论依据。一般在期末都要进行相互核对，以便发现错账并加以及时地更正，保证账簿记录准确无误。

（三）期末结账

为了总结某一会计期间（如月度和年度）的经营活动情况，必须定期进行结账。结账就是把一定时期内发生的经济业务在全部登记入账的基础上，将各种账簿记录结出"本期发生额"和"期末余额"，从而根据账簿记录，编制会计报表。

1. 结账的具体做法

（1）结账前，必须将本期内所发生的各项经济业务全部登记入账。

（2）结账时，应当结出每个账户的期末余额。需要结出当月发生额的，应当在摘要栏内注明"本月合计"字样，并在下面通栏划单红线；需要结出本年累计发生额的，应当在摘要栏内注明"本年累计"字样，并在下面通栏划单红线；12月末的"本年累计"就是全年累计发生额，全年累计发生额下应当通栏划双红线，年度终了结账时，所有总账账户都应当结出全年发生额和年末余额。

2. 结账时注意的问题

(1) 结账时应当根据不同的账户记录,分别采用不同的方法。对不需要按月结计本期发生额的账户,如各项应收款明细账和各项财产物资明细账等,每次记账以后,都要随时结出余额,每月最后一笔余额即为月末余额。也就是说,月末余额就是本月最后一笔经济业务记录的同一行内的余额。月末结账时,只需要在最后一笔经济业务记录之下划一单红线,不需要再结计一次余额。

现金、银行存款日记账和需要按月结计发生额的收入、费用等明细账,每月结账时,要在最后一笔经济业务记录下面划一单红线,结出本月发生额和余额,在摘要栏内注明"本月合计"字样,在下面再划一条单红线。

需要结计本年累计发生额的某些明细账户,如产品销售收入、成本明细账等,每月结账时,应在"本月合计"行下结计自年初起至本月末止的累计发生额,登记在月份发生额下面,在摘要栏内注明"本年累计"字样,并在下面再划一单红线。12月末的"本年累计"就是全年累计发生额,全年累计发生额下划双红线。

总账账户平时只需结计月末余额。年终结账时,为了反映全年各项资产、负债及所有者权益增减变动的全貌,便于核对账目,要将所有总账账户结计全年发生额和年末余额,在摘要栏内注明"本年合计"字样,并在合计数下划一双红线。

需要结计本月发生额的某些账户,如果本月只发生一笔经济业务,由于这笔记录的金额就是本月发生额,结账时,只要在此行记录下划一单红线,表示与下月的发生额分开就可以了,不需另结出"本月合计"数。

(2) 结账划线。结账划线的目的,是为了突出本月合计数及月末余额,表示本会计期的会计记录已经截止或结束,并将本期与下期的记录明显分开。月结划单线,年结划双线。划线时,应划红线;划线应划通栏线,不应只在本账页中的金额部分划线。

(3) 账户余额的填写。每月结账时,应将月末余额写在本月最后一笔经济业务记录的同一行内。但在现金日记账、银行存款日记账和其他需要按月结计发生额的账户,如各种成本、费用、收入的明细账等,每月结账时,还应将月末余额与本月发生额写在同一行内,在摘要栏注明"本月合计"字样。这样做,账户记录中的月初余额加减本期发生额等于月末余额,便于账户记录的稽核。需要结计本年累计发生额的某些明细账户,每月结账时,"本月合计"行已有余额的,"本年累计"行就不必再写余额了。

(4) 账簿记录中使用的红字具有特定的含义,它表示蓝字金额的减少或负数余额。因此,结账时,如果出现负数余额,可以用红字在余额栏登记,但如果余额栏前印有余额的方向(如借或贷)则应用蓝黑墨水书写,而不得使用红色墨水。

(5)年度间余额结转。年度终了,要把各账户的余额结转到下一会计年度,并在摘要栏注明"结转下年"字样;在下一会计年度新建有关会计账簿的第一余额栏内填写上年结转的余额,并在摘要栏注明"上年结转"字样。年度终了结账时,有余额账户的余额,直接记入新账余额栏内即可,不需要编制记账凭证,也不必将余额再记入本年账户的借方或贷方(收方或付方),使本年有余额的账户的余额变为零。因为,既然年末是有余额的账户,余额就应当如实地在账户中加以反映,这样更显得清晰、明了。否则,就混淆了有余额账户和无余额账户的区别。

第四节 会计账簿的更换、交接和保管

一、账簿的更换

为了保持会计账簿资料的连续性,在每一会计年度结束,新的会计年度开始时,应按会计制度规定,进行账簿的更换。

(一)总账、日记账的更换

这类账簿要每年更换一次。年初,将旧账簿中各账户的余额直接记入新账簿中有关账户新账页的第一行"余额"栏内。同时,在"摘要"栏内加盖"上年结转"戳记,将旧账页最后一行数字下的空格划条斜红线注销,并在旧账页最后一行"摘要"栏内加盖"结转下年"戳记。在新旧账户之间转记余额,可不必填制凭证。

在年度内,订本账记满更换新账时,办理与年初更换新账簿相似的手续。

(二)明细账的更换

明细账的更换有两种情况,大部分的明细账反映债权债务的应收账款和应付账款,应当和总账、日记账一样,每年更换一次。但是也有一部分明细账,如固定资产明细账等因年度内变动不多,所以年初可不必更换账簿。但在"摘要"栏内,要加盖"结转下年"戳记,以划分新旧年度之间的金额。

二、账簿的交接

当记账员或会计主管人员工作变动时,应先办好账簿移交手续。会计人员在办理移交手续前必须及时办理完毕未了的会计事项,包括:对已经受理的经济业务尚未填制会计凭证的,应当填制完毕,尚未登记的账簿,应当登记完毕,并在

最后一笔余额后加盖经办人员印章。除在账簿上作上述记录外,并在账簿启用表上明确记录交接日期,在交接记录栏内明确记录经管人员、接管人员、交出的日期和姓名,加盖印章。

三、账簿的保管

会计账簿、会计凭证和会计报表等都是企业重要的经济档案和历史资料,必须妥善保管,不得任意丢失和销毁。

年末结账后,会计人员应在活页账簿前面加放"账簿启用表"和"经管账簿人员一览表"装订成册,并加上封面,统一编号后,与各种订本账一并归档。

各种账簿应按年度分类归档,编制目录,妥善保管。既保证在需要时能迅速查阅,又保证各种账簿的安全和完整。

各种账簿的保管年限和销毁的审批程序,应按《会计档案管理办法》的规定严格执行(见第十三章)。

第十章 会计核算形式

第一节 会计核算形式的意义和种类

一、会计核算形式的概念

会计凭证、账簿和会计报表是会计核算工作的三大环节,它们之间以一定的形式结合,构成了一个完整的工作体系,这就是会计核算形式。会计核算形式也称会计核算组织程序或账务处理程序,是指在会计核算中,以账务体系为核心,把会计凭证组织、会计账簿组织及记账程序与方法结合起来的技术组织方式。

会计凭证组织是指会计凭证的种类、格式以及各种凭证之间的关系;会计账簿组织是指会计账簿的种类、格式及各种账簿之间的相互关系;记账程序和方法是指从填制凭证、登记会计账簿到编制会计报表的步骤和方法。

二、会计核算形式的意义

科学地设计和组织会计账务处理程序,是会计制度的一个重要组成部分,对于提高会计工作的质量和效果,充分发挥会计的职能,及时、正确地向企业内外提供会计信息,减少会计人员工作量,节约人力物力,具有重要意义。

三、会计核算形式的基本要求

适用合理的会计核算形式一般要符合以下要求:

一要适应本单位生产经营活动的特点、规模大小及业务繁简情况,保证高质高效地完成会计任务。

二要能够全面、及时、准确地提供本单位经济活动情况的会计信息,满足单位内外各方面的需要。

三要在保证提供的核算资料正确、及时和完整的前提下尽可能简化核算手续，节约核算工作的人力和物力。

四、会计核算形式的种类

不同的会计凭证组织，会计账簿组织及记账程序和方法相互结合在一起，形成不同的会计核算形式。目前，我国常用的会计核算形式有以下五种：

（1）记账凭证核算形式。
（2）汇总记账凭证核算形式。
（3）科目汇总表核算形式。
（4）日记总账核算形式。
（5）多栏式日记账核算形式。

各种会计核算形式有很多相同点，其主要区别，即各自的特点，主要表现在登记总分类账的依据和方法不同。以下主要介绍前三种会计核算形式。

第二节　记账凭证核算形式

一、记账凭证核算形式的特点

记账凭证核算形式的特点是：直接根据记账凭证逐笔登记总分类账。这种核算形式是最基本的会计核算形式，其他核算形式都是在此基础上演变和发展形成的。

二、记账凭证核算形式设置的会计凭证和账簿

在记账凭证核算形式下，需设置收款凭证、付款凭证和转账凭证，作为登记总分类账的依据；设置现金日记账、银行存款日记账，采用三栏式账页格式；设置总分类账，采用三栏式账页格式；设置明细分类账，根据管理的需要，采用三栏式、数量金额式或多栏式账页格式。

三、记账凭证核算形式账务处理程序

（1）根据原始凭证或汇总原始凭证，编制收款凭证、付款凭证和转账凭证。
（2）根据收款凭证、付款凭证逐笔登记现金日记账和银行存款日记账。
（3）根据原始凭证、汇总原始凭证和记账凭证逐笔登记各种明细分类账。

（4）根据记账凭证逐笔登记总分类账。

（5）期末，将现金日记账、银行存款日记账和明细分类账的余额同有关科目总分类账的余额核对相符。

（6）期末，根据总分类账和明细分类账的记录，编制会计报表。

记账凭证核算形式程序如图10-1所示。

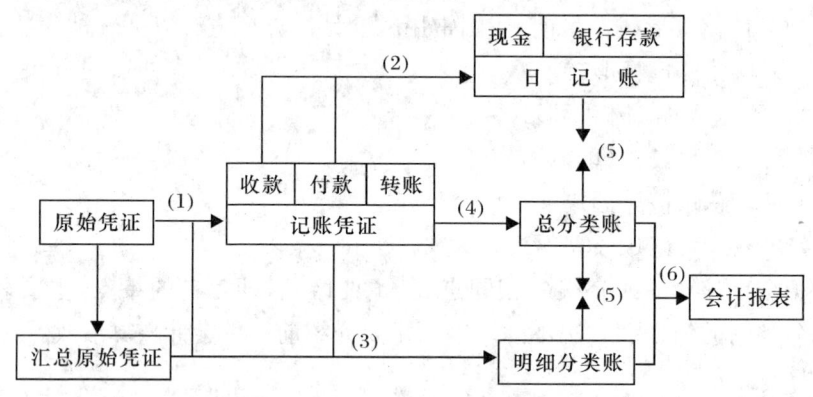

图10-1　记账凭证核算形式流程图

四、记账凭证核算形式的优缺点及适用范围

记账凭证核算形式的优点是简单明了，易于理解。总分类账反映了经济业务的发生情况。缺点是总分类账根据记账凭证逐笔登记，登账工作量大。这种核算形式一般适用于规模小且经济业务较少的经济单位。

五、记账凭证核算形式的举例

（一）基本资料

红旗厂2015年12月1日有关账户期初余额见表10-1。

红旗厂12月发生下列经济业务：

（1）1日，向大林厂购入A材料300吨，单价500元，计150 000元；购入B材料260吨，单价100元，计26 000元，增值税税率17%，价税合计205 920元。货款均未付，材料已验收入库。

（2）2日，向红星厂购入B材料200吨，单价100元，计20 000元，增值税率17%，价税合计23 400元，货款尚未支付。

（3）5日，企业生产甲、乙两种产品领用A、B两种材料情况见表10-2。

表 10-1 红旗厂会计科目余额表

2015 年 12 月 1 日

会计科目		借方余额		贷方余额	
总分类科目	明细科目	总分类科目	明细科目	总分类科目	明细科目
库存现金		1 000			
银行存款		160 000			
原材料		63 000			
	A 材料		50 000		
	B 材料		13 000		
库存商品		100 000			
	甲产品		100 000		
生产成本		3 000			
	甲产品		3 000		
固定资产		500 000			
累计折旧				180 000	
应付账款				20 000	
	大林厂				20 000
短期借款				100 000	
应付利息				200	
	借款利息				200
实收资本				513 000	
本年利润				13 800	
合　计		827 000		827 000	

表 10-2 耗用材料汇总表

单位：元

项目	A 材料		B 材料		合计
	数量	金额	数量	金额	
产品耗用					
甲	100 吨	50 000	200 吨	20 000	70 000
乙	200 吨	100 000	100 吨	10 000	110 000
车间耗用			30 吨	3 000	3 000
合计	300 吨	150 000	330 吨	33 000	183 000

(4) 18 日，企业售出甲产品 1 000 件，单价 200 元，货款 200 000 元，增值税税率 17%，价税合计 234 000 元，款项已收到并存入银行。

(5) 10 日，从银行提取现金 100 000 元备发工资。

(6) 10 日，以现金 100 000 元发放职工工资。

(7) 19 日，以银行存款 1 900 元支付销售甲产品的运杂费。

(8) 20 日，以现金 200 元支付厂办购买零星办公用品款。

(9) 25 日，开出转账支票支付上月欠大林厂货款 20 000 元。

(10) 30 日，根据工资用途，分配结转本月应付职工薪酬 114 000 元，甲产品生产工人工资 34 200 元，乙产品生产工人工资 45 600 元，车间管理人员工资 11 400 元，厂部行政管理人员工资 22 800 元。

(11) 30 日，按规定的折旧率，计提本月固定资产折旧，其中车间使用的固定资产折旧额为 2 600 元；厂部管理部门使用的固定资产折旧额为 3 000 元。

(12) 31 日，对本月发生的制造费用 17 000 元进行分配，应由甲产品负担 6 800 元，应由乙产品负担 10 200 元。

(13) 31 日，企业生产的甲产品 1 000 件全部完工并验收入库，结转其实际成本 114 000 元，乙产品 500 件全部未完工。

(14) 31 日，以银行存款 300 元支付本季度流动资金借款利息。其中本月应负担的利息 100 元。

(15) 31 日，结转已售甲产品 1 000 件的实际成本 114 000 元。

(16) 31 日，计算本月销售产品应交的消费税额 10 000 元。

(17) 31 日，结转本月的主营业务收入。

(18) 31 日，结转本月主营业务成本、税金及附加、销售费用、财务费用等。

(19) 31 日，按 25% 税率计算本年度应交所得税。

(20) 31 日，结转本年度所得税。

(21) 31 日，结转本年度实现的净利润，转入利润分配科目。

(22) 31 日，按税后利润的 10% 提取法定盈余公积。

(二) 核算程序

1. 编制记账凭证

根据以上的经济业务编制记账凭证见表10-3至表10-24。

表 10-3 收 款 凭 证

借方科目：银行存款✓　　2015 年 12 月 18 日

收字第 1 号
附件　　　张

摘　　要	贷方科目		记　账	金　　额
	总账科目	明细科目		
销售产品 1 000 件	主营业务收入	甲产品	✓	200 000
	应交税费	应交增值税	✓	34 000
合　　　　　计				￥234 000

表 10-4 付 款 凭 证

贷方科目：银行存款✓　　2015 年 12 月 10 日

付字第 1 号
附件　　　张

摘　　要	借方科目		记　账	金　　额
	总账科目	明细科目		
提取现金备发工资	库存现金		✓	100 000
合　　　　　计				￥100 000

表 10-5 付 款 凭 证

贷方科目：库存现金✓　　2015 年 12 月 10 日

付字第 2 号
附件　　　张

摘　　要	借方科目		记　账	金　　额
	总账科目	明细科目		
发 工 资	应付职工薪酬		✓	100 000
合　　　　　计				￥100 000

表 10-6 付 款 凭 证

付字第 3 号

贷方科目：银行存款√　　　2015 年 12 月 19 日　　　附件　　张

摘　要	借 方 科 目		记账	金　额
	总账科目	明细科目		
支付销售甲产品运杂费	销售费用		√	1 900
合　　　计				￥1 900

表 10-7 付 款 凭 证

付字第 4 号

贷方科目：库存现金√　　　2015 年 12 月 20 日　　　附件　　张

摘　要	借 方 科 目		记账	金　额
	总账科目	明细科目		
厂办零星办公用品	管理费用		√	200
合　　　计				￥200

表 10-8 付 款 凭 证

付字第 5 号

贷方科目：银行存款√　　　2015 年 12 月 25 日　　　附件　　张

摘　要	借 方 科 目		记账	金　额
	总账科目	明细科目		
支付大林厂货款	应付账款	大林	√	20 000
合　　　计				￥20 000

表 10-9 付 款 凭 证

付字第 6 号

贷方科目：银行存款√　　　2015 年 12 月 31 日　　　附件　　张

摘　要	借 方 科 目		记账	金　额
	总账科目	明细科目		
支付本季度借款本息	应付利息		√	200
	财务费用		√	100
合　　　计				￥300

表10-10 转 账 凭 证

2015 年 12 月 1 日

转字第 1 号
附件　　张

摘　　要	总账科目	明细科目	记账	借方金额	记账	贷方金额
购入 A、B 材料	原材料	A 材料	√	150 000		
		B 材料	√	26 000		
	应交税费	应交增值税	√	29 920		
	应付账款	大林			√	205 920
合　　　　计				￥205 920		￥205 920

表10-11 转 账 凭 证

2015 年 12 月 2 日

转字第 2 号
附件　　张

摘　　要	总账科目	明细科目	记账	借方金额	记账	贷方金额
购入 B 材料	原 材 料	B 材料	√	20 000		
	应交税费	应交增值税	√	3 400		
	应付账款	红星厂			√	23 400
合　　　　计				￥23 400		￥23 400

表10-12 转 账 凭 证

2015 年 12 月 5 日

转字第 3 号
附件　　张

摘　　要	总账科目	明细科目	记账	借方金额	记账	贷方金额
领用材料	生产成本	甲产品	√	70 000		
		乙产品	√	110 000		
	制造费用	红星厂	√	3 000		
	原 材 料	A 材料			√	150 000
		B 材料			√	33 000
合　　　　计				￥183 000		￥183 000

表 10-13　转 账 凭 证

转字第 4 号
附件　　张

2015 年 12 月 30 日

摘　要	总账科目	明细科目	记账	借方金额	记账	贷方金额
分配结转 职工工资	生产成本	甲产品	✓	34 200		
		乙产品	✓	45 600		
	制造费用		✓	11 400		
	管理费用		✓	22 800		
	应付职工薪酬				✓	114 000
合　　计				￥114 000		￥114 000

表 10-14　转 账 凭 证

转字第 5 号
附件　　张

2015 年 12 月 30 日

摘　要	总账科目	明细科目	记账	借方金额	记账	贷方金额
计提折旧	制造费用		✓	2 600		
	管理费用		✓	3 000		
	累计折旧				✓	5 600
合　　计				￥5 600		￥5 600

表 10-15　转 账 凭 证

转字第 6 号
附件　　张

2015 年 12 月 31 日

摘　要	总账科目	明细科目	记账	借方金额	记账	贷方金额
分配结转 制造费用	生产成本	甲产品	✓	6 800		
		乙产品	✓	10 200		
	制造费用				✓	17 000
合　　计				￥17 000		￥17 000

表 10-16　转　账　凭　证

转字第 7 号

2015 年 12 月 31 日　　　　　　　　　　　附件　　张

摘　　　要	总账科目	明细科目	记账	借方金额	记账	贷方金额
结转入库甲产品成本	库存商品	甲产品	✓	114 000		
	生产成本	甲产品			✓	114 000
合　　　　计				¥114 000		¥114 000

表 10-17　转　账　凭　证

转字第 8 号

2015 年 12 月 31 日　　　　　　　　　　　附件　　张

摘　　　要	总账科目	明细科目	记账	借方金额	记账	贷方金额
结转已售产品成本	主营业务成本	甲产品	✓	114 000		
	库存商品	甲产品			✓	114 000
合　　　　计				¥114 000		¥114 000

表 10-18　转　账　凭　证

转字第 9 号

2015 年 12 月 31 日　　　　　　　　　　　附件　　张

摘　　　要	总账科目	明细科目	记账	借方金额	记账	贷方金额
结转销售产品税金	税金及附加		✓	10 000		
	应交税费	应交消费税			✓	10 000
合　　　　计				¥10 000		¥10 000

表 10-19　转　账　凭　证

转字第 10 号

2015 年 12 月 31 日　　　　　　　　　　　附件　　张

摘　　　要	总账科目	明细科目	记账	借方金额	记账	贷方金额
结转本月各项收入	主营业务收入		✓	200 000		
	本年利润				✓	200 000
合　　　　计				¥200 000		¥200 000

表 10-20　转 账 凭 证

转字第 11 号
2015 年 12 月 31 日　　　　　　　　　　　　附件　　张

摘　要	总账科目	明细科目	记账	借方金额	记账	贷方金额
结转本月各项费用	本年利润		√	152 000		
	主营业务成本				√	114 000
	税金及附加				√	10 000
	销售费用				√	1 900
	管理费用				√	26 000
	财务费用				√	100
合　　　　计				¥152 000		¥152 000

表 10-21　转 账 凭 证

转字第 12 号
2015 年 12 月 31 日　　　　　　　　　　　　附件　　张

摘　要	总账科目	明细科目	记账	借方金额	记账	贷方金额
应交本年所得税	所得税费用		√	15 450		
	应交税费				√	15 450
合　　　　计				¥15 450		¥15 450

表 10-22　转 账 凭 证

转字第 13 号
2015 年 12 月 31 日　　　　　　　　　　　　附件　　张

摘　要	总账科目	明细科目	记账	借方金额	记账	贷方金额
结转所得税	本年利润		√	15 450		
	所得税费用				√	15 450
合　　　　计				¥15 450		¥15 450

表 10-23　转 账 凭 证

转字第 14 号
2015 年 12 月 31 日　　　　　　　　　　　　附件　　张

摘　要	总账科目	明细科目	记账	借方金额	记账	贷方金额
结转本年利润	本年利润		√	46 350		
	利润分配	未分配利润			√	46 350
合　　　　计				¥46 350		¥46 350

表 10-24 转 账 凭 证

转字第 15 号
2015 年 12 月 31 日   附件　　张

摘　　要	总账科目	明细科目	记账	借方金额	记账	贷方金额
提取盈余公积金	利润分配	提取盈余公积	√	4 635		
		盈余公积			√	4 635
合　　计				￥4 635		￥4 635

2. 登记账簿

根据以上记账凭证登记日记账、总分类账、原材料明细账、生产成本明细账、产成品明细账和应付账款明细账等（其余明细账略）。

（1）登记日记账，见表 10-25 和表 10-26。

表 10-25 现金日记账

2015 年		凭证		摘　　要	对方科目	借　方	贷　方	余　　额
月	日	字	号					
12	1			月初余额				1 000
	10	付	1	提现备发工资	银行存款	100 000		101 000
	10	付	2	发工资	应付职工薪酬		100 000	1 000
	20	付	4	支付厂办零星用品款	管理费用		200	800
12	31			月结		100 000	100 200	

表 10-26 银行存款日记账

2015 年		凭证		摘　　要	对方科目	借　方	贷　方	余　　额
月	日	字	号					
12	1			月初余额				160 000
	10	付	1	提现备发工资	库存现金		100 000	60 000
	18	收	1	销售甲产品	主营业务收入	200 000		294 000
					应交税费	34 000		
	19	付	3	支付销售产品运杂费	销售费用		1 900	292 100
	25	付	5	支付前欠货款	应付账款		20 000	272 100
	31	付	6	支付银行借款本息	应付利息		200	271 800
					财务费用		100	
12	31			月结		234 000	122 200	

(2) 登记总分类账,见表 10-27 至表 10-49。

表 10-27　总 分 类 账

会计科目:库存现金

2015年		凭证		摘　　要	借　方	贷　方	借或贷	余　额
月	日	字	号					
12	1			月初余额			借	1 000
	10	付	1	提现备发工资	100 000		借	101 000
	10	付	2	发工资		100 000	借	1 000
	20	付	4	付厂办零星用品款		200	借	800
12	31			月结	100 000	100 200		

表 10-28　总 分 类 账

会计科目:银行存款

2015年		凭证		摘　　要	借　方	贷　方	借或贷	余　额
月	日	字	号					
12	1			月初余额			借	160 000
	10	付	1	提现备发工资		100 000	借	60 000
	18	收	1	销售甲产品	234 000		借	294 000
	19	付	3	支付销售产品运杂费			借	292 100
	25	付	5	支付前欠货款		20 000	借	272 100
	31	付	6	支付银行借款本息		300	借	271 800
12	31			月结	234 000	122 200		

表 10-29　总 分 类 账

会计科目:原材料

2015年		凭证		摘　　要	借　方	贷　方	借或贷	余　额
月	日	字	号					
12	1			月初余额			借	63 000
	1	转	1	购入 A、B 材料	176 000		借	230 000
	2	转	2	购入 B 材料	20 000		借	2 590 000
	3	转	3	领用材料		183 000	借	76 000
12	31			月结	196 000	183 000		

表 10-30 总 分 类 账

会计科目：库存商品

2015 年		凭证		摘要	借方	贷方	借或贷	余额
月	日	字	号					
12	1			月初余额			借	100 000
	31	转	7	结转入库甲产品成本	114 000		借	214 000
	31	转	8	结转已售甲产品成本		114 000	借	100 000
12	31			月结	114 000	114 000		

表 10-31 总 分 类 账

会计科目：生产成本

2015 年		凭证		摘要	借方	贷方	借或贷	余额
月	日	字	号					
12	1			月初余额			借	3 000
	5	转	3	领用材料	180 000		借	183 000
	30	转	4	生产工人工资	79 800		借	262 800
	31	转	6	制造费用	17 000		借	279 800
	31	转	7	完工产品成本		114 000	借	165 800
12	31			月结	276 800	114 000		

表 10-32 总 分 类 账

会计科目：制造费用

2015 年		凭证		摘要	借方	贷方	借或贷	余额
月	日	字	号					
12	5	转	3	领用材料	3 000		借	3 000
	30	转	4	生产工人工资	11 400		借	14 400
	30	转	5	折旧费	2 600		借	17 000
	31	转	6	分配结转制造费用		17 000	平	0
12	31			月结	17 000	17 000		

表 10-33 总 分 类 账

会计科目：固定资产

2015 年		凭证		摘 要	借 方	贷 方	借或贷	余 额
月	日	字	号					
12	1			月初结余			借	500 000

表 10-34 总 分 类 账

会计科目：累计折旧

2015 年		凭证		摘 要	借 方	贷 方	借或贷	余 额
月	日	字	号					
12	1			月初余额			贷	180 000
	30	转	5	计提折旧		5 600	贷	185 600
12	31			月结		5 600		

表 10-35 总 分 类 账

会计科目：应付账款

2015 年		凭证		摘 要	借 方	贷 方	借或贷	余 额
月	日	字	号					
12	1			月初余额			贷	20 000
	1	转	1	购入 A、B 材料		205 920	贷	225 920
	2	转	2	购入 B 材料		23 400	贷	249 320
	25	付	5	偿还前欠大林厂货款	20 000		贷	229 320
12	31			月结	20 000	229 320		

表 10-36 总 分 类 账

会计科目：应付职工薪酬

2015 年		凭证		摘 要	借 方	贷 方	借或贷	余 额
月	日	字	号					
12	10	付	2	发工资	100 000		借	100 000
	30	转	4	分配结转职工工资		114 000	贷	14 000
12	31			月结	100 000	114 000		

表 10-37 总 分 类 账

会计科目：应交税费

2015年		凭证		摘 要	借方	贷方	借或贷	余额
月	日	字	号					
12	1	转	1	应交增值税	29 920		借	29 920
	2	转	2	应交增值税	3 400		借	33 320
	18	收	1	应交增值税		34 000	贷	680
	31	转	9	应交消费税		10 000	贷	10 680
	31	转	12	应交所得税		15 450	贷	26 130
12	31			月结	33 320	59 450		

表 10-38 总 分 类 账

会计科目：应付利息

2015年		凭证		摘 要	借方	贷方	借或贷	余额
月	日	字	号					
12	1			月初余额			贷	200
	31	付	6	支付银行利息	200		平	0
12	31			月结	200			

表 10-39 总 分 类 账

会计科目：实收资本

2015年		凭证		摘 要	借方	贷方	借或贷	余额
月	日	字	号					
12	1			月初余额			贷	513 000

表 10-40 总 分 类 账

会计科目：盈余公积

2015年		凭证		摘 要	借方	贷方	借或贷	余额
月	日	字	号					
12	31	转	15	提取盈余公积		4 635	贷	4 635
12	31			月结		4 635		4 635

表 10-41　总 分 类 账

会计科目：本年利润

2015年		凭证		摘　要	借　方	贷　方	借或贷	余　额
月	日	字	号					
12	1			月初余额			贷	13 800
	31	转	10	收入转入		200 000		
	31	转	11	营业成本等转入	152 000			
	31	转	13	所得税转入	15 450			
	31	转	14	结转本年净利润	46 350		平	0
12	31			月结	213 800	200 000		

表 10-42　总 分 类 账

会计科目：利润分配

2015年		凭证		摘　要	借　方	贷　方	借或贷	余　额
月	日	字	号					
12	31	转	14	本年净利润转入		46 350		
	31	转	15	提取盈余公积	4 635		贷	41 715
	31			月结	4 635	46 350		

表 10-43　总 分 类 账

会计科目：主营业务收入

2015年		凭证		摘　要	借　方	贷　方	借或贷	余　额
月	日	字	号					
12	8	收	1	销售甲产品		200 000	贷	200 000
	31	转	10	结转销售收入	200 000		平	0
12	31			月结	200 000	200 000		

表 10-44　总 分 类 账

会计科目：主营业务成本

2015年		凭证		摘　要	借　方	贷　方	借或贷	余　额
月	日	字	号					
12	31	转	8	结转已售产品成本	114 000			
	31	转	11	转入本年利润		114 000		
12	31			月结	114 000	114 000		

表 10-45　总 分 类 账

会计科目：税金及附加

2015年		凭证		摘　　要	借　方	贷　方	借或贷	余　额
月	日	字	号					
12	31	转	9	产品销售税金	10 000			
	31	转	11	转入本年利润		10 000	平	0
12	31			月结	10 000	10 000		

表 10-46　总 分 类 账

会计科目：销售费用

2015年		凭证		摘　　要	借　方	贷　方	借或贷	余　额
月	日	字	号					
12	19	付	3	支付销售甲产品运杂费	1 900			
	31	转	11	转入本年利润		1 900	平	0
12	31			月结	1 900	1 900		

表 10-47　总 分 类 账

会计科目：管理费用

2015年		凭证		摘　　要	借　方	贷　方	借或贷	余　额
月	日	字	号					
12	20	付	4	厂办零星用品	200		借	200
	30	转	4	管理人员工资	22 800			
	30	转	5	折旧费	3 000		借	26 000
	31	转	11	转入本年利润		26 000	平	0
12	31			月结	26 000	26 000		

表 10-48　总 分 类 账

会计科目：财务费用

2015年		凭证		摘　　要	借　方	贷　方	借或贷	余　额
月	日	字	号					
12	31	付	6	支付银行借款利息	100		借	100
	31	转	11	转入本年利润		100	平	0
12	31			月结	100	100		

表10-49 总分类账

会计科目：所得税费用

2015年		凭证		摘要	借方	贷方	借或贷	余额
月	日	字	号					
12	31	转	12	应交本年所得税	15 450			
	31	转	13	转入本年利润		15 450	平	0
12	31			月结	15 450	15 450		

(3) 登记明细分类账，见表10-50至表10-55。

表10-50 明细分类账

原材料明细账　　　　　　　　　　　　　　　　　　　　　　数量单位：吨
材料名称：A材料　　　　　　　　　　　　　　　　　　　　金额单位：元

2015年		凭证		摘要	收入			发出			结存		
月	日	字	号		数量	单价	金额	数量	单价	金额	数量	单价	金额
12	1			月初余额							100	500	50 000
	1	转	1	购买材料	300	500	150 000				400	500	200 000
	5	转	3	领用材料				300	500	150 000	100	500	50 000
12	31			月结	300		150 000	300		150 000			

表10-51 明细分类账

　　　　　　　　　　　　　　　　　　　　　　　　　　　　　数量单位：吨
材料名称：B材料　　　　　　　　　　　　　　　　　　　　金额单位：元

2015年		凭证		摘要	收入			发出			结存		
月	日	字	号		数量	单价	金额	数量	单价	金额	数量	单价	金额
12	1			月初余额							130	100	13 000
	1	转	1	购买材料	260	100	26 000				390	100	39 000
	2	转	2	购买材料	200	100	20 000				590	100	59 000
	5	转	3	领用材料				330	100	33 000	260	100	26 000
12	31			月结	460		46 000	300		33 000			

表 10-52 明 细 分 类 账

生产成本明细账

产品名称：甲产品

2015年		凭证		摘 要	直接材料	直接人工	制造费用	合 计
月	日	字	号					
12	1			月初余额	2 000	800	200	3 000
	5	转	3	领用材料	70 000			70 000
	30	转	4	生产工人工资		34 200		30 000
	31	转	6	本月制造费用			6 800	6 800
	31			合 计	72 000	35 000	7 000	114 000
	31	转	7	完工入库	72 000	35 000	7 000	114 000

表 10-53 明 细 分 类 账

产品名称：乙产品

2015年		凭证		摘 要	直接材料	直接人工	制造费用	合 计
月	日	字	号					
12	5	转	3	领用材料	110 000			110 000
	30	转	4	生产工人工资		45 600		45 600
	31	转	6	本月制造费用			10 200	10 200
12	31			合 计	110 000	45 600		

表 10-54 明 细 分 类 账

应付账款明细表

账户：大林厂

2015年		凭证		摘 要	借 方	贷 方	借或贷	余 额
月	日	字	号					
12	1			月初余额			贷	20 000
	1	转	1	购入A、B材料		205 920	贷	225 920
	25	付	5	偿还前欠大林厂货款	20 000		贷	205 920
12	31			月结	20 000	205 920		

表 10-55 明 细 分 类 账

账户：红星

2015年		凭证字号	摘　　要	借方	贷方	借或贷	余额
月	日						
	2	转 2	购入B材料		23 400	贷	23 400
12	31		月结		23 400	贷	23 400

3. 编制会计报表

月终根据核对无误的总分类账和明细分类账的记录，编制"总分类账本期发生额及期末余额表"，见表 10-56。试算平衡后编制的"资产负债表"(简化)见表 10-57 和"利润表"(简化)见表 10-58。

表 10-56 总分类账本期发生额及期末余额表

2015年12月　　　　　　　　　　　　　　　　　　　　单位：元

会计科目	期初余额		本期发生额		期末余额	
	借方	贷方	借方	贷方	借方	贷方
库存现金	1 000		100 000	100 200	800	
银行存款	160 000		234 000	122 200	271 800	
原材料	63 000		196 000	183 000	76 000	
库存商品	100 000		114 000	114 000	100 000	
生产成本	3 000		276 800	114 000	165 800	
制造费用			17 000	17 000		
固定资产	500 000				500 000	
累计折旧		180 000		5 600		185 600
短期借款		100 000				100 000
应付账款		20 000	20 000	229 320		229 320
应付职工薪酬			100 000	114 000		14 000
应付利息			200	200		
应交税费			33 320	59 450		26 130
实收资本		513 000				513 000
盈余公积				4 635		4 635

(续表)

会计科目	期初余额		本期发生额		期末余额	
	借方	贷方	借方	贷方	借方	贷方
本年利润		13 800	213 800	200 000		
利润分配			4 635	46 350		41 715
主营业务收入			200 000	200 000		
主营业务成本			114 000	114 000		
税金及附加			10 000	10 000		
销售费用			1 900	1 900		
管理费用			26 000	26 000		
财务费用			100	100		
所得税费用			15 450	15 450		
合　　计	827 000	827 000	1 677 205	1 677 205	1 114 400	1 114 400

表 10-57　资产负债表

2015 年 12 月 31 日　　　　　　　　　　　　　　　单位：元

资　　产	年初数	期末数	负债及所有者权益	年初数	期末数
流动资产：			流动负债：		
货币资金		272 600	短期借款		100 000
应收账款			应付账款		229 320
存货		341 800	应付职工薪酬		14 000
其他流动资产			应交税费		26 130
流动资产合计		614 400	应付利息		
非流动资产：			应付股利		
固定资产		314 400	其他流动负债		
在建工程			流动负债合计		369 450
工程物资			非流动负债：		
无形资产			所有者权益：		
开发支出			实收资本		513 000
商誉			盈余公积		4 635
其他非流动资产			未分配利润		41 715
非流动资产合计		314 400	所有者权益合计		559 350
资产总计		928 800	负债及所有者权益总计		928 800

表 10-58 利　润　表

2015 年 12 月　　　　　　　　　　　　　　　　单位：元

项　　　　目	本　月　数	本年累计数
一、营业收入	200 000	
减：营业成本	114 000	
税金及附加	10 000	
减：销售费用	1 900	
管理费用	26 000	
财务费用	100	
二、营业利润	48 000	
加：营业外收入		
减：营业外支出		
三、利润总额	48 000	61 800
减：所得税费用	12 000	15 450
四、净利润	36 000	46 350

第三节　科目汇总表核算形式

一、科目汇总表核算形式的特点

科目汇总表核算形式的特点是：定期地将所有记账凭证按会计科目汇总编制成科目汇总表，然后再根据科目汇总表登记总分类账。这种核算形式是在记账凭证核算形式的基础上，通过增设科目汇总表，并以其作为登记总分类账的直接依据而形成的。

二、科目汇总表核算形式设置的会计凭证和账簿

在科目汇总表核算形式下，除了设置收款凭证、付款凭证和转账凭证外，还需设置科目汇总表作为登记总分类账的依据；设置现金日记账和银行存款日记账，采用三栏式账页；设置总分类账，采用三栏式账页格式；设置明细分类账，根据所记录经济业务的内容采用三栏式、数量金额式或多栏式账页格式。

三、科目汇总表的编制方法

科目汇总表的编制方法是：根据一定期间内所有的记账凭证，按照相同的会计科目进行归类，定期汇总出每一个会计科目的借方本期发生额合计和贷方本期发生额合计，并且填写在科目汇总表有关科目的借方发生额和贷方发生额栏目内，然后加总全部总账科目的借方发生额与贷方发生额，合计加总相等。科目汇总表每月汇总一次编制一张，也可以每旬编制一张或每月编制一张。格式见表10-59和表10-60。

表10-59 科目汇总表

第 号
年 月 日至 日　　　　　　附单据 张

会计科目	借方发生额	记账	贷方发生额	记账
合　计				

会计主管：　　　　记账：　　　　审核：　　　　制表：

表10-60 科目汇总表

第 号
年 月 日至 日　　　　　　附单据 张

会计科目	1～10日		11～20日		21～30日		合　计		总账页数
	借方	贷方	借方	贷方	借方	贷方	借方	贷方	
合　计									

会计主管：　　　　记账：　　　　审核：　　　　制表：

科目汇总表可以输入计算机，用计算机进行科目汇总表的编制，可以简化和加速会计核算工作。

四、科目汇总表核算形式的账务处理程序

科目汇总表核算形式的账务处理程序如下：

（1）根据原始凭证和汇总原始凭证，编制收款凭证、付款凭证、转账凭证。

（2）根据收款凭证和付款凭证逐笔登记现金日记账和银行存款日记账。

（3）根据原始凭证、汇总原始凭证和记账凭证登记各种明细分类账。

（4）根据一定时期内的全部记账凭证汇总编制科目汇总表。

（5）根据科目汇总表登记总分类账。

（6）期末，将现金日记账、银行存款日记账的余额以及各种明细分类账户余额合计数分别与总分类账中有关科目的余额核对相符。

（7）期末，根据总分类账和各种明细账的记录，编制会计报表。

根据上述账务处理程序，可将科目汇总表核算形式的流程以图 10-2 表示。

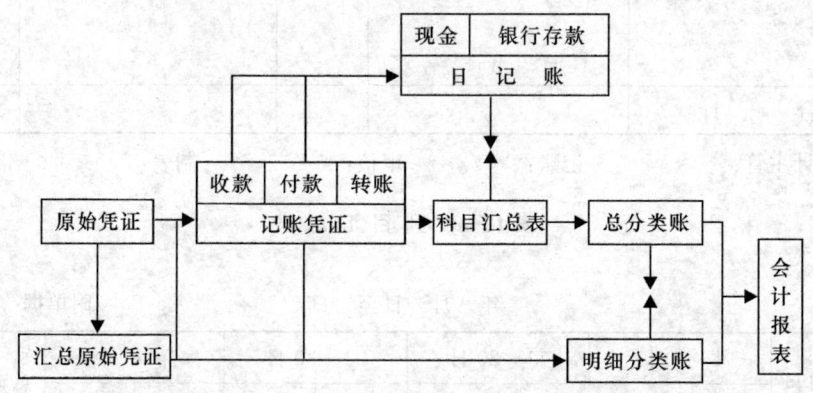

图 10-2　科目汇总表核算形式流程图

五、科目汇总表核算的优缺点及适用范围

采用科目汇总表核算形式，是根据记账凭证定期编制科目汇总表汇总登记总账的，可以大大减少登记总账的工作量，还可以通过科目汇总表试算本期的发生额是否平衡。但科目汇总表不能反映各科目间的对应关系，不便于根据账簿记录进行检查和分析经济业务的来龙去脉，不便于查对账目。这种核算形式一般适用于规模较大和经济业务较多的单位。

六、科目汇总表核算形式举例

基本资料同上一节。

（一）编制会计凭证和登记账簿

与上一节的方法相同。

（二）编制科目汇总表

根据记账凭证定期编制科目汇总表，见表 10-61。

表 10-61　红旗工厂科目汇总表

2015 年 12 月 31 日

会　计　科　目	本期借方发生额	本期贷方发生额
库存现金	100 000	100 200
银行存款	234 000	122 200
原材料	196 000	183 000
库存商品	114 000	114 000
生产成本	276 800	114 000
制造费用	17 000	17 000
固定资产		
累计折旧		5 600
短期借款		
应付账款	20 000	229 320
应付职工薪酬	100 000	114 000
应付利息	200	
应交税费	33 320	59 450
实收资本		
盈余公积		4 635
本年利润	213 800	200 000
利润分配	4 635	46 350
主营业务收入	200 000	200 000
主营业务成本	114 000	114 000
税金及附加	10 000	10 000
销售费用	1 900	1 900
管理费用	26 000	26 000
财务费用	100	100
所得税费用	15 450	15 450
合　　计	1 677 205	1 677 205

(三)根据科目汇总表登记总分类账

总分类账的登记见表10-62至表10-86。

表10-62 总分类账

会计科目:库存现金

2015年		凭证		摘 要	借方	贷方	借或贷	余额
月	日	字	号					
12	1			月初余额			借	1 000
	31	科汇		1～31日汇总	100 000	100 200	借	800
12	31			月结	100 000	100 200		

表10-63 总分类账

会计科目:银行存款

2015年		凭证		摘 要	借方	贷方	借或贷	余额
月	日	字	号					
12	1			月初余额			借	160 000
	31	科汇		1～31日汇总	234 000	122 200	借	271 800
12	31			月结	234 000	122 200		

表10-64 总分类账

会计科目:原材料

2015年		凭证		摘 要	借方	贷方	借或贷	余额
月	日	字	号					
12	1			月初余额			借	63 000
	31	科汇		1～31日汇总	196 000	183 000	借	76 000
12	31			月结	196 000	183 000		

表10-65 总分类账

会计科目:库存商品

2015年		凭证		摘 要	借方	贷方	借或贷	余额
月	日	字	号					
12	1			月初余额			借	100 000
	31	科汇		1～31日汇总	114 000	114 000	借	100 000
12	31			月结	114 000	114 000		

表10-66 总分类账

会计科目：固定资产

2015年		凭证		摘 要	借 方	贷 方	借或贷	余 额
月	日	字	号					
12	1			月初余额			借	500 000

表10-67 总分类账

会计科目：累计折旧

2015年		凭证		摘 要	借 方	贷 方	借或贷	余 额
月	日	字	号					
12	1			月初余额			贷	180 000
	31	科汇		1～31日汇总		5 600	贷	185 600
12	31			月结		5 600		

表10-68 总分类账

会计科目：短期借款

2015年		凭证		摘 要	借 方	贷 方	借或贷	余 额
月	日	字	号					
12	1			月初余额			贷	100 000

表10-69 总分类账

会计科目：应付账款

2015年		凭证		摘 要	借 方	贷 方	借或贷	余 额
月	日	字	号					
12	1			月初余额			贷	20 000
	31	科汇		1～31日汇总	20 000	229 320	贷	229 320
12	31			月结	20 000	229 320		

表10-70 总分类账

会计科目：累计折旧

2015年		凭证		摘 要	借 方	贷 方	借或贷	余 额
月	日	字	号					
12	1			月初余额			贷	180 000
	31	科汇	1	1～31日汇总		5 600	贷	185 600
12	31			月结		5 600		

表 10-71 总 分 类 账

会计科目：应付职工薪酬

2015年		凭证		摘要	借方	贷方	借或贷	余额
月	日	字	号					
12	31	科汇		1～31日汇总	100 000	114 000	贷	14 000
12	31			月结	100 000	114 000		

表 10-72 总 分 类 账

会计科目：应交税费

2015年		凭证		摘要	借方	贷方	借或贷	余额
月	日	字	号					
12	31	科汇		1～31日汇总	33 320	59 450	贷	26 130
12	31			月结	33 320	59 450		

表 10-73 总 分 类 账

会计科目：应付利息

2015年		凭证		摘要	借方	贷方	借或贷	余额
月	日	字	号					
12	1			月初余额			贷	200
	31	科汇		1～31日汇总	200		平	0
12	31			月结	200			

表 10-74 总 分 类 账

会计科目：实收资本

2015年		凭证		摘要	借方	贷方	借或贷	余额
月	日	字	号					
12	1			月初余额			贷	513 000

表 10-75　总 分 类 账

会计科目：本年利润

2015年		凭证		摘　　要	借方	贷方	借或贷	余　额
月	日	字	号					
12	1			月初余额			贷	13 800
	31	科汇		1～31日汇总	213 800	200 000	平	0
12	31			月结	213 800	200 000		

表 10-76　总 分 类 账

会计科目：盈余公积

2015年		凭证		摘　　要	借方	贷方	借或贷	余　额
月	日	字	号					
12	31	科汇		1～31日汇总		4 635	贷	4 635
12	31			月结		4 635		

表 10-77　总 分 类 账

会计科目：利润分配

2015年		凭证		摘　　要	借方	贷方	借或贷	余　额
月	日	字	号					
12	31	科汇		1～31日汇总	4 635	46 350	贷	41 715
12	31			月结	4 635	46 350		

表 10-78　总 分 类 账

会计科目：生产成本

2015年		凭证		摘　　要	借方	贷方	借或贷	余　额
月	日	字	号					
12	1			月初余额			借	3 000
	31	科汇		1～31日汇总	276 800	114 000	借	1 658 000
12	31			月结	276 800	114 000		

表 10-79　总 分 类 账

会计科目：制造费用

2015年		凭证		摘　要	借　方	贷　方	借或贷	余　额
月	日	字	号					
12	31	科汇		1～31日汇总	17 000	17 000	平	0
12	31			月结	17 000	17 000		

表 10-80　总 分 类 账

会计科目：主营业务收入

2015年		凭证		摘　要	借　方	贷　方	借或贷	余　额
月	日	字	号					
12	31	科汇		1～31日汇总	200 000	200 000	平	0
12	31			月结	200 000	200 000		

表 10-81　总 分 类 账

会计科目：主营业务成本

2015年		凭证		摘　要	借　方	贷　方	借或贷	余　额
月	日	字	号					
12	31	科汇		1～31日汇总	114 000	114 000	平	0
12	31			月结	114 000	114 000		

表 10-82　总 分 类 账

会计科目：税金及附加

2015年		凭证		摘　要	借　方	贷　方	借或贷	余　额
月	日	字	号					
12	31	科汇		1～31日汇总	10 000	10 000	平	0
12	31			月结	10 000	10 000		

表10-83　总分类账

会计科目：销售费用

2015年		凭证		摘要	借方	贷方	借或贷	余额
月	日	字	号					
12	31	科汇		1~31日汇总	1 900	1 900	平	0
12	31			月结	1 900	1 900		

表10-84　总分类账

会计科目：管理费用

2015年		凭证		摘要	借方	贷方	借或贷	余额
月	日	字	号					
12	31	科汇		1~31日汇总	26 000	26 000	平	0
12	31			月结	26 000	26 000		

表10-85　总分类账

会计科目：财务费用

2015年		凭证		摘要	借方	贷方	借或贷	余额
月	日	字	号					
12	31	科汇		1~31日汇总	100	100	平	0
12	31			月结	100	100		

表10-86　总分类账

会计科目：所得税费用

2015年		凭证		摘要	借方	贷方	借或贷	余额
月	日	字	号					
12	31	科汇		1~31日汇总	15 450	15 450	平	0
12	31			月结	15 450	15 450		

（四）根据记账凭证登记日记账、明细账和根据账簿资料编制会计报表编制方法与记账凭证核算形式相同，不再重复。

【业务 67】 根据红光公司[业务 1]至[业务 38]（见 98 页）以及[业务 39]至[业务 66]（见 156 页）的科目汇总表，只选取库存现金、银行存款、生产成本、应交税费、其他业务收入、其他业务成本登记总分类账（见表 10-87 至表 10-92）。其他总分类账的登记与此差别不大，故而省略。

表 10-87 总 分 类 账

会计科目：库存现金

2015 年		凭 证		摘　　要	借 方	贷 方	借或贷	余　额
月	日	字	号					
1	1			月初余额			借	1 500
1	31	汇	1	[业务 1]至[业务-38]汇总		800	借	700

表 10-88 总 分 类 账

会计科目：银行存款

2015 年		凭 证		摘　　要	借 方	贷 方	借或贷	余　额
月	日	字	号					
1	1			月初余额			借	10 000
	31	汇	1	[业务 1]至[业务-38]汇总	8 298 650	2 029 805		
	31	汇	2	[业务 39]至[业务-66]汇总	7 200	7 200	借	6 278 845
	31			月结	8 305 850	2 037 005		

表 10-89 总 分 类 账

会计科目：生产成本

2015 年		凭 证		摘　　要	借 方	贷 方	借或贷	余　额
月	日	字	号					
1	1			月初余额			借	57 300
	31	汇	1	[业务 1]至[业务-38]汇总	880 000			
	31	汇	2	[业务 39]至[业务—66]汇总	100 000	968 000	借	69 300
	31			月结	980 000	968 000		

表 10-90　总 分 类 账

会计科目:应交税费

2015年		凭证		摘　　要	借　方	贷　方	借或贷	余　额
月	日	字	号					
1	1			月初余额			贷	30 000
	31	汇	1	[业务1]至[业务-38]汇总	169 065	230 350		
	31	汇	2	[业务39]至[业务-66]汇总		131 750	贷	223 035
	31			月结	169 065	362 100		

表 10-91　总 分 类 账

会计科目:其他业务收入

2015年		凭证		摘　　要	借　方	贷　方	借或贷	余　额
月	日	字	号					
1	31	汇	1	[业务1]至[业务-38]汇总		3 000		
	31	汇	2	[业务39]至[业务-66]汇总	7 000	4 000	平	0
	31			月结	7 000	7 000		

表 10-92　总 分 类 账

会计科目:其他业务成本

2015年		凭证		摘　　要	借　方	贷　方	借或贷	余　额
月	日	字	号					
1	31	汇	1	[业务1]至[业务-38]汇总	1 100			
	31	汇	2	[业务39]至[业务-66]汇总	250	1 350	平	0
	31			月结	1 350	1 350		

【业务68】　根据红光公司记账凭证登记银行存款(现金)日记账(参见第九章第二节)。

【业务69】　根据红光公司记账凭证登记明细分类账,只登记"应交税费"明细分类账(见表10-93至表10-97),其他略。

表 10-93　明 细 分 类 账

会计科目：应交税费——应交增值税

2015年		凭证		摘　　要	借　方	贷　方	借或贷	余　额
月	日	字	号					
1	1			期初余额				0
	7	银付	6	购置设备进项税额	51 000			
	7	转	8	购买材料进项税额	24 480			
	9	银付	11	购买材料进项税额	85 935			
	21	银收	20	销售产品销项税额		100 300		
	21	转	21	销售产品销项税额		129 200		
	22	银收	23	销售材料销项税额		170		
	30	转	34	购买材料进项税额	7 650			
	30	转	38	销售产品销项税额		680	贷	61 285
	31			月结	169 065	2 320 350		

表 10-94　明 细 分 类 账

会计科目：应交税费——应交消费税

2015年		凭证		摘　　要	借　方	贷　方	借或贷	余　额
月	日	字	号					
1	1			期初余额			贷	0
	31	转	47	销售产品消费税		67 500	贷	67 500

表 10-95　明 细 分 类 账

会计科目：应交税费——应交教育费附加

2015年		凭证		摘　　要	借　方	贷　方	借或贷	余　额
月	日	字	号					
1	1			期初余额			贷	0
	31	转	48	教育费附加		250	贷	250

表 10-96　明 细 分 类 账

会计科目:应交税费——应交城市维护建设税

2015年		凭　证		摘　　要	借　方	贷　方	借或贷	余　额
月	日	字	号					
1	1			期初余额			贷	0
	31	转	49	城市维护建设税		1 100	贷	1 100

表 10-97　明 细 分 类 账

会计科目:应交税费——应交企业所得税

2015年		凭　证		摘　　要	借　方	贷　方	借或贷	余　额
月	日	字	号					
1	1			期初余额			贷	30 000
	31	转	60	企业所得税		62 900	贷	92 900

应交税费各明细账余额合计数为:61 285＋67 500＋250＋1 100＋92 900＝223 035(元),与应交税费总分类账余额 223 035 元相等。

第四节　汇总记账凭证核算形式

一、汇总记账凭证核算形式的特点

汇总记账凭证核算形式的特点是:定期根据记账凭证分类编制汇总收款凭证、汇总付款凭证和汇总转账凭证,再根据汇总记账凭证登记总分类账。

二、汇总记账凭证核算形式设置的会计凭证和账簿

在汇总记账凭证核算形式下,除了设置收款凭证、付款凭证和转账凭证外,还应设置汇总收款凭证、汇总付款凭证和汇总转账凭证,作为登记总分类账的依据;设置现金日记账和银行存款日记账,采用三栏式账页;设置总分类账,采用三栏式账页;设置明细分类账,根据所记录经济业务的内容采用三栏式、数量金额式或多栏式账页。

三、汇总记账凭证核算形式账务处理程序

（1）根据原始凭证或汇总原始凭证，编制记账凭证。

（2）根据收款凭证、付款凭证逐笔登记现金日记账和银行存款日记账。

（3）根据原始凭证、汇总原始凭证和记账凭证，登记各种明细分类账。

（4）根据一定时期内的全部记账凭证，汇总编制汇总收款凭证、汇总付款凭证和汇总转账凭证。

（5）根据定期编制的汇总收款凭证、汇总付款凭证和汇总转账凭证，登记总分类账。

（6）期末，将现金日记账、银行存款日记账和明细分类账的余额同有关总分类账的余额核对相符。

（7）期末，根据总分类账和明细分类账的记录，编制会计报表。

汇总记账凭证核算形式程序如图 10-3 所示。

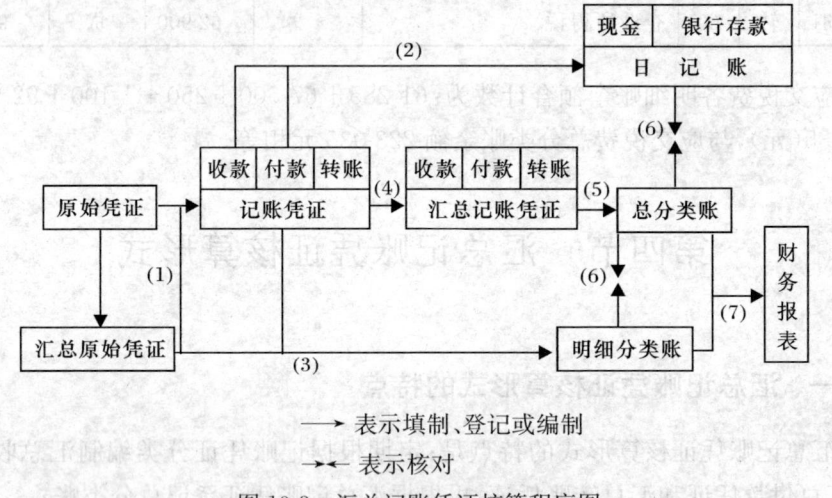

图 10-3　汇总记账凭证核算程序图

四、汇总记账凭证核算形式的优缺点及适用范围

汇总记账凭证核算形式的优点是：根据汇总记账凭证登记总分类账减轻了登记总分类账的工作量，由于按照账务对应关系汇总编制汇总记账凭证，便于了解账户之间的对应关系。其缺点是：按每一贷方科目编制汇总转账凭证，不利于会计核算的日常分工，当转账凭证较多时，编制汇总转账凭证的工作量也较

大。这种核算形式一般适用于规模较大、经济业务较多的单位。

五、汇总记账凭证的编制方法

汇总记账凭证分为汇总收款凭证、汇总付款凭证和汇总转账凭证三种。

（一）汇总收款凭证及其编制方法

汇总收款凭证是指按"库存现金"和"银行存款"科目的借方分别设置的一种汇总记账凭证，它汇总了一定时期内现金和银行存款的收款业务。

汇总收款凭证的编制方法是：根据现金、银行存款的收款凭证，分别按对应的贷方科目定期分类汇总，计算出每一个贷方科目发生额合计数，填入汇总收款凭证中。一般可5天或10天汇总一次，每月编制一张。根据本章第二节记账凭证中的收款凭证填制汇总收款凭证见表10-98。

表 10-98 汇总收款凭证

借方科目：银行存款　　　　　　　　　　　　　　　　　　　　　　第 2 号

贷方科目	金		额		总账页数	
	1~10日汇总	11~20日汇总	21~31日汇总	合　计	借方	贷方
主营业务收入		200 000		200 000		
合　计		200 000		200 000		

（二）汇总付款凭证及其编制方法

汇总付款凭证是指按"库存现金"和"银行存款"科目的贷方分别设置的一种记账凭证，它汇总了一定时期内现金和银行存款的付款业务。

汇总付款凭证的编制方法是：根据现金、银行存款的付款凭证，分别按对应的借方科目定期分类汇总，计算出每一个借方科目的发生额合计数，填入汇总付款凭证中。一般可5天或10天汇总一次，每月编制一张。根据本章第二节记账凭证中银行存款付款凭证填制汇总付款凭证见表10-99。

（三）汇总转账凭证及其编制方法

汇总转账凭证是指按转账凭证中每一贷方科目分别设置的，用来汇总一定时期内转账业务的一种汇总记账凭证。

汇总转账凭证的编制方法是：根据转账凭证，按设置汇总转账凭证的科目所对应的借方科目定期分类汇总，计算出每一个借方科目发生额合计数，填入汇总转账凭证。一般可以5天或10天汇总一次，每月编制一张。

汇总转账凭证见表 10-100。

表 10-99　汇总付款凭证

贷方科目：银行存款　　　　　　　　　　　　　　　　　　　　　　　第 2 号

借方科目	金　　　　　额				总账页数	
	1～10 日汇总	11～20 日汇总	21～31 日汇总	合　　计	借方	贷方
库存现金	100 000			100 000		
销售费用		1 900		1 900		
应付账款			20 000	20 000		
应付利息			200	200		
财务费用			100	100		
合　　计	100 000	1 900	20 300	122 200		

表 10-100　汇总转账凭证

贷方科目：应付账款　　　　　　　　　　　　　　　　　　　　　　　第 2 号

借方科目	金　　　　　额				总账页数	
	1～10 日汇总	11～20 日汇总	21～31 日汇总	合　　计	借方	贷方
原 材 料	196 000			196 000		
应交税费	33 320			33 320		
合　　计	229 320			229 320		

按其他会计科目编制的汇总转账凭证从略。

根据汇总记账凭证登记总分类的会计分录略。

第十一章 财务报表

第一节 财务报表概述

一、财务会计报告和财务报表

财务会计报告是企业对外提供的反映企业某一特定日期财务状况和某一会计期间经营成果、现金流量等会计信息的文件。编制财务会计报告是对会计核算工作的全面总结,也是及时提供合法、真实、准确、完整会计信息的重要环节。

财务会计报告分为年度、半年度、季度和月度财务会计报告。财务会计报告包括会计报表及其附注(又称财务报表)和其他应当在财务会计报告中披露的相关信息和资料。会计报表至少应当包括资产负债表、利润表、现金流量表等报表。本教材只涉及财务会计报告中的财务报表部分。

财务报表是财务会计报告的主要组成部分,它主要根据会计账簿记录,按照财务报表的固定格式和项目口径编制。企业财务报表是对企业财务状况、经营成果和现金流量的结构性表述,主要包括资产负债表、利润表、现金流量表、所有者权益变动表及附注。它们分别从不同的侧面反映了某一企业的财务状况、经营成果和现金流量,它们之间存在着相互衔接、相互钩稽的关系。财务报表是综合反映企业某一特定日期的资产、负债和所有者权益状况,以及某一特定时期的经营成果和现金流动情况的书面文件。

编制财务报表是会计核算的一项专门方法。它是企业根据日常的会计核算资料归集、加工和汇总后形成的,是企业会计核算的最终成果。财务报表提供的指标,比其他会计资料更为综合、系统和全面。所以,财务报表所提供的信息是大多数报表使用者进行决策的主要信息来源。

二、财务报表的编制要求

（一）数字真实

企业财务报表必须如实反映企业的财务状况、经营成果和现金流动情况，使财务报表各项目的数据建立在真实可靠的基础上。因此，财务报表必须根据核实无误的账簿资料编制，不得以任何方式弄虚作假，以保证财务报表作用的正常发挥。

（二）相关可比

企业财务报表所提供的信息必须与报表使用者所需要的信息相关，并且要便于报表使用者在不同企业之间及同一企业前后各期之间进行比较。

（三）全面完整

企业财务报表应当全面地披露企业的财务状况、经营成果和现金流动情况，完整地反映企业财务活动的过程和结果，以满足各有关方面对财务信息资料的需要。所以，企业在编制财务报表时，应当按照有关准则、制度规定的格式和内容填写，对于某些重要事项，应当按照要求在财务报表附注中加以说明。

（四）编报及时

企业财务报表所提供的信息，具有很强的时效性。为了便于报表使用者及时、有效地利用财务报表资料，财务报表必须按照规定的期限和程序及时编制与报送。

（五）便于理解

财务报表所提供的信息要能够为广大的报表使用者理解、使用，所以，企业编制的财务报表应清晰明了，不能晦涩难懂。

三、财务报表的种类

财务报表可以根据需要，按照不同的标准进行分类。

（一）按反映内容分类

按财务报表反映内容的不同，可以分为静态报表和动态报表。静态报表是指综合反映企业某一特定日期资产、负债和所有者权益状况的报表，如资产负债表；动态报表是指综合反映企业一定时期的经营情况或现金流动情况的报表，如利润表、现金流量表。

（二）按服务对象分类

企业的财务报表，按其服务对象不同，可以分为内部报表和外部报表。前者是指为适应企业内部经营管理需要而编制的不对外公布的财务报表;后者是指企业向外提供的财务报表。

（三）按编报时间分类

企业的对外报表,按其编制时间,可以分为月报、季报、半年报和年报。月报、季报是指月度和季度终了提供的财务报表;半年报是指在每个会计年度的前6个月结束后对外提供的财务报表;年报是指年度终了对外提供的财务报表。通常我国企业会计准则将半年度、季度和月度报表统称为中期报表。

（四）按编制单位分类

财务报表按其编制的单位不同,可以分为单位报表和汇总报表。单位报表是指企业在自身会计核算基础上对账簿记录进行加工而编制的财务报表;汇总报表是指根据所属单位报送的财务报表,连同本单位财务报表汇总编制的综合性财务报表。

四、我国企业会计准则规定的企业财务报表

我国企业会计准则规定的、要求企业编制的财务报表见表11-1。

表11-1 我国现行企业财务报表目录

编 号	财务报表名称	编 报 期
会企01表	资产负债表	中期、年度
会企02表	利润表	中期、年度
会企03表	现金流量表	中期、年度
会企04表	所有者权益变动表	年度

第二节 资产负债表

资产负债表是反映企业某一特定日期(如月末、季末、年末)财务状况的财务报表。它是根据"资产＝负债＋所有者权益"这一会计等式,依照一定的分类标准和顺序,将企业在一定日期的全部资产、负债及所有者权益项目进行适当分类、汇总、排列后编制而成的。

资产负债表可以反映企业资产、负债及所有者权益的全貌。通过编制资产负债表,可以反映企业在某一日期所拥有的经济资源及其分布情况,分析企业资

产的构成及其状况；可以分析企业某一日期的负债总额及其结构，分析企业目前与未来需要支付的债务数额；可以反映企业所有者权益的情况，了解企业现有的投资者在企业资产总额中所占的份额。总之，通过资产负债表，可以帮助报表使用者全面了解企业的财务状况，分析企业的债务偿还能力，从而为未来的经济决策提供参考。

一、资产负债表的内容和结构

（一）资产负债表的内容

资产负债表主要反映以下三方面内容。

1. 资产

资产负债表中的资产反映企业在某一特定日期所拥有的经济资源总额，一般按照流动资产、非流动资产分类并进一步分项列示。流动资产通常包括：货币资金、应收票据、应收账款、预付款项、其他应收款、交易性金融资产、存货和一年内到期的非流动资产等。非流动资产通常包括：持有至到期投资、长期股权投资、固定资产、在建工程、工程物资、固定资产清理、无形资产和递延所得税资产等。

2. 负债

资产负债表中的负债反映企业在某一特定日期所承担的债务总额，一般分为流动负债和非流动负债。流动负债项目包括：短期借款、应付票据、应付账款、预收款项、其他应付款、应付职工薪酬、应交税费、应付股利、一年内到期的非流动负债等。非流动负债项目包括：长期借款、应付债券、长期应付款、专项应付款等。

3. 所有者权益（或股东权益）

资产负债表中的所有者权益反映企业在某一特定日期投资者拥有的净资产的总额，它一般按照实收资本（或股本）、资本公积、盈余公积和未分配利润分项列示。

（二）资产负债表的结构

资产负债表的格式一般有账户式和报告式两种。我国企业会计准则规定，企业的资产负债表采用账户式结构。

账户式资产负债表分左右两方，左方为资产，全部项目按资产的流动性大小排列，流动性大的资产排在前面，流动性小的资产排在后面；右方为负债及所有者权益，全部项目按求偿权先后顺序排列，"短期借款""应付票据"等需要在1年以内或长于1年的一个营业周期内偿还的流动负债排在前面，"长期借款"等在1年以上或长于1年的一个营业周期以上才能偿还的非流动负债排在中间，在企业清算之前不需偿还的所有者权益项目排在后面。

我国企业会计准则规定的账户式资产负债表的格式如表11-3所示。

二、资产负债表的编制方法

（一）资产负债表的资料来源

通常，资产负债表的各项目均需填列"年初余额"和"期末余额"两栏。其中："年初余额"栏内各项数字，应根据上年末资产负债表的"期末余额"栏内所列数字填列。如果本年度资产负债表规定的各项目的名称和内容与上年不一致，则应对上年年末资产负债表各项目的名称和数字按照本年度的规定进行调整，填入本表"年初余额"栏内。"期末余额"则可为月末、季末或年末的数字，其资料来源有以下几个方面：

（1）总账余额。资产负债表中的大多数项目，可直接根据有关总账科目的余额编制，有些项目，则需根据几个总账科目的余额编制。

（2）明细账余额。有些项目，需根据明细科目余额来编制。

（3）资产负债表的许多项目，需要依据总账和明细账两者的余额计算填列。

（4）备查簿记录。财务报表附注中的某些资料，需要按照备查簿中的记录编制。

（二）资产负债表各项目的填列方法

1. 资产项目的填列方法

（1）"货币资金"项目，反映企业库存现金、银行存款、外埠存款、银行汇票存款、银行本票存款、信用卡存款、信用证保证金存款等的合计数。本项目应根据"库存现金""银行存款""其他货币资金"账户的期末余额合计填列。

（2）"以公允价值计量且其变动计入当期损益的金融资产"项目，反映企业持有的以公允价值计量且其变动计入当期损益的为交易目的所持有的债券投资、股票投资、基金投资、权证投资等金融资产。本项目应根据"交易性金融资产"等账户的期末账面价值填列。

（3）"应收票据"项目，反映企业因销售商品、提供劳务等而收到的商业汇票，包括商业承兑汇票和银行承兑汇票。本项目应根据"应收票据"账户的期末余额填列。已向银行贴现和已背书转让的应收票据不包括在本项目内，其中已贴现的商业承兑汇票应在财务报表附注中单独披露。

（4）"应收股利"项目，反映企业应收取的现金股利，企业应收其他单位的利润，也包括在本项目内。本项目应根据"应收股利"账户的期末余额填列。

（5）"应收利息"项目，反映企业因债权投资而应收取的利息。企业购入到期还本付息债券应收的利息，不包括在本项目内。本项目应根据"应收利息"账户的期末余额填列。

(6)"应收账款"项目,反映企业因销售商品、产品和提供劳务等而应向购买单位收取的各种款项,减去已计提的坏账准备后的净额。本项目应根据"应收账款"和"预收账款"账户所属各明细账户的期末借方余额合计,减去"坏账准备"账户中有关应收账款计提的坏账准备期末余额后的金额填列。如"应收账款"账户所属明细账户期末有贷方余额,则应在本表"预收款项"项目内填列。

(7)"其他应收款"项目,反映企业对其他单位和个人的应收和预付的款项,减去已计提的坏账准备后的净额。本项目应根据"其他应收款"账户的期末余额,减去"坏账准备"账户中有关其他应收款计提的坏账准备期末余额后的金额填列。

(8)"预付款项"项目,反映企业预付给供应单位的款项。本项目根据"预付账款"账户所属各明细账户的期末借方余额合计填列。如"应付账款"账户所属明细账户有借方余额的,也应包括在本项目内。如"预付账款"账户所属有关明细账户期末有贷方余额的,应在本表"应付账款"项目内填列。

(9)"存货"项目,反映企业期末在库、在途和在加工中的各项存货的可变现净值,包括各种材料、商品、在产品、半成品、包装物、低值易耗品、委托代销商品、受托代销商品等。本项目应根据"材料采购""原材料""周转材料""自制半成品""库存商品""委托加工物资""委托代销商品""受托代销商品""生产成本"等账户的期末余额合计,减去"受托代销商品款""存货跌价准备"账户期末余额后的金额填列。在材料采用计划成本核算,以及库存商品采用计划成本或售价核算的企业,还应按加或减材料成本差异、商品进销差价后的金额填列。

(10)"一年内到期的非流动资产"项目,反映企业将于1年内到期的非流动资产项目金额。本项目应根据有关账户的期末余额填列。

(11)"其他流动资产"项目,反映企业除以上流动资产项目外的其他流动资产,本项目应根据有关账户的期末余额填列。如其他流动资产价值较大的,应在财务报表附注中披露其内容和金额。

(12)"长期股权投资"项目,反映企业持有的对子公司、联营企业和合营企业的长期股权投资。本项目应根据"长期股权投资"账户的期末余额,减去"长期股权投资减值准备"账户的期末余额后的金额填列。

(13)"固定资产"项目,反映企业的各种固定资产原价减去累计折旧和累计减值准备后的净额。本项目应根据"固定资产"账户的期末余额减去"累计折旧"和"固定资产减值准备"账户的期末余额填列。

(14)"工程物资"项目,反映企业各项工程尚未使用的工程物资的实际成本。本项目应根据"工程物资"账户的期末余额填列。

(15)"在建工程"项目,反映企业期末各项未完工程的实际支出,包括交付安装的设备价值、未完建筑安装工程已经耗用的材料、工资和费用支出、预付出包工程的价款等的可收回金额。本项目应根据"在建工程"账户的期末余额,减去"在建工程减值准备"账户期末余额后的金额填列。

(16)"固定资产清理"项目,反映企业因出售、毁损、报废等原因转入清理但尚未清理完毕的固定资产的账面价值,以及固定资产清理过程中发生的清理费用和变价收入等各项金额的差额。本项目应根据"固定资产清理"账户的期末借方余额填列;如"固定资产清理"账户期末为贷方余额,以"—"号填列。

(17)"无形资产"项目,反映企业持有的各项无形资产。本项目应根据"无形资产"账户的期末余额,减去"累计摊销""无形资产减值准备"账户期末余额后的金额填列。

(18)"开发支出"项目,反映企业开发无形资产过程中能够资本化形成无形资产成本的支出部分。本项目应根据"研发支出"账户中所属的"资本化支出"明细账户期末余额填列。

(19)"长期待摊费用"项目,反映企业尚未摊销的摊销期限在1年以上(不含1年)的各种费用。长期待摊费用中在1年内(含1年)摊销的部分,应在本表"一年内到期的非流动资产"项目填列。本项目应根据"长期待摊费用"账户的期末余额减去1年内(含1年)摊销的数额后的金额填列。

(20)"其他非流动资产"项目,反映企业除以上资产以外的其他非流动资产。本项目应根据有关账户的期末余额填列。

2. 负债项目的填列方法

(1)"短期借款"项目,反映企业借入尚未归还的1年期以下(含1年)的借款。本项目应根据"短期借款"账户的期末余额填列。

(2)"以公允价值计量且其变动计入当期损益的金融负债"项目,反映企业承担的以公允价值计量且其变动计入当期损益的金融负债,本项目根据"交易性金融负债"等账户期末余额填列。

(3)"应付票据"项目,反映企业为了抵付货款等而开出、承兑的尚未到期付款的应付票据,包括银行承兑汇票和商业承兑汇票。本项目应根据"应付票据"账户的期末余额填列。

(4)"应付账款"项目,反映企业购买原材料、商品和接受劳务供应等而应付给供应单位的款项。本项目应根据"应付账款"账户所属各有关明细账户的期末贷方余额合计填列,如"预付账款"账户所属有关明细账户有贷方余额的,也应在本项目反映；如"应付账款"账户所属各有关明细账户期末有借方余额，应在本表"预付款项"项目内填列。

(5) "预收款项"项目，反映企业预收供应单位的账款。本项目应根据"预收账款"账户所属各有关明细账户的期末贷方余额合计填列，如"应收账款"账户所属明细账户有贷方余额的，也应包括在本项目内；如"预收账款"账户所属有关明细账户有借方余额的，应在本表"应收账款"项目填列。

(6) "应付职工薪酬"项目，反映企业根据有关规定应付给职工的工资、职工福利、社会保险费、住房公积金、工会经费、职工教育经费、非货币性福利、辞退福利等各种薪酬。本项目应根据"应付职工薪酬"账户贷方余额填列。如"应付职工薪酬"账户期末为借方余额，以"一"号填列。

(7) "应付股利"项目，反映企业分配的现金股利或利润。本项目应根据"应付股利"账户的期末余额填列。

(8) "应交税费"项目，反映企业按税法规定计算应缴纳的各种税费。本项目应根据"应交税费"账户的期末贷方余额填列；如"应交税费"账户期末为借方余额，以"一"号填列。

(9) "其他应付款"项目，反映企业除应付票据、应付账款、预收账款、应付职工薪酬、应付股利、应付利息、应交税费等以外的其他各项应付和暂收其他单位和个人的款项。本项目应根据"其他应收款"账户的期末余额填列。

(10) "一年内到期的非流动负债"项目，反映企业非流动负债中将于资产负债表日后1年内到期的部分金额。本项目应根据有关账户的期末余额填列。

(11) "其他流动负债"项目，反映企业除以上流动负债以外的其他流动负债。本项目应根据有关账户的期末余额填列。

(12) "长期借款"项目，反映企业借入尚未归还的1年期以上（不含1年）的各项借款。本项目应根据"长期借款"账户的期末余额填列。

(13) "应付债券"项目，反映企业发行的尚未偿还的各种长期债券的本息。本项目应根据"应付债券"账户的期末扣除成本填列。

(14) "长期应付款"项目，反映企业除长期借款和应付债券以外的其他各种长期应付款。本项目应根据"长期应付款"账户的期末余额，减去"未确认融资费用"账户期末余额后的金额填列。

(15) "专项应付款"项目，反映企业各种专项应付款的期末余额。本项目应根据"专项应付款"账户的期末余额填列。

(16) "其他非流动负债"项目，反映企业除以上非流动负债项目以外的其他非流动负债。本项目应根据有关账户的期末余额填列。

上述长期负债各项目中将于1年内(含1年)到期的长期负债,应在"1年内到期的非流动负债"项目内单独反映。上述非流动负债各项目均应根据有关账户期末余额减去将于1年内(含1年)到期的非流动负债后的金额填列。

3. 所有者权益项目的填列方法

(1)"实收资本(或股本)"项目,反映企业各投资者实际投入的资本(或股本)总额。本项目应根据"实收资本(或股本)"账户的期末余额填列。

(2)"库存股"项目,反映企业持有的尚未转让或注销的本公司股份,本项目根据"库存股"账户期末余额填列。

(3)"其他综合收益"项目,反映企业根据相关会计准则规定未在当期损益中确认的各项利得和损失,本项目根据"其他综合收益"账户期末余额填列。

(4)"资本公积"项目,反映企业资本公积的期末余额。本项目应根据"资本公积"账户的期末余额填列。

(5)"盈余公积"项目,反映企业盈余公积的期末余额。本项目应根据"盈余公积"账户的期末余额填列。

(6)"未分配利润"项目,反映企业尚未分配的利润。本项目应根据"本年利润"账户和"利润分配"账户的余额计算填列。未弥补的亏损,在本项目内以"一"号填列。

三、资产负债表编制实例

(一)月末根据核对无误的总分类账和明细分类账的记录,编制总分类账本期发生额及期末余额表

【业务70】 编制红光公司1月末总分类账本期发生额及期末余额表,见表11-2。

表11-2 红光公司总分类账本期发生额及期末余额表

2015年1月31日

会计科目	期初余额		本期发生额		期末余额	
	借方	贷方	借方	贷方	借方	贷方
库存现金	1 500			800	700	
银行存款	10 000		8 305 850	2 037 005	6 278 845	
应收票据			150 000		150 000	
应收账款	38 000		889 200	350 000	577 200	
预付账款			52 650	52 650	0	

(续表)

会计科目	期初余额		本期发生额		期末余额	
	借方	贷方	借方	贷方	借方	贷方
其他应收款			5 800	3 000	2 800	
在途物资			750 000	750 000	0	
原材料	42 000		795 000	197 000	640 000	
库存商品	71 000		968 000	1 010 000	29 000	
生产成本	57 300		980 000	968 000	69 300	
制造费用			100 000	100 000	0	
固定资产	74 200		709 000		783 200	
累计折旧				12 700		12 700
在建工程			20 000		20 000	
无形资产			20 000	4 000	16 000	
长期待摊费用			7 200	300	6 900	
短期借款		34 000		20 000		54 000
应付票据		22 000	115 920	173 880		79 960
应付账款		71 000		20 300		91 300
预收账款			4 680	4 680		0
应付职工薪酬			786 600	786 600		0
应交税费		30 000	169 065	362 100		223 035
应付利息				350		350
应付股利				37 740		37 740
其他应付款			1 200	8 100		6 900
长期借款				360 000		360 000
实收资本		92 000		7 420 000		7 512 000
资本公积						0
盈余公积				47 175		47 175
利润分配		45 000	169 830	273 615		148 785
本年利润			1 377 000	1 377 000		
主营业务收入			1 354 000	1 354 000		
主营业务成本			1 010 000	1 010 000		
税金及附加			68 850	68 850		
其他业务收入			7 000	7 000		
其他业务成本			1 100	1 100		
销售费用			5 300	5 300		
管理费用			39 800	39 800		
财务费用			350	350		
营业外收入			16 000	16 000		
所得税费用			62 900	62 900		
合计	294 000	294 000	18 942 295	18 942 295	8 573 945	8 573 945

(二) 根据总分类账本期发生额及期末余额表编制资产负债表

【业务71】 编制红光公司资产负债表，见表11-3。

表11-3 资产负债表

会企01表

编制单位：红光公司　　　　2015年1月31日　　　　　　　　　　单位：元

资产	期末余额	年初余额	负债和所有者权益（股东权益）	期末余额	年初余额
流动资产：			流动负债：		
货币资金	6 279 545	11 500	短期借款	54 000	34 000
以公允价值计量且其变动计入当期损益的金融资产			以公允价值计量且其变动计入当期损益的金融负债		
应收票据	150 000		应付票据	79 960	22 000
应收账款	577 200	38 000	应付账款	91 300	71 000
预付款项			预收款项		
应收利息			应付职工薪酬		
应收股利			应交税费	223 035	30 000
其他应收款	2 800		应付利息	350	
存货	738 300	170 300	应付股利	37 740	
一年内到期的非流动资产			其他应付款	6 900	
其他流动资产			一年内到期的非流动负债		
流动资产合计	7 747 845	219 800	其他流动负债		
非流动资产：			流动负债合计	493 285	157 000
可供出售金融资产			非流动负债：		
持有至到期投资			长期借款	360 000	
长期应收款			应付债券		
长期股权投资			长期应付款		
投资性房地产			专项应付款		
固定资产	770 500	74 200	预计负债		
在建工程	20 000		递延收益		
工程物资			递延所得税负债		
固定资产清理			其他非流动负债		
生产性生物资产			非流动负债合计	360 000	
油气资产			负债合计	853 285	157 000
无形资产	16 000		所有者权益（股东权益）：		
开发支出			实收资本（或股本）	7 512 000	92 000
商誉			资本公积		
长期待摊费用	6 900		减：库存股		
递延所得税资产			其他权益工具		
其他非流动资产			其他综合收益		
			盈余公积	47 175	
			未分配利润	148 785	45 000
非流动资产合计	813 400	74 200	所有者权益（或股东权益）合计	7 707 960	137 000
资产总计	8 561 245	294 000	负债和所有者权益（股东权益）总计	8 561 245	294 000

（三）有关项目的填制说明

"年初余额"就是上年资产负债表中的"期末余额",本例中以年初科目余额表代替,详细资料见第四章表 4-1。

"期末余额"应当根据总分类账户和明细账户余额分析填列,本例以表 11-2 的"红光公司科目发生额及余额表"替代有关账户。"期末余额"栏有关项目的数据计算过程如下：

（1）"货币资金"项目,将余额表中"库存现金"和"银行存款"账户的期末余额相加得出：

$$700 + 6\ 278\ 845 = 6\ 279\ 545（元）$$

（2）"存货"项目,将余额表中"原材料""库存商品"和"生产成本"账户的期末余额相加得出：

$$640\ 000 + 29\ 000 + 69\ 300 = 738\ 300（元）$$

（3）"固定资产"项目,根据余额表中"固定资产"账户期末余额,减去"累计折旧"账户期末余额后的差额填列。

$$783\ 200 - 12\ 700 = 770\ 500（元）$$

（4）其他项目都按照科目余额表中相关账户的期末余额直接填列。

第三节 利 润 表

一、利润表

利润表又称损益表,是反映企业在一定会计期间经营成果的报表。通过利润表可以从总体上了解企业收入、成本和费用及净利润（或亏损）的实现及构成情况；同时,通过利润表提供的不同时期的比较数字（本月数、本年累积数、上年数）,可以分析企业的获利能力及利润的未来发展趋势,了解投资者投入资本的保值增值情况。由于利润既是企业经营业绩的综合体现,又是企业进行利润分配的主要依据,因此,利润表是财务报表中的一张主要报表。

（一）利润表的结构

利润表的格式主要有多步式和单步式两种,我国企业利润表一般采用多步式,这是由于我国企业的利润是通过多步计算完成的。利润的计算,即利润表的

步骤和内容如下:

第一步,计算出营业利润:

$$营业利润 = 营业收入 - 营业成本 - 税金及附加 - 销售费用 - 管理费用 - 财务费用 - 资产减值损失 \pm 公允价值变动收益 \pm 投资收益$$

第二步,计算出利润总额:

$$利润总额 = 营业利润 + 营业外收入 - 营业外支出$$

第三步,计算出净利润:

$$净利润 = 利润总额 - 所得税费用$$

利润表的格式见表11-4。

(二)利润表的编制方法

在利润表中分别设置有"本期金额"和"上期金额"两栏,"本期金额"栏反映各项目的本月实际发生数,"上期金额"栏应根据上期本表中的"本期金额"栏填列。

(1)"营业收入"项目,反映企业经营主要业务和其他业务所取得的收入总额。本项目应根据"主营业务收入"和"其他业务收入"账户的发生额分析填列。

(2)"营业成本"项目,反映企业经营主要业务和其他业务所发生的成本总额。本项目应根据"主营业务成本"和"其他业务成本"账户的发生额分析填列。

(3)"税金及附加"项目,反映企业经营业务应负担的消费税、城市维护建设税、资源税、土地增值税和教育费附加等。本项目应根据"税金及附加"账户的发生额分析填列。

(4)"销售费用"项目,反映企业在销售商品过程中发生的费用和为销售本企业商品而专设的销售机构的职工薪酬、业务费等经营费用。本项目应根据"销售费用"账户的发生额分析填列。

(5)"管理费用"项目,反映企业发生的管理费用。本项目应根据"管理费用"账户的发生额分析填列。

(6)"财务费用"项目,反映企业发生的财务费用。本项目应根据"财务费用"账户的发生额分析填列。

(7)"资产减值损失"项目,反映企业各项资产发生的减值损失。本项目应根据"资产减值损失"账户的发生额分析填列。

(8)"公允价值变动收益"项目,反映企业应当计入当期损益的资产或负债公允价值变动收益。本项目应根据"公允价值变动损益"账户的发生额分析填列,如为净损失,本项目以"一"填列。

(9)"投资收益"项目,反映企业以各种方式对外投资所取得的收益。本项目应根据"投资收益"账户的发生额分析填列;如为投资损失,以"一"号填列。

(10)"营业外收入"项目和"营业外支出"项目,反映企业发生的与其生产经营无直接关系的各项收入和支出。这两个项目应分别根据"营业外收入"和"营业外支出"账户的发生额分析填列。

(11)"利润总额"项目,反映企业实现的利润总额。如为亏损总额,以"一"号填列。

(12)"所得税费用"项目,反映企业按规定从本期损益中减去的所得税。本项目应根据"所得税费用"账户的发生额分析填列。

(13)"净利润"项目,反映企业实现的净利润。如为净亏损,以"一"号填列。

(三)利润表编制实例

举例:继续以红光公司为例说明利润表的编制方法。

【业务72】 根据红光公司账户发生额及余额表编制利润表,见表11-4。

表11-4 利 润 表

会企02表

编制单位:红光公司　　　　2015年1月31日　　　　　　　　单位:元

项　　　目	本期金额	上期金额
一、营业收入	1 361 000	
减:营业成本	1 011 100	
税金及附加	68 850	
销售费用	5 300	
管理费用	39 800	
财务费用	350	
资产减值损失		
加:公允价值变动收益(损失以"一"号填列)		
投资收益(损失以"一"号填列)		

(续表)

项　　目	本期金额	上期金额
其中：对联营企业和合营企业的投资收益		
二、营业利润（亏损以"－"号填列）	235 600	
加：营业外收入	16 000	
减：营业外支出		
其中：非流动资产处置损失		
三、利润总额（亏损总额以"－"号填列）	251 600	
减：所得税费用	62 900	
四、净利润（净亏损以"－"号填列）	188 700	
加：以后会计期间可重分类进损益的其他综合收益		
以后会计期间不能重分类进损益的其他综合收益		
五、综合收益总额	188 700	
六、每股收益		
（一）基本每股收益		
（二）稀释每股收益		

第四节　现金流量表

编制现金流量表，是为了给报表使用者提供企业一定会计期间内现金和现金等价物流入和流出的信息，以便于报表使用者了解和评价企业获取现金和现金等价物（如无特别指明，以下统称现金）的能力，并据以预测企业未来现金流量。

现金流量表从现金的流入和流出两个方面，反映企业在一定期间的经营活动、投资活动和筹资活动所产生的现金流量。现金流量表能够说明企业一定期间内现金流入和流出的原因，反映企业的偿债能力；同时有助于分析企业未来获取现金的能力，分析企业投资和理财活动对经营成果和财务状况的影响。

一、现金流量表的编制基础

现金流量表是以现金为基础编制的。这里的现金是广义的,它包括现金及现金等价物,具体由库存现金、银行存款、其他货币资金和现金等价物等几个部分组成。其中现金等价物是指企业持有的期限短、流动性强、易于转换为已知金额的现金、价值变动风险很小的投资。

二、现金流量的分类

现金流量表通常将企业一定期间内产生的现金流量归为经营活动产生的现金流量、投资活动产生的现金流量和筹资活动产生的现金流量三类。

(一) 经营活动产生的现金流量

经营活动是指企业投资活动和筹资活动以外的所有交易和事项。经营活动的现金流入主要是指销售商品或提供劳务、税费返还等所收到的现金;经营活动的现金流出主要是指购买商品、接受劳务、缴纳各种税费,以及为职工等所支付的现金。通过现金流量表中所反映的经营活动产生的现金流量,可以说明企业经营活动对现金流入和流出净额的影响程度。

(二) 投资活动产生的现金流量

投资活动是指企业长期资产的购建和不包括在现金等价物范围内的投资及其处置活动。投资活动的现金流入主要包括收回投资、取得投资收益、处置固定资产、无形资产和其他资产而收到的现金等;投资活动的现金流出主要是指购建固定资产、无形资产和其他资产以及对外投资等所支付的现金。因为现金等价物已视同现金,所以投资活动产生的现金流量中不包括将现金转换现金等价物这类投资产生的现金流量。通过现金流量表中所反映的投资活动所产生的现金流量,可以分析企业通过投资获取现金流量的能力,以及投资产生的现金流量对企业现金流量净额的影响程度。

(三) 筹资活动产生的现金流量

筹资活动是指导致企业资本及债务规模和构成发生变化的活动。筹资活动的现金流入主要包括吸收投资、取得借款等所收到的现金;筹资活动的现金流出主要包括偿还债务、分配股利或利润、偿付利息等所支付的现金。通过现金流量表中所反映的筹资活动产生的现金流量,可以分析企业筹资的能力,以及筹资产生的现金流量对企业现金流量净额的影响程度。现金流量表的格式见表11-5。

三、现金流量表的编制实例

【业务 74】 编制红光公司的现金流量表,见表 11-5。

(一)根据红光公司 1 月份发生的经济业务编制该公司的现金流量表

表 11-5 现金流量表

会企 03 表

编制单位:红光公司　　　　2015 年 1 月 31 日　　　　　　　　单位:元

项　　目	本期金额	上期金额
一、经营活动产生的现金流量		
销售商品、提供劳务收到的现金	896 150	
收到的税费返还		
收到其他与经营活动有关的现金	9 700	
经营活动现金流入小计	905 850	
购买商品、接受劳务支付的现金	855 105	
支付给职工以及为职工支付的现金	786 600	
支付的各项税费	36 100	
支付其他与经营活动有关的现金		
经营活动现金流出小计	1 677 805	
经营活动产生的现金流量净额	-771 955	
二、投资活动产生的现金流量		
收回投资收到的现金		
取得投资收益收到的现金	20 000	
处置固定资产、无形资产和其他长期资产收回的现金净额		
处置子公司及其他营业单位收到的现金净额		
收到其他与投资活动有关的现金		
投资活动现金流入小计	20 000	
购建固定资产、无形资产和其他长期资产支付的现金	360 000	
投资支付的现金		
取得子公司及其他营业单位支付的现金净额		

(续表)

项　　目	本期金额	上期金额
支付其他与投资活动有关的现金		
投资活动现金流出小计	360 000	
投资活动产生的现金流量净额	−340 000	
三、筹资活动产生的现金流量		
吸收投资收到的现金	7 000 000	
取得借款收到的现金	380 000	
收到其他与筹资活动有关的现金		
筹资活动现金流入小计	7 380 000	
偿还债务支付的现金		
分配股利、利润或偿付利息支付的现金		
支付其他与筹资活动有关的现金		
筹资活动现金流出小计		
筹资活动产生的现金流量净额	7 380 000	
四、汇率变动对现金及现金等价物的影响额		
五、现金及现金等价物净增加额	6 268 045	
加：期初现金及现金等价物	11 500	
六、期末现金及现金等价物净余额	6 279 545	

现金流量表中第六项"期末现金及现金等价物余额"与资产负债表中"货币资金"期末余额必须相等。

(二) 各项目数据计算说明

1．经营活动现金流

(1) 销售商品、提供劳务收到的现金：

[业务20]　　　　[业务23]　　　　[业务28]　　　　[业务37]　　　　合计
590 000+100 300 ＋ 1 000+170 ＋ 200 000 ＋ 4 680 ＝ 896 150(元)

(2) 收到其他与经营活动有关的现金：

　　　　　[业务26]　　[业务36]　　[业务39]　　　合计
　　　　　2 000　＋　500　＋　7 200　＝　9 700(元)

(3) 购买商品、接受劳务支付的现金：

[业务9]　　　[业务11]　　　　[业务12]　　　[业务31]　　　[业务33]　　　　合计
600　＋　505 500＋85 935　＋　94 500　＋　52 650　＋　115 920　＝　855 105(元)

(4) 支付给职工以及为职工支付的现金：

　　　　　　[业务15]　　　[业务17]　　　　合计
　　　　　　690 000　＋　96 600　＝　786 600(元)

(5) 支付其他与经营活动有关的现金：

　　　　[业务19]　[业务22]　[业务27]　[业务30]　[业务32]　[业务42]　合计
6 800＋12 000＋900　＋　5 000　＋　200　＋　3 000　＋　1 000　＋　7 200　＝　36 100(元)

2. 投资活动现金流

(1) 处置固定资产、无形资产和其他长期资产收回的现金净额：

[业务25]4 000＋16 000＝20 000(元)

(2) 购建固定资产、无形资产和其他长期资产支付的现金

[业务6]：309 000＋51 000＝360 000(元)

3. 筹资活动现金流

(1) 吸收投资收到的现金：

[业务3]7 000 000元

(2) 借款收到的现金：

　　　　　　[业务4]　　　[业务5]　　　　合计
　　　　　　20 000　＋　360 000　＝　380 000(元)

第五节　所有者权益变动表

所有者权益变动表，是指反映构成所有者权益各组成部分当期增减变动情况的报表。当期损益、直接计入所有者权益的利得和损失，以及与所有者的资本交易导致的所有者权益的变动，应当分别列示。

【业务75】　编制红光公司所有者权益变动表(见表11-6)。

表 11-6　所有者权益变动表

编制单位：红光公司　　　　　　　　　　　2015 年 1 月 31 日　　　　　　　　　　　会企 01 表
单位：元

项目	本年金额（2015年）							上年金额（2014年）						
	实收资本	资本公积	减：库存股	其他综合收益	盈余公积	未分配利润	所有者权益合计	实收资本	资本公积	减：库存股	其他综合收益	盈余公积	未分配利润	所有者权益合计
一、上年年末余额	92 000					45 000	137 000							
1. 会计政策变更														
2. 前期差错更正														
二、本年年初余额	92 000					45 000	137 000							
三、本年增减变动金额（减少以"-"号填列）	7 420 000				47 175	103 785	7 570 960							
（一）综合收益总额						188 700	188 700							
（二）所有者投入和减少资本	7 420 000						7 420 000							
1. 所有者投入人所有者权益的金额	7 420 000						7 420 000							
2. 股份支付计入所有者权益的金额														
3. 其他														
（三）利润分配					47 175	-84 915	-37 740							
1. 提取盈余公积					47 175	-47 175	0							
2. 对所有者（或股东）的分配						-37 740	-37 740							
3. 其他														
（四）所有者权益内部结转														
1. 资本公积转增资本（或股本）														
2. 盈余公积转增资本（或股本）														
3. 盈余公积弥补亏损														
4. 其他														
四、本年年末余额	7 512 000				47 175	148 785	7 707 960							

所有者权益变动表第四项"本年年末余额"栏的金额必须与资产负债表中"所有者权益合计""期末余额"相等。
所有者权益变动表第四项"本年年末余额"的"实收资本""资本公积""盈余公积""未分配利润""其他综合收益""所有者权益合计"等栏目的余额与"资产负债表"中"所有者权益"的相关项目金额核对一致。

第十二章 账户的分类

第一节 账户按经济内容分类

在前面的章节中,我们以工业企业为例,介绍了其经济业务的会计处理,其中涉及了许多账户。当时这些账户是分散在各种经济业务的核算中分别加以介绍的,实际上它们并非是彼此孤立的,而是相互联系的,组成一个完整的账户体系。为了正确地设置和运用账户,有必要进一步研究账户的分类,即在了解各个账户的特性的基础上,概括它们的共性,探讨它们之间的内在联系,掌握各类账户在提供核算指标方面的规律性。

账户是用来反映会计对象的具体内容的,因此,研究账户的分类,首先要分析账户所反映的经济内容。所谓账户的经济内容,就是账户所要反映的会计对象的具体内容。账户按其所反映的经济内容的分类,是账户分类的基础。如前所述,企业会计对象的具体内容可以分为六个方面,即六大会计要素:资产、负债、所有者权益、收入、费用和利润。由于企业在一定期间内实现的利润最终要归属于所有者权益,所以在对账户按其所反映的经济内容分类时,可将利润并入所有者权益。又由于许多企业(特别是制造业)在计算一定期间的盈亏之前,要进行成本(如产品生产成本)计算,所以要专门设置用于成本计算的账户。企业在一定期间内所取得的收入、收益,以及所发生的需要直接从当期收入、收益中扣除的各项费用和损失,都要体现在当期损益的计算中,此外,企业还常常设置一些既反映收益也反映损失的账户,如投资收益,因而可以将直接用于核算损益的账户单独归为一类。因此,账户按其所反映的经济内容,可以分为资产类账户、负债类账户、所有者权益类账户、成本类账户和损益类账户等五大类。按照我国企业会计准则规定,账户分为六大类:即资产类、负债类、所有者权益类、共同类、成本类和损益类。以下分类中不涉及共同类账户。

一、资产类账户

资产类账户是反映资产增减变动的账户,按照资产的流动性的不同,又可分为以下两类：

（1）反映流动资产的账户，如"库存现金""银行存款""原材料""库存商品""应收账款"等账户。

（2）反映非流动资产的账户，如"长期股权投资""固定资产""累计折旧""无形资产"等账户。

二、负债类账户

负债类账户是反映负债增减变动的账户，按照负债的流动性的不同，又可以分为以下两类：

（1）反映流动负债的账户，如"短期借款""应付账款""应付职工薪酬""其他应付款""应交税费"等账户。

（2）反映长期负债的账户，如"长期借款""应付债券""长期应付款"等账户。

三、所有者权益类账户

所有者权益类账户是反映所有者权益增减变动的账户。按照所有者权益的来源和构成又可分为以下两类：

（1）反映所有者原始投资的账户，如"实收资本"账户。

（2）反映所有者投资收益的账户，如"本年利润""利润分配""盈余公积""资本公积"等账户。

四、成本类账户

对于制造业来说，反映成本的账户，按照成本所处经营过程的不同阶段，又可以分为以下两类：

（1）反映供应过程中成本的账户，如"材料采购"账户。

（2）反映生产过程中成本的账户，如"生产成本""制造费用"账户。

对于非制造业来说，可能没有成本类账户。

成本类账户与资产类账户有着密切的联系。成本类账户的期末借方余额属于企业的资产，所以，从这个意义上说，成本类账户也是资产类账户。

五、损益类账户

损益类账户是反映损益的账户。按照损益的不同性质和内容，损益类账户又可分为以下两类：

（1）反映营业损益的账户，如"主营业务收入""其他业务收入""管理费用"

"财务费用"等账户。

(2) 反映营业外损益的账户,如"营业外收入""营业外支出"账户。

现将本教材中涉及的一般企业单位常用的主要账户,按其经济内容进行分类,列示如图 12-1 所示。

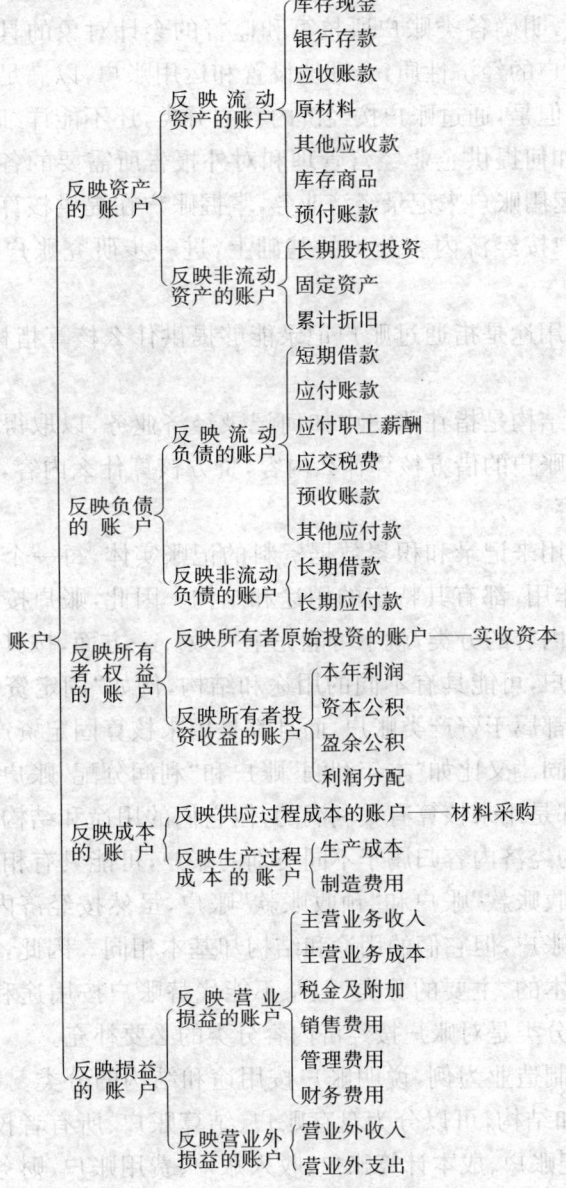

图 12-1 账户按其经济内容分类图

第二节 账户按用途及结构分类

研究账户按经济内容的分类，可以帮助我们了解应当设置哪些账户来核算和监督会计对象，明确各类账户所核算和监督的会计对象的具体内容。这对于正确区分各类账户的经济性质，合理地设置和运用账户，以满足经济管理的需要具有重要意义。但是，通过账户按经济内容的分类，还不能详细了解各种账户的作用，以及它们如何提供企业经营管理和对外报告所需要的各种核算指标。因此，为了正确地运用账户来记录经济业务，掌握账户在提供核算指标方面的规律性，有必要在账户按经济内容分类的基础上，进一步研究账户按用途和结构的分类。

所谓账户的用途是指通过账户记录能够提供什么核算指标，即设置和运用账户的目的。

所谓账户的结构是指在账户中如何记录经济业务，以取得各种必要的核算指标。具体是指账户的借方核算什么内容，贷方核算什么内容，期末余额在哪一方，表示什么内容。

由于账户是用来记录和积累数据资料的记账实体，每一个账户的设置都有其特定的目的、作用，都有其特定的用途和结构。因此，账户按用途和结构的分类与账户按经济内容的分类，就不可能完全一致。一方面，按其反映的经济内容而归为一类的账户，可能具有不同的用途和结构，例如"固定资产"账户和"累计折旧"账户，虽然都属于资产类账户，而且都是用来核算固定资产的，但它们的用途和结构显然不同。又比如"本年利润"账户和"利润分配"账户同属于所有者权益类账户，而且都是用来核算有关利润的，但它们的用途和结构也不同。另一方面，按照所反映的经济内容归属于不同类别的账户，可能具有相同或相似的用途和结构，例如"应收账款"账户和"预收账款"账户，虽然按经济内容分，分别属于资产类和负债类账户，但它们的用途和结构却基本相同。因此，尽管账户按经济内容分类是最基本的、主要的分类，但并不能代替账户按用途和结构的分类，账户按用途和结构分类是对账户按经济内容分类的必要补充。

本节主要以制造业为例，说明账户按用途和结构的分类。制造业所运用的账户，按其用途和结构，可以分为盘存账户、结算账户、所有者投资账户、集合分配账户、跨期摊配账户、成本计算账户、收入账户、费用账户、财务成果账户、计价对比账户和调整账户等十一类。下面简要说明各类账户的特点。

一、盘存账户

盘存账户是用来核算、监督各项货币资金和实物资产的增减变动及其实存数额的账户。在盘存账户中，借方登记各项货币资金和实物资产的增加数，贷方登记各项货币资金和实物资产的减少数，期末余额总是在借方，表示期末各项货币资金和实物资产的结存数额。盘存账户的结构，可用图12-2表示。

借方	账 户 名 称	贷方
期初余额：货币资金或实物资产的结存额		发生额：本期货币资金或实物资产的减少额
发生额：本期货币资金或实物资产的增加额		
期末余额：货币资金或实物资产的结存额		

图12-2　盘存账户结构

属于盘存账户的主要有："库存现金""银行存款""原材料""库存商品""固定资产"等账户。这类账户的特点是：

可以通过财产清查的方法，即实地盘点或对账的方法，核对货币资金和实物资产的实存数与账面数是否相符，并检查其经营管理上存在的问题。

除"库存现金"和"银行存款"账户外，其他盘存账户通过设置和运用明细账，可以提供实物和金额两种指标。

二、结算账户

结算账户是用来核算企业与其他单位或个人之间债权、债务结算关系的账户，即各种应收、应付款项的账户。由于结算业务的性质不同，结算账户也就具有不同的用途和结构，因而结算账户又可以分为债权结算账户、债务结算账户和债权债务结算账户三种。

（一）债权结算账户

债权结算账户又称为资产结算账户，是专门用来核算企业同各个债务单位或个人之间债权结算业务的账户。这类账户主要有"应收账款""预收账款""其他应收款"等。这类账户的借方登记债权（应收或预付款项）的增加额，贷方登记债权的减少额，其余额总是在借方，表示期末尚未收回的债权的实有数额。债权结算账户的结构，可用图12-3列示。

借方	账 户 名 称	贷方
期初余额：期初尚未收回的应收款项或尚未结算的预付款项的实有额		发生额：本期应收款项或预付款项的减少额
发生额：本期应收款项或预付款项的增加额		
期末余额：期末尚未收回的应收款项或尚未结算的预付款项的实有额		

图 12-3　债权结算账户结构

（二）债务结算账户

债务结算账户也称负债结算账户，就是专门用来核算企业同各个债权单位或个人之间债务结算业务的账户。这类账户的贷方登记债务的增加数额，借方登记债务的减少数额，其余额总是在贷方，表示尚未偿还的债务的实有数额。债务结算账户的结构，可用图 12-4 表示。

借方	账 户 名 称	贷方
发生额：本期借入款项、应付款项或预收款项的减少额		期初余额：期初尚未偿还的借入款项、应付款项或尚未结算的预收款项的实有额
		发生额：本期借入款项、应付款项或预收款项的增加额
		期末余额：期末尚未偿还的借入款项、应付款项或尚未结算的预收款项的实有额

图 12-4　债务结算账户结构

（三）债权债务结算账户

债权债务结算账户，亦称资产负债结算账户或往来结算账户，是用来核算企业同其他单位和个人之间的往来结算业务的账户。某些与企业经常发生业务往来的单位，有时是企业的债权人，有时又是企业的债务人。为了集中核算和监督企业与这类单位发生的债权和债务的往来结算情况，有时需要在同一个债权结算账户或同一个债务结算账户中应收和应付该单位款项的增减变动及其余额。这类账户的借方登记债权的增加和债务的减少，贷方登记债务的增加或债权的减少，其余额可能在借方，也可能在贷方。借方余额表示尚未收回的债权净额（尚未收回的债权大于尚未偿付的债务的差额）；贷方余额表示尚未偿付的债务净额(尚未偿付的债务大于尚未收回的债权的差额)。例如,有的企业不单独设置"预收账款"账户,而用"应收账款"账户同时核算企业应收账款和预收账款的增减变动情况和结果,此时"应收账款"账户就是一个债权债务结算账户,其借方记录应收账款的增加和预收账款的减少,贷方记录预收账款的增加和应收账款的减少。相应地,如果企业不单独设置"预付账款"账户,而用"应付账款"账户同时核算企业应付账款和预付账款的增减变动及结果,此时的"应付账款"账户就是一个债权债务结算账户,其贷方记录应付账款的增加和预付账款的减少,借方记录预付账款的增加和应付账款的减少。债权债务结算账户所属明细分类账的借方余额之和与贷方余额之和的差额,应当与总分类账户的余额相等。债权债务结算账户的结构,可用图12-5表示。

借方	账 户 名 称	贷方
期初余额:期初债权大于债务的差额		期初余额:期初债务大于债权的差额
发生额:(1) 本期债权的增加额		发生额:(1) 本期债务的增加额
(2) 本期债务的减少额		(2) 本期债权的减少额
期末余额:期末债权大于债务的差额		期末余额:期末债务大于债权的差额

图12-5 债权债务结算账户结构

在设置债权债务结算账户的企业中,应注意:这类账户的借方余额或贷方余额只是表示债权和债务增减变动后的差额,并不反映企业债权债务的实际余额。因此对于这类账户,在编制资产负债表时,应根据有关总分类账户所属明细分类账户余额的方向,来判断余额的性质是资产还是负债,以便真实反映企业债权债务的实际情况。

(四)结算账户的特点

(1) 应根据结算业务的对方单位或个人设置明细分类账户,以便及时进行结算和核对账目。

(2) 结算账户只提供金额指标。

三、所有者投资账户

(一)所有者投资账户的结构

所有者投资账户是用来核算、监督企业所有者投资的增减变动及其结存情况的账户。这类账户的贷方登记所有者投资的增加数,借方登记所有者投资的减少数,账户余额总是在贷方,表示所有者投资的实有数额。所有者投资账户的结构,可用图 12-6 表示。

借方	账 户 名 称	贷方
发生额:本期所有者投资的减少额 发生额:本期所有者投资的增加额	期初余额:期初所有者投资的实有额	
	期末余额:期末所有者投资的实有额	

图 12-6 所有者投资账户结构

属于所有者投资账户的有"实收资本""盈余公积"等。

（二）所有者投资账户的特点

（1）应按照企业的所有者分别设置明细账,以便正确反映每一投资者对企业实际投入资本的数额。

（2）所有者投资账户只提供金额指标。

四、集合分配账户

（一）集合分配账户的结构

集合分配账户是用来归集和分配经营过程中某个阶段所发生的某种费用的账户。企业在经营过程中有时会发生一些间接费用,这些费用不能直接计入某个成本计算对象,而应由几个成本计算对象共同负担,即应先通过集合分配账户进行归集,然后再按照一定标准分配计入各个成本计算对象。企业可以借助集合分配账户来核算和监督有关费用计划的执行情况和费用的分配情况。集合分配账户的借方登记费用的发生数,贷方登记费用的分配数。因为本期发生的费用,一般应与期末全部分配转出,由有关的成本计算对象负担,所以一般情况下这类账户期末没有余额。集合分配账户的结构,可用图 12-7 表示。

借方	账 户 名 称	贷方
发生额:本期某种费用的发生额	发生额:分配到各成本计算对象的费用数	

图 12-7 集合分配账户结构

属于集合分配账户的有"制造费用"账户。

（二）集合分配账户的特点

该账户的特点是具有明显的过渡性质,平时用来归集间接费用,期末将费用全部分配出去,由有关成本计算对象负担,期末无余额。

五、跨期摊配账户

（一）跨期摊配账户的结构

跨期摊配账户是用来核算和监督应由各个会计期间共同负担的费用，并将这些费用摊配到各个会计期间的账户。企业在经营过程中发生的费用，有些是应由几个会计期间共同负担的。为了按照权责发生制原则，严格划清费用的受益期限，把应由各个会计期间共同负担的费用，合理地分摊到各收益期，以便正确计算各期盈亏，需要设置跨期摊配账户。跨期摊配账户有"长期待摊费用"和"应付利息"账户。虽然"长期待摊费用"和"应付利息"这两个账户的性质不同，一个是资产类，一个是负债类，但它们在用途和结构上有相似之处。它们的借方，都是用来登记费用的实际支出数或发生数，贷方都是用来登记应由各个会计期间负担的费用摊配数。跨期摊配账户的结构，可用图12-8表示。

借方	账 户 名 称	贷方
期初余额：期初已支付而尚未摊销的待摊费用数	或：期初余额：期初已预提而尚未支付的预提费用数	
发生额：本期待摊费用或预提费用的支付数	发生额：本期待摊费用的摊配数或预提费用的预提数	
期末余额：已支付而尚未摊配的待摊费用数	或：期末余额：已预提而尚未支付的预提费用数	

图12-8 跨期摊配账户结构

（二）跨期摊配账户的特点

（1）可按费用的种类设置明细账。

（2）反映的都是款项的收付期和归属期不一致的费用。

六、成本计算账户

成本计算账户是用来核算和监督经营过程中某一阶段所发生的全部费用，确定该阶段各个成本计算对象实际成本的账户。这类账户的借方登记经营过程中某个阶段所发生的应计入成本的全部费用（包括不需要分配而直接计入的直接费用和期末通过集合分配账户分配转来的间接费用），贷方登记转出已完成某个阶段的成本计算对象的实际成本，期末如有余额一定在借方，借方余额表示尚未完成某个阶段的成本计算对象的实际成本。成本计算账户的结构，可用图

12-9 表示。

借方	账 户 名 称	贷方
期初余额：期初尚未完成某个阶段的成本计算对象的实际成本		发生额：结转已完成某个经营阶段的成本计算对象的实际成本
发生额：归集经营过程某个阶段所发生的全部费用额		
期末余额：尚未完成该阶段的成本计算对象的实际成本		

图 12-9　成本计算账户结构

属于成本计算账户的有："生产成本""材料采购"等账户。

成本计算账户的特点是：应按各个成本计算对象分别设置明细账；既提供金额指标，又提供实物指标。

七、收入账户

收入账户是用来核算、监督企业在一定时期（月份、季度、年度）内所取得的各项收入和收益的账户。收入账户的贷方登记取得的收入或收益，借方登记收入或收益的减少数以及期末转入"本年利润"账户的收入或收益。由于当期实现的全部收入或收益都要于期末转入"本年利润"账户的贷方，所以收入账户期末没有余额。收入账户的结构，可用图 12-10 表示。

借方	账 户 名 称	贷方
发生额：(1) 收入或收益的减少额 (2) 期末转入"本年利润"账户的收入或收益额		发生额：本期收入或收益的增加额

图 12-10　收入账户结构

属于收入账户的有："主营业务收入""其他业务收入""营业外收入"等账户。

八、费用账户

费用账户是用来核算、监督企业在一定时期（月份、季度、年度）内所发生的应计入当期损益的各项费用、成本和支出（损失）的账户。费用账户的借方登记费用支出的增加额，贷方登记费用支出的减少额和期末转入"本年利润"账户的费用支出数额。由于当期发生的各项费用支出都要于期末转入"本年利润"账户的借方，所以费用账户期末没有余额。费用账户的结构，可用图 12-11 表示。

借方	账 户 名 称	贷方
发生额：本期费用支出的增加额	发生额：（1）本期费用支出的减少额 （2）期末转入"本年利润"账户数额	

图 12-11　费用账户结构

属于费用账户的有："主营业务成本""销售费用""管理费用""财务费用""其他业务成本""营业外支出"等账户。

九、财务成果账户

财务成果账户是用来核算、监督企业在一定时期（月份、季度、年度）内全部经营活动的最终成果的账户。"本年利润"账户属于财务成果账户，该账户的贷方登记期末从各收益账户借方转入的主营业务收入、其他业务收入、投资收益、营业外收入等，借方登记期末从各支出账户贷方转入的主营业务成本、营业税金及附加、销售费用、管理费用、财务费用、其他业务成本、营业外支出、所得税费用等，期末贷方余额表示企业获得的净利润，若为借方余额，则表示企业发生的亏损额，年末应无余额。财务成果账户的结构，可用图 12-12 表示。

借方	账 户 名 称	贷方
发生额：应计入本期损益的各项成本费用	发生额：本期实现的各项收入、收益额	
期末余额：发生的亏损总额	或：期末余额：实现的净利润	

图 12-12　财务成果账户结构

十、计价对比账户

计价对比账户是用来对某项经济业务按照两种不同的计价标准进行核算对比，借以确定其业务成果的账户。例如，某些企业对存货的日常核算采用计划成本计价，则要设置"材料采购"账户，用以核算存货采购业务的成果。该账户的借方核算存货的实际采购成本，贷方核算存货的计划采购成本，通过借贷双方两种计价的对比，即可确定采购阶段的业务成果。由于确定的业务成果在当期应全部从计价对比账户转出，因此计价对比账户期末一般无余额，如有余额在借方，表示在途存货的实际采购成本。计价对比账户的结构，可用图 12-13 表示。

借方	材 料 采 购	贷方
发生额：（1）外购存货的实际成本（第二种计价） （2）贷差（第一种计价大于第二种计价的差额）即存货节约差异，转入"材料成本差异"账户的贷方		发生额：（1）外购存货的计划成本（第一种计价） （2）借差（第一种计价小于第二种计价的差额）即存货超支差异，转入"材料成本差异"账户的借方
期末余额：期末在途存货的实际成本		

图 12-13 计价对比账户结构

十一、调整账户

（一）调整账户的结构

调整账户是用来调整某个账户（即被调整账户）的金额，以表示被调整账户的实际余额而设置的账户。在会计核算中，往往有一些会计要素的具体项目，由于经营管理或其他方面的原因，需要对同一个项目设置两个账户，用两种数字从两个不同的方面进行反映。其中一个账户反映原始数字，另一个账户反映对原始数字的调整数字，将原始数字同调整数字相加或相减，即可求得被调整后的实际余额。

调整账户，按其调整方式不同，可以分为备抵账户、附加账户和备抵附加调整账户三类。

1. 备抵账户

备抵账户又叫抵减账户，它是用来抵减被调整账户的余额，以求得被调整账户的实际余额的账户。其调整方式，可用下列计算公式表示：

被调整账户余额－备抵账户余额＝被调整账户的账面价值

被调整账户的余额与备抵账户的余额方向必定相反：如果被调整账户的余额在借方（或贷方），则被调整账户的余额一定在贷方（或借方）。按照被调整账户的性质，备抵账户又可分为资产备抵账户和权益备抵账户两类。

（1）资产备抵账户。资产备抵账户是用来抵减某一资产账户（被调整账户）的余额，以求得该资产账户的实际余额的账户。例如，"累计折旧"账户就是"固定资产"这个资产账户的备抵账户。根据"固定资产"账户（被调整账户）的记录，可以取得固定资产原始成本的数字，而从"累计折旧"账户可以取得固定资产损耗价值的数字，将"固定资产"账户的借方余额减去"累计折旧"账户的贷方余额，其差额就是固定资产的账面价值(净值)。通过"固定资产"账户与"累计折旧"账户余额的对比分析,可以了解固定资产的新旧程度。这两个账户之间的关系及其抵减方式,可用图 12-14 表示。

借方	固定资产	贷方	借方	累计折旧	贷方
期末余额:固定资产原始成本 1 000 000					期末余额:固定资产累计损耗价值 200 000

固定资产的原始价值	1 000 000
减:固定资产的累计损耗价值	200 000
固定资产的账面价值(净值)	800 000

图 12-14 资产备抵账户结构

此外,属于资产备抵账户的还有"坏账准备"账户,它是"应收账款"账户的备抵账户;"存货跌价准备"账户是反映存货账户的备抵账户;"长期投资减值准备"账户是"长期股权投资"账户的备抵账户。关于这些账户的运用,将在专业会计课程中加以介绍。

(2) 权益备抵账户。权益备抵账户是用来抵减某一权益账户(被调整账户)的余额,以求得该权益账户的实际余额的账户。例如,"利润分配"账户就是"本年利润"这个所有者权益类账户的备抵账户。"本年利润"账户的期末贷方余额,反映期末已实现利润数,"利润分配"账户的期末借方余额,反映期末已分配的利润数。"本年利润"账户的贷方余额减去"利润分配"账户的借方余额,其差额表示企业尚未分配的利润数。"本年利润"账户与"利润分配"账户的关系及其抵减方式,可用图 12-15 表示。

借方	本年利润	贷方	借方	利润分配	贷方
		期末余额:已实现的利润数 100 000	期末余额:已分配的利润数 40 000		

已实现的利润数	100 000
减:已分配的利润数	40 000
未分配的利润数	60 000

图 12-15 权益备抵账户结构

2. 附加账户

附加账户是用来增加被调整账户的余额,以求得被调整账户的实际余额的账户。其调整方式,可用下列计算公式表示:

被调整账户余额＋附加账户余额＝被调整账户账面价值

因此，被调整账户的余额与附加账户的余额一定在相同的方向。也就是说，如果被调整账户的余额在借方(或贷方)，则附加账户的余额也一定在借方(或贷方)。我国现行的企业会计准则中没有设置典型的附加调整账户。

3. 备抵附加账户

备抵附加账户是既用来抵减，又用来增加被调整账户的余额，以求得被调整账户的实际余额的账户。这类账户兼有备抵和附加的功能，但不能同时起作用。这类账户在某一时刻执行的是哪种功能，取决于该账户的余额是否与被调整账户的余额方向一致，当其余额与被调整账户的余额方向相反时，其调整方式与备抵账户相同，它起的是备抵的功能；当其余额与被调整账户的余额方向一致时，其调整方式与附加账户相同，起的是附加的功能。例如，采用计划成本进行存货日常核算的企业，可设置"材料成本差异"账户，该账户就属于备抵附加账户。其余额有时在借方，有时在贷方，即有时起附加的作用，有时起备抵的作用。

(二) 调整账户的特点

(1) 调整账户与被调整账户所反映的经济内容相同，被调整账户反映某一项目的原始数字，而调整账户反映对同一项目原始数字的调整数字。

(2) 调整方式是用原始数字加上或减去调整数字，以求得具有特定含义的数字。

(3) 调整账户不能离开被调整账户而独立存在，有调整账户就有被调整账户。

综合以上分析，现将本教材涉及的一般企业常用的主要账户按用途和结构的分类以图 12-16 表示。

为了便于比较账户按用途和结构的分类与账户按经济内容的分类，现将这两种分类标准对账户的分类加以综合，列表如表 12-1 所示。

从表 12-1 可以看出，账户按经济内容的分类与账户按用途和结构的分类，是两种既有联系又有区别的分类标准。从联系来看，盘存账户是资产账户的一部分；集合分配账户与成本计算账户是对成本账户的进一步分类；收入账户与费用账户是对损益账户的进一步分类；所有者投资账户与财务成果账户是对所有者权益账户的进一步分类。两种分类标准的区别主要表现在，某些按用途和结构归为一类的账户，反映的是不同类别的经济内容。

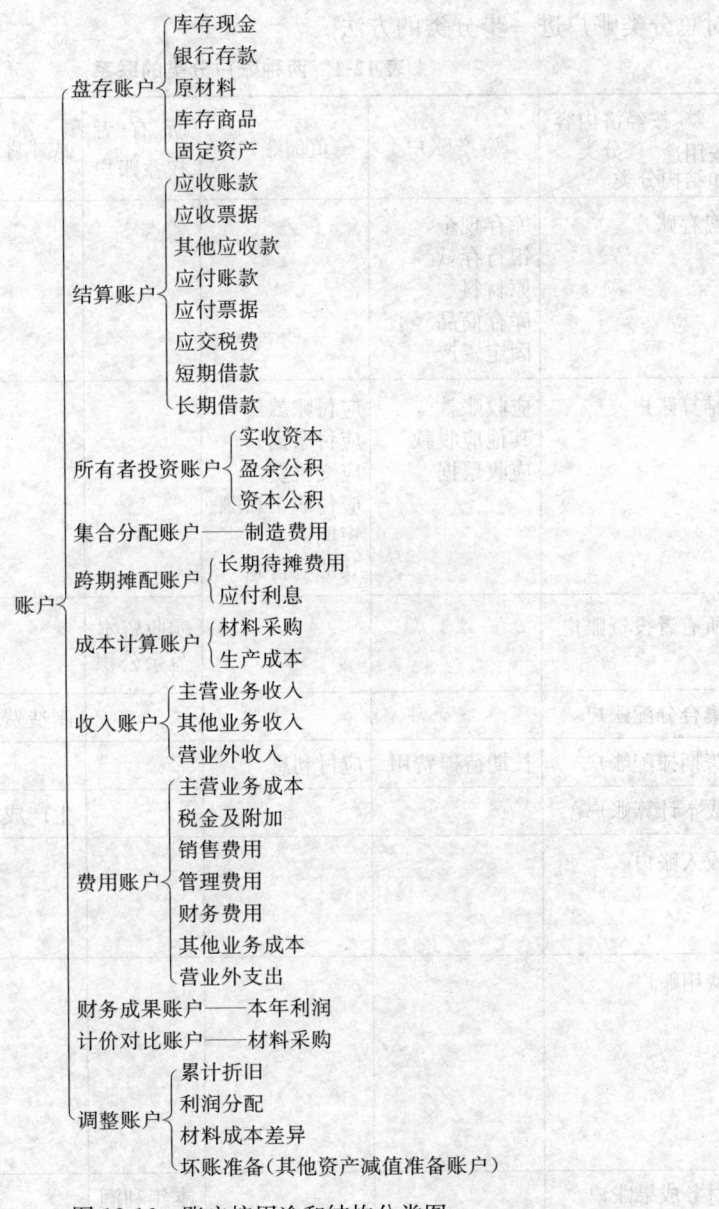

图 12-16　账户按用途和结构分类图

应当指出，账户的分类，除了按经济内容和按用途结构这两种分类标准外，在前面我们还介绍过账户按其提供核算指标的详细程度的分类，也就是将全部账户划分为总分类账户和明细分类账户。本章所介绍的两种账户分类方法，是对总分类账户进一步分类的方法。

表 12-1 两种账户分类的联系

按用途和结构分类 \ 按经济内容分类	资产账户	负债账户	所有者权益账户	成本账户	损益账户
盘存账户	库存现金 银行存款 原材料 库存商品 固定资产				
结算账户	应收账款 其他应收款 应收票据	应付账款 应付票据 应交税费 应付职工薪酬 短期借款 其他应付款			
所有者投资账户			实收资本 盈余公积		
集合分配账户				制造费用	
跨期摊配账户	长期待摊费用	应付利息			
成本计算账户				生产成本	
收入账户					主营业务收入 其他业务收入 营业外收入
费用账户					主营业务成本 税金及附加 销售费用 管理费用 财务费用 营业外支出
财务成果账户			本年利润		
计价对比账户				材料采购	
调整账户	累计折旧 材料成本差异		利润分配		

第十三章 会计工作的组织

第一节 正确组织会计工作的意义

一、会计工作组织的内容

为了更好地完成会计的任务,发挥会计在经济管理中的积极作用,每一个单位都必须结合本单位的特点和会计工作的具体情况,合理组织本单位的会计工作。会计工作的组织,包括会计机构的设置,会计人员的配备,会计制度的制订与执行,以及会计档案的保管。正确地组织会计工作,对于充分发挥会计的作用,具有重要的意义。

二、会计工作组织的重要意义

1. 提高会计工作的质量和效率

会计是一项严密细致的工作。会计所反映的经济活动是错综复杂的,它所提供的信息要经过凭证→账簿→报表等一系列计算、记录、分类、汇总、分析、检查的手续和处理程序。各种手续、各道步骤和各项数据之间存在着密切的联系。实际工作中,任何一道步骤脱节,一个手续遗漏或一项数据错计,往往会使会计信息不正确、不及时,必须补办或加以纠正。否则就会影响管理、预测和决策。

正确地组织会计工作,使会计工作按照事先规定的手续和处理程序有条不紊地进行,可以防止错漏;即使发生错漏,也易于纠正。这样,就可以提高会计工作的质量和效率。

2. 确保与其他经济管理工作协调一致

会计是经济管理的一个重要组成部分。它既有其独立的职能,又与其他经济管理工作,如计划、统计等有着十分密切的联系。它们在共同的目标之下相互补充、相互促进，又相互影响。正确地组织会计工作，可以使会计工作同其他经济管理工作更好地分工协作，相互配合，共同完成管好经济的任务。

3. 巩固和发展各单位内部的经济责任制

实行内部经济责任制是经济管理的有效形式。会计作为经济管理的重要组成部分，无疑与经济责任制有着密切的关系。正确地组织会计工作，可以促使会计单位内部各部门更好地履行自己的经济责任，按照经济核算的原则行事，管好和用好资金，厉行节约，增产增收，提高经济管理水平，讲求最佳经济效益。各种事业、机关等单位，虽其业务性质与企业不同，但也需要实行经济责任制，也需要组织好会计工作，促使各部门少花钱，多办事，努力增收节支。

三、正确组织会计工作所要遵循的原则

1. 遵守国家对会计工作的统一规定

为适应社会主义市场经济的要求，我国相继制定并出台了《会计法》《企业财务会计报告条例》《企业会计准则》《事业单位会计准则》等法规性的文件，这些法规性文件对指导各单位正确组织会计工作有着极其重要的意义，各单位在组织本单位的会计工作时，必须严格按照这些法规性文件的要求办理，只有这样才能使提供的会计信息具有可比性，才能满足社会各方面的组织和人员对会计信息的要求，也只有这样才能满足国家在宏观上调控国民经济的要求，所以，遵守国家的统一规定，是组织和处理会计工作居于首位的要求。

2. 适应本单位经营管理的特点

每个会计单位的经济活动各有其特点，业务的简繁程度不等，管理上对会计信息的具体要求也不相同。会计工作的组织，必须与本单位管理的特点相适应。

3. 符合精简节约的原则

在组织会计工作时，应在保证工作质量的前提下，尽量节约进行会计工作所耗的时间和所需的费用。所有会计凭证、账簿和报表的设计，各种手续、程序的规定，会计机构的设置和会计人员的配备等，都要符合精简节约原则，既要把工作做好，又要少耗人力、物力、财力。

第二节 会 计 机 构

企业、事业、机关等单位一般都需要设置从事会计工作的职能部门，建立和健全会计机构是保证会计工作正常进行，充分发挥会计管理作用的重要条件。

设置会计机构,既要符合《会计法》的要求,又要与各单位的管理要求和管理组织形式相适应。《会计法》第三十六条第一款规定:"各单位应当根据会计业务的需要,设置会计机构,或者在有关机构中设置会计人员并指定会计主管人员;不具备设置条件的,应当委托经批准设立从事会计代理记账业务的中介机构代理记账。"根据《会计法》对设置会计机构的规定,各单位如何设置会计机构,可以根据本单位的会计业务繁简情况予以决定。

一、设置独立的会计机构和会计人员

各单位原则上应当设置独立的会计机构。实行企业化管理的事业单位,大、中型企业(包括集团公司、股份有限公司、有限责任公司等),业务较多的行政单位、社会团体和其他组织都应设置独立的会计机构,配备一定数量的会计人员。

(一)独立设置会计机构应当遵循的原则

设置独立的会计机构时,一般应遵循以下原则。

1. 会计机构设置要与各单位的规模和管理要求相适应

会计机构是各单位的职能部门之一,与其他职能部门一样,按单位规模大小或级别高低,设置为处、科、股、室或者设置为部。在实际工作中,由于会计工作与财务工作都是综合性的经济管理工作,它们的关系十分密切。在我国实际工作中,通常把处理财务与会计工作的机构合并为一个部门,称为会计(财务)处、科、股、组等,视企业、事业、机关等单位组织规模的大小而定。也有的单位将计划职能也并入财务部门,统称为"计划财务部";也有的单位将资金和财务并入一个部门,称为"资金财务部",将会计独立称为"会计部"。

2. 会计机构设置应符合精简、高效率的原则

设置会计机构,是为了完成会计任务,加强会计管理,提高经济效益,因此,会计机构的设置也要贯彻精简、高效、节约的原则,反对机构臃肿重叠,人浮于事。会计机构内部要根据实际需要定岗定编,确定合适的会计人员,以提高会计工作效率,保证高质量地完成各项会计工作。

3. 会计机构设置应注意专业分工原则

在会计这一职能部门内部,一般需要按照会计工作内容的繁简和会计人员配备的多寡进行合理的分工。在规模较大的单位里,会计部门下面通常分设若干职能组,并为每组配备若干会计人员,分别主管会计工作的一个方面。例如,在大、中型工业企业里,会计科一般分设材料组、工资组、成本组、综合组等。

4. 会计机构设置应当符合内部控制原则

会计机构的内部控制制度包括内部稽核制度和内部牵制制度,会计稽核是会计机构本身对于会计核算工作进行的一种自我检查或审核工作。通过稽核,对日常会计核算工作中出现的疏忽、错误等及时加以纠正或制止,目的在于防止会计核算工作上的差错和有关人员的舞弊,提高会计工作质量。会计内部牵制是指凡是涉及款项和财务收付、结算及登记的任何一项工作,必须由两人或两人以上分工办理,以起到相互制约的作用。因此,每个单位在设置会计机构时都应考虑加强内部控制的要求,各会计人员之间,既要做到分工负责,又要相互牵制,相互监督,防止出现差错和舞弊。

(二) 会计机构内部组织方式设计

以企业为例,会计工作的组织形式应视企业的具体情况不同,有独立核算和非独立核算;集中核算和非集中核算等情况。

1. 独立核算和非独立核算

独立核算指进行完整的记账工作。实行独立核算的单位称为独立核算单位。它的特点是:具有完整的凭证、账户、报表系统,全面地进行记账工作,并定期地编制出反映财务状况和经营情况的财务报表。独立核算单位通常在银行里单独开设结算户,独立编制计划,单独计算盈亏,并且单独设置会计机构,配备必要的会计人员。

实行非独立核算的单位,又称报销单位,是指向上级领取一定数额的物资和备用金,定期地将有关的核算资料报送上级,由上级汇总记账的单位。非独立核算单位的一切收入要全部解缴上级单位,支付的开支则向上级单位报销,平时只进行原始凭证的填列整理和汇总,以及现金账、实物账等的登记工作,既不独立计算盈亏,也不单独编制财务报表。非独立核算单位一般不设置专门的会计机构,但需配备专职会计人员,负责处理会计工作。

一个单位是实行独立核算还是实行非独立核算,决定于经营管理和业务组织上的需要。

2. 集中核算和非集中核算

实行独立核算的单位,其记账工作的组织形式,可以分为集中核算和非集中核算两种。

集中核算就是记账工作主要集中在会计部门进行。会计部门以外的其他部门和车间,只对该部门或车间发生的经济业务核算。填制原始凭证或原始凭证汇总表,定期地送交会计部门。原始凭证或原始凭证汇总表由会计部门审核,然后据以填制记账凭证,登记总分类账和明细分类账,编制财务报表。实行集中核算可以减少核算层次,精简会计人员。

非集中核算又称分散核算,就是其他部门和车间在会计部门的指导下,分别登记与其业务有关的明细分类账;而会计部门则登记总分类账和一部分明细分类账,编制财务报表,并进行其他会计工作。实行非集中核算,有利于各业务部门和车间及时地利用核算资料进行日常的考核和分析,因地制宜地解决生产、经营上的问题。

一个单位是实行集中核算还是非集中核算,主要取决于经营管理上的需要。集中核算与非集中核算是相对的,而不是绝对的。在一个单位内部,对各个业务部门可以根据管理上的要求,分别采取集中核算或非集中核算。而且集中核算或非集中核算的具体内容和方法也不一定完全相同。但是,无论采取哪一种组织形式,会计单位对外的现金收支、银行存款上的往来、应收和应付款项的结算,都应由会计部门集中办理。

二、不设置独立的会计机构,在有关机构中设置会计人员

根据《会计法》的规定,不具备单独设置会计机构条件的单位,应当在有关机构中设置会计人员,并且指定会计主管人员。如果一个单位的经营规模比较小,会计业务工作量也比较少,或者由于单位组织结构等原因,不设置独立的会计机构,但要在有关机构中设置会计人员并且指定会计主管人员,这是提高工作效率、明确岗位责任的内在要求,目的是强化会计责任制度、防止出现会计工作无人负责的局面。会计人员放在哪个机构,要根据各单位的管理要求和管理组织形式决定,有的放在总务部门,有的放在办公室等。

三、代理记账

《会计法》第三十六条第一款规定,不具备设置会计机构和会计人员条件的,"应当委托经批准设立从事会计代理记账业务的中介机构代理记账"。从事代理记账业务的中介机构,是我国近年来发展起来的新的社会性的服务机构。2005年3月1日起施行的财政部第27号令《代理记账管理暂行办法》,作为《会计法》的配套规章,对代理记账机构设置的条件、代理记账的业务范围、代理记账机构与委托人的关系、代理记账人员应遵循的道德规则等作了具体的规定。根据财法〔2014〕9号文《财政部关于公布取消和调整行政审批项目事项的通知》的规定,中介机构从事会计代理记账业务由前置审批改为后置审批。

第三节　会计岗位的设置及分工

会计工作岗位就是在会计机构内部按照会计工作的内容和会计内部控制的要求和提高会计工作效率的原则进行合理的分工,使每项工作都有专人负责,每位会计人员都明确自己的岗位职责。

一、会计工作基本岗位的设置

以企业为例,独立设置的会计机构一般设置的基本会计工作岗位及岗位职责要求如下。

1. 总账报表岗位

负责总账的登记,并与有关的日记账和明细账相核对;进行总账余额的试算平衡,编制资产负债表,并与其他财务报表进行核对;保管会计档案,进行企业财务情况的综合分析,编写财务情况说明书;进行财务预测,制定或参与制定财务计划,参与企业生产经营决策。

2. 出纳岗位

负责货币资金的收支和保管,登记现金日记账和银行存款日记账,按规定使用和保管签发支票所用印章,制定或参与制定货币资金计划。

3. 结算岗位

办理企业与供应、购买等单位之间的往来结算,监督企业贯彻执行国家现金管理制度、结算制度和信贷制度的情况,制定或参与制定信用标准。结算岗位可以进一步分为:专门管理与核算应付账款和预付账款的结算岗位、专门管理与核算应收账款和预收账款的结算岗位。

4. 工资核算岗位

负责计算职工的各种工资和奖金,办理与职工的工资结算,并进行有关的明细核算,分析工资总额计划的执行情况,控制工资总额支出,参与制定工资总额计划。在由各车间、部门分散计算和发放工资的组织方式下,还应协助企业劳动工资部门负责指导和监督各车间、部门的工资计算和发放工作。

5. 固定资产核算岗位

负责审核固定资产购建、调拨、内部转移、租赁、清理的凭证,进行固定资产的明细核算,参与固定资产清查,编制有关固定资产增减变动的报表,分析固定资产和固定资金的使用效果,参与制定固定资产重置、更新和修理计划,指导和监督固定资产管理部门和使用部门的固定资产核算工作。

6. 材料核算岗位

负责审核材料采购的发票、账单等结算凭证，进行材料采购收发结存的明细核算，参与库存材料清查，分析采购资金使用情况、采购成本超支、节约情况和储备资金占用情况，控制材料采购成本和材料资金占用，参与制定材料采购资金计划和材料计划成本，指导和监督供应部门、材料仓库和使用材料的车间、部门的材料核算情况。

7. 成本计算岗位

会同有关部门建立健全各项原始记录、消耗定额和计量检验制度，改进成本管理的基础工作，负责审核各项费用开支，参与自制半产品和产成品的清查，核算产品成本，编制成本报表，分析成本计划执行情况，控制产品成本和生产资金占用，进行成本预测，制定成本计划，配合成本分口分级管理将成本指标分解、落实到各部门、车间、班组，指导、监督和组织各部门、车间、班组的成本核算和厂内经济核算工作。

8. 销售和利润核算岗位

负责审核产成品收发、销售和营业外收支凭证，参与产成品清查，进行产成品、销售和利润的明细核算，计算应交税费，进行利润分配，编制利润表，分析成品资金的占用情况，销售收入、利润及其分配计划的执行情况，参与市场预测，制定或参与制定销售和利润计划。

9. 资金岗位

负责资金的筹集、使用、调度，随时了解、掌握资金市场动态，为企业筹集资金，以满足生产经营活动的需要，不断降低资金成本，提高资金使用的经济效益，负责编制财务状况变动表或现金流量表。

在上述岗位中，一般地说，总账报表、固定资产、成本核算、资金、销售和利润等岗位应当集中设立在财务部门。材料核算、工资核算、结算等岗位可以根据企业核算体制的具体情况或者集中设在财务部门，或者分别设在其他有关部门，如材料核算岗位可以设在供应部门，工资核算岗位可以设在劳动工资部门，结算岗位中的购料结算岗位设在供应部门，而销售结算岗位则设在销售部门。至于出纳岗位则应当统一设在财务部门，以便于对现金流量进行统一控制与调度，对企业的下属部门或者分支机构建立备用金制度。

上述的各个岗位，企业还要根据内部核算体制的具体情况，建立一套行之有效的连接制度，这种连接制度主要体现在凭证的传递与流转过程之中。企业在设计会计制度时要明白无误地勾画出这种凭证的流程图,明确各个岗位应当对此承担的责任,以使会计核算工作能够有条不紊地进行。

二、会计工作岗位的分工

会计工作岗位可以一人一岗、一人多岗或者一岗多人,但出纳人员不得兼管稽核、会计档案保管和收入、费用、债权债务账目的登记工作。按照内部牵制原则,会计工作岗位设置中不相容的业务不得由同一会计人员执行,这又可表述为钱、账、物的分管制度。这是保护企业和行政事业单位财产安全,会计人员顺利工作的必要措施。

此外,在上述岗位设定以后,会计人员的工作岗位应当有计划地进行轮换。这一方面能使会计人员较多地熟悉单位内部的各项工作,有较强的综合工作能力;另一方面还可在促使各岗位会计人员相互配合、协调工作方面发挥作用。

三、会计机构内部稽核制度和内部牵制制度

(一) 会计机构内部稽核制度

稽核是稽查和复核的简称。内部稽核制度是内部控制制度的重要组成部分。建立会计机构内部稽核制度,其目的在于防止会计核算工作上的差错和有关人员的舞弊。通过稽核,对日常会计核算工作中出现的疏忽、错误等及时加以纠正或者制止,以提高会计核算工作的质量。

对于会计机构内部稽核制度的内容,财政部发布的《会计基础工作规范》作了原则性规定,包括:稽核工作的组织形式和具体分工,稽核工作的职责、权限,审核会计凭证和复核会计账簿、财务报表的方法等。会计机构内部稽核工作一般包括以下主要内容:

(1) 审核财务、成本、费用等计划指标项目是否齐全,编制依据是否可靠,有关计算是否正确,各项计划指标是否互相衔接等。审核之后应提出建议或意见,以便修改和完善计划与预算。

(2) 审核实际发生的经济业务或财务收支是否符合现行法律、法规、规章制度的规定。对审核中发现的问题,及时予以制止或者纠正。

(3) 审核会计凭证、会计账簿、财务会计报告和其他会计资料的内容是否真实、完整,计算是否正确,手续是否齐全,是否符合有关法律、法规、规章和制度的规定。

(4) 审核各项财产物资的增减变动和结存情况,并与账面记录进行核对,确

定账实是否相符。不符时,应查明账实不符的原因,并提出改进的措施。

内部稽核制度不同于内部审计制度,前者是会计机构内部的一种工作制度,后者是单位在会计机构之外另行设置的内部审计机构或者审计人员对会计工作进行再检查的一种制度。

(二) 内部牵制制度

1. 内部牵制制度的含义

内部牵制制度,也称钱账分管制度,是内部控制制度的重要组成部分。内部牵制制度是指凡是涉及款项和财物收付、结算及登记的任何一项工作,必须由两人或两人以上分工办理,以起到相互制约作用的一种工作制度。

2. 内部牵制制度的具体体现

内部牵制制度涉及企业会计核算的方方面面,以下仅列举现金、材料物资、工资核算管理的内部控制制度设计。

在现金和银行存款的收付工作中,应由会计主管人员或其授权的代理人审核、批准,出纳人员付款,记账人员记账,不能由一个人同时办理付款和记账。

在材料物资的核算管理中,单位购入材料物资,应由采购人员办理采购、报账手续,仓库人员验收入库,记账人员登记入账。发出材料时,应经使用单位领导批准,经办人员领用,仓库人员发料,记账人员记账。

在单位的工资计算和发放工作中,应由工资核算人员编制工资单,出纳人员向银行提取现金和分发工资,记账人员记账。

上述业务,均不得一人兼办。

3. 有关出纳员的规定

《会计法》第三十七条规定:"会计机构内部应当建立稽核制度。出纳人员不得兼任稽核、会计档案保管和收入、支出、费用、债权债务账目的登记工作。"各单位在建立会计机构内部稽核制度的同时,必须认真贯彻落实这一条规定,这是从我国会计工作实践中总结出的经验和教训。

由于出纳人员是各单位专门从事货币资金收付业务的会计人员,根据复式记账规则,每发生一笔货币资金收付业务,必然会引起收入、费用或债权债务等账簿记录的变化,或者说每发生一笔货币资金收付业务都要登记收入、费用或者债权债务等有关账簿。如果把这些业务统统交由出纳人员一人办理,就会造成既管钱又记账,失去监控,给贪污舞弊行为大开方便之门。同样道理,如果稽核、内部档案保管工作由出纳人员经营,也难以防范利用抽换单据、涂改记录等手段进行舞弊的行为。

四、会计机构负责人与会计主管的设置

对于单独设置会计机构的单位,应指定会计机构负责人。对于没有单独设置会计机构,只在其他机构配备会计人员的单位,应该在会计人员中指定会计主管人员。会计机构负责人和会计主管人员都是单位中层管理人员,具体组织管理本单位的会计工作。

(一)会计机构负责人和会计主管人员的任职资格

会计机构负责人(会计主管人员)的任职资格和条件应当包括以下主要内容。

(1)政治素质:遵纪守法,坚持原则,廉洁奉公,具备良好的职业道德。

(2)专业技术资格条件:《会计法》第三十八条第二款规定:"担任单位会计机构负责人(会计主管人员)的,除取得会计从业资格证书外,还应当具备会计师以上专业技术职务资格或者从事会计工作三年以上经历。"

(3)工作经历:《会计法》规定担任会计机构负责人(会计主管人员)要"具备从事会计工作三年以上经历",这可以说是对会计机构负责人或会计主管人员的最低要求。

(4)政策业务水平:即熟悉国家财经法律、法规、规章制度,掌握财务会计理论及本行业业务的管理知识。

(5)组织能力:具备一定的领导才能和组织能力,包括协调能力、综合分析能力等。

上述这些条件,是对会计机构负责人(会计主管人员)素质的全面要求。各单位在选配会计机构负责人(会计主管人员)时,应根据各自的具体情况掌握这些条件和标准。

(二)会计机构负责人和会计主管的岗位职责

(1)协助总经理、总会计师、具体负责会计机构的各项工作。

(2)认真贯彻国家的财经方针、政策,执行会计制度和财务管理办法,对工作中存在的问题,及时提出处理意见。

(3)负责会计机构的内部分工,合理协调各岗位工作,并考核。

(4)根据各单位、各部门的资料认真组织编制年、季、月的财务成本计划和筹资计划,并监督执行。

(5)参与拟订本单位会计管理制度和财务管理办法,经济合同、协议及其他经济文件。

（6）参与本单位的财务预测和经营决策。

（7）熟悉本单位各部门的经营活动,定期开展财务成果分析,并协助总经理、总会计师组织召开经济活动分析会议。

（8）协调本单位与外部经济管理部门的财务关系,定期沟通情况,及时汇报处理结果。

（9）加强核算工作,不断采用现代化核算方法,提高管理水平。

（10）对固定资产、流动资产核定资金定额,实行归口管理。

（11）组织会计人员的业务学习,考核会计人员的工作业绩。

（12）组织编制会计决算报告,检查各项财务成本计划的执行情况。

（13）审查会计事项,正确反映和监督经济活动情况,严防手续不清、责任不明和会计管理混乱现象。

（14）协助总经理、总会计师向董事会报告财务状况和经营成果,审查对外提供的会计资料。

（15）监督本单位财产物资合理使用,定期或不定期协助有关人员进行清点。对超储积压、盘盈、盘亏、损失浪费等现象,协助查找原因,并向高级管理人员报告,提出处理意见。

（16）负责监交会计工作。

五、总会计师

（一）总会计师的设置范围

《会计法》第三十六条第二款规定："国有的和国有资产占控股地位或者主导地位的大、中型企业必须设置总会计师。总会计师的任职资格、任免程序、职责权限由国务院规定。"修订后的《会计法》对总会计师的设置范围有了新的界定,即国有的和国有资产占控股地位或者主导地位的大、中型企业必须设置总会计师。

当然,《会计法》规定国有大、中型企业必须设置总会计师,并没有限制除国有大、中型企业以外的其他单位设置总会计师的范围。其他单位完全可以根据业务需要,视情况自行决定是否设置总会计师。从实际情况看,许多外商投资企业、民营企业等也都设有总会计师。

《会计法》并不限制其他单位根据需要设置总会计师。随着事业单位机构改革的进行,事业单位将出现分化,一部分成为企业走向市场,其余也将成为自收自支单位,事业单位的业务经费主要依靠财政拨款的格局将被打破。对于这些单位是否设置总会计师问题,主要应由单位根据内部管理需要自行决定。

对于业务主管部门设置总会计师问题,由于业务主管部门属于国家行政机关,其干部配备受人员编制、职位设置和干部管理权限的限定。

（二）总会计师的任职条件

按照《总会计师条例》的规定,担任总会计师应当具备以下条件:

(1) 坚持社会主义方向,积极为社会主义市场经济建设和改革开放服务。

(2) 坚持原则、廉洁奉公。

(3) 取得会计师专业技术资格后,主管一个单位或者单位内部一个重要方面的财务会计工作的时间不少于 3 年。

(4) 有较高的理论政策水平,熟悉国家财经纪律、法规、方针和政策,掌握现代化管理的有关知识。

(5) 具备本行业的基本业务知识,熟悉行业情况,有较强的组织领导能力。

(6) 身体健康,胜任本职工作。

（三）总会计师的职责和权限

1. 总会计师的职责

根据《总会计师条例》的规定,总会计师的职责主要包括两个方面:

(1) 由总会计师负责组织的工作,主要有:组织编制和执行预算、财务收支计划、信贷计划,拟定资金筹措和使用方案,开辟财源,有效地使用资金;建立、健全经济核算制度,强化成本管理,进行经济活动分析,精打细算,提高经济效益;负责本单位财务会计机构的设置和会计人员的配备,组织对会计人员进行业务培训和考核;支持会计人员依法行使职权等。

(2) 由总会计师协助、参与的工作,主要有:协助单位负责人对本单位的生产经营和业务管理等问题作出决策;参与新产品开发、技术改造、科学研究、商品(劳务)价格和工资、奖金方案的制订;参与重大经济合同和经济协议的研究、审查。

2. 总会计师的权限

根据《总会计师条例》的规定,总会计师有以下权限:

(1) 对违法违纪问题的制止和纠正权,即对违反国家财经纪律、法规、方针、政策、制度和有可能在经济上造成损失、浪费的行为,有权制止和纠正,制止和纠正无效时,提请单位负责人处理。

(2) 建立、健全单位经济核算的组织指挥权。

(3) 对单位财务收支具有审批签署权。

(4) 对本单位会计人员的管理权,包括本单位会计机构设置、会计人员配备、继续教育、考核、奖惩等。

第四节 会计专业技术职务

一、会计专业技术职务的种类

会计专业技术职务是区分会计人员从事业务工作的技术等级。会计专业职务分为高级会计师、会计师、助理会计师、会计员;高级会计师为高级职务,会计师为中级职务,助理会计师和会计员为初级职务。

二、会计专业职务任职条件

会计专业职务任职的基本规定是:会计专业人员,必须拥护中国共产党的领导,热爱祖国,坚持四项基本原则,遵守和执行《会计法》,积极为社会主义建设事业服务。与此同时,《会计专业职务试行条例》对不同级别会计专业职务的任职条件(区分专业技能、工作能力、学历、工作经历等)及其基本职责等作了明确规定。

1. 会计员的基本条件
(1) 初步掌握财务会计知识和技能。
(2) 熟悉并能按照执行有关会计法规和财务会计制度。
(3) 能担负一个岗位的财务会计工作。
(4) 大学专科或中等专业学校毕业,在财务会计工作岗位上见习1年期满。

2. 助理会计师的基本条件
(1) 掌握一般的财务会计基础理论和专业知识。
(2) 熟悉并能正确执行有关的财经方针、政策和财务会计法规、制度。
(3) 能担负一个方面或某个重要岗位的财务会计工作。
(4) 取得硕士学位,或取得第二学士学位或研究生班结业证书,具备履行助理会计师职责的能力;大学本科毕业,在财务会计工作岗位上见习1年期满;大学专科毕业并担任会计员职务2年以上;或中等专业学校毕业并担任会计员职务4年以上。

3. 会计师的基本条件
(1) 较系统地掌握财务会计基础理论和专业知识。

(2) 掌握并能正确贯彻执行有关的财务方针、政策和财务会计法规、制度。

(3) 具有一定的财务会计工作经验,能担负一个单位或管理一个地区、一个部门、一个系统某个方面的财务会计工作。

(4) 取得博士学位,并具有履行会计师职责的能力;取得硕士学位并担任助理会计师职务2年左右;取得第二学士学位或研究生班结业证书,并担任助理会计师职务2～3年;大学本科或大学专科毕业并担任助理会计师职务4年以上。

(5) 掌握一门外语。

4. 高级会计师的基本条件

(1) 较系统地掌握经济、财务会计理论和专业知识。

(2) 具有较高的政策水平和丰富的财务会计工作经验,能担负一个地区、一个部门或一个系统的财务会计管理工作。

(3) 取得博士学位,并担任会计师职务2～3年;取得硕士学位、第二学士学位或研究生班结业证书,或大学本科毕业并担任会计师职务5年以上。

(4) 较熟练地掌握一门外语。

各级专业职务的学历和从事财务会计工作年限的要求,一般都应具备;但对确有真才实学、成绩显著、贡献突出、符合任职条件的,在确定其相应专业职务时,可以不受规定的学历和工作年限的限制。

三、会计专业技术职务的基本职责

1. 会计员

负责具体审核和办理财务收支,编制记账凭证,登记会计账簿,编制财务报表和办理其他会计事务。

2. 助理会计师

负责草拟一般的财务会计制度、规定、办法,解释、解答财务会计法规、制度中的一般规定;分析检查某一方面或某些项目的财务收支和预算的执行情况。

3. 会计师

负责草拟比较重要的财务会计制度规定、办法;解释、解答财务会计法规、制度中的重要问题;分析检查财务收支和预算的执行情况;培养初级会计人才。

4. 高级会计师

负责草拟和解释、解答在一个地区、一个部门、一个系统或在全国施行的财务会计法规、制度、办法;组织和指导一个地区或一个部门、一个系统的经济核算和财务会计工作；培养中级以上会计人才。

四、会计专业技术职务的取得

从目前来讲，考核和确认会计人员的专业知识和业务技能，主要是通过设置会计专业职务和会计专业技术资格考试来进行。会计专业技术资格考试，是一种通过考试确认担任会计专业职务任职资格的制度。1992年以前，我国对会计专业技术职务一直采用的是评审制度。1992年3月，财政部、人事部制定发布了《会计专业技术资格考试暂行规定》和《〈会计专业技术资格考试暂行规定〉实施办法》，财会〔2000〕11号又对上述二个文件作了修订。规定会计专业技术资格实行全国统一考试，不再进行相应会计专业职务的评审工作，但规定高级资格（高级会计师）实行考试与评审结合的评价制度。这二个文件还对考试的种类、报考要求等作出了具体规定。

根据财会〔2000〕11号文规定，报名参加各级别考试的条件分为基本条件和具体条件。

1. 基本条件

（1）坚持原则，具备良好的职业道德品质。

（2）认真执行会计法和国家统一的会计制度，以及有关财经法律、法规、规章制度，无严重违反财经纪律的行为。

（3）履行岗位职责，热爱本职工作。

2. 具体条件

（1）报名参加中级资格考试的人员的具体条件为：大专（含）以上学历，同时应有一定的会计工作年限，其中：

取得大专学历，从事会计工作满5年；

取得本科学历，从事会计工作满4年；

取得双学士学位或研究生班毕业，从事会计工作满2年；

取得硕士学位，从事会计工作满1年；

取得博士学位。

财办会〔2017〕3号文《关于会计专业技术中高级资格考试报名条件中工作年限等有关事项的通知》对工作年限的规定为："报名条件中有关会计工作年限的要求，是指报考人员取得规定学历前后从事会计工作时间的总和。在校生利用业余时间勤工助学不视为正式从事会计工作，相应时间不应计入会计工作年限。"

(2) 报名参加高级会计师资格考试的人员的具体条件为：符合《会计专业职务试行条例》规定的高级会计师职务任职资格评审条件，或省级财政、人力资源和社会保障部门或中央单位批准的本地区、本部门申报高级会计师职务任职资格评审的破格条件。

第五节　会　计　档　案

一、会计档案的内容和保管原则

会计档案是指记录和反映经济业务事项的重要历史资料和证据，一般包括会计凭证、各种账簿和各种财务会计报告，以及其他有关财务会计工作应予集中保管的文件，如财务成本计划、重要的经济合同等。

会计档案是各项经济活动的历史记录，是总结经验、进行决策所需的主要资料，也是检查各种责任事故的重要依据。因此，会计档案属于重要的经济档案之一。各单位的会计部门对会计档案必须高度重视。大中型企业应建立会计档案室，小型企业应有会计档案柜并指定专人负责。对会计档案应建立严密的保管制度，妥善管理，不得丢失、损坏、抽换或任意销毁。《会计法》第二十三条规定："各单位对会计凭证、会计账簿、财务会计报告和其他会计资料应当建立档案，妥善保管。"财务会计部门在进行会计档案整理立卷时，会计凭证、会计账簿应装订成册，报表和文字资料分类立卷，其他零星资料按年度排序汇编装订成册。随后，应当及时地据此编制会计资料档案目录，建立财务会计资料档案簿，会计档案目录的编制应当和会计档案的分类和编号协调一致。

财政部国家档案局第 79 号令发布了修订后的《会计档案管理办法》，自 2016 年 1 月 1 日起施行。该办法第十条规定："单位的会计机构或会计人员所属机构（以下统称单位会计管理机构）按照归档范围和归档要求，负责定期将应当归档的会计资料整理立卷，编制会计档案保管清册。"同时，第十一条规定："当年形成的会计档案，在会计年度终了后，可由单位会计管理机构临时保管一年，再移交单位档案管理机构保管。因工作需要确需推迟移交的，应当经单位档案管理机构同意。""单位会计管理机构临时保管会计档案最长不超过三年。"

在会计档案未移交给档案管理部门之前，财务会计部门应当设置或指定一名人员兼任会计档案的保管和管理工作。但是按会计法的规定，这项工作不能由出纳员兼任。采用电子计算机进行会计核算的单位，应当保存打印出的纸质会计档案。实行会计电算化的单位存贮在磁性介质上的会计数据、程序文件及其他会计核算资料均应视同会计档案一并管理。对已经形成会计档案的会计资料应当进行科学管理,做到妥善保管,存放有序,查找方便。不得随意堆放会计档案,要注意防盗、防磁,严防毁损、散失和泄密。

二、会计档案的保管期限

会计档案应分类保存,并建立相应的分类目录或者卡片,随时进行登记。按照《会计档案管理办法》对各种不同类型会计档案的保管期限作出了相应的规定,见表13-1和表13-2。

表13-1 企业和其他组织会计档案保管期限表

序号	档案名称	保管期限	备注
一	会计凭证		
1	原始凭证	30年	
2	记账凭证	30年	
二	会计账簿		
3	总账	30年	
4	明细账	30年	
5	日记账	30年	
6	固定资产卡片		固定资产报废清理后保管5年
7	其他辅助性账簿	30年	
三	财务会计报告		
8	月度、季度、半年度财务会计报告	10年	
9	年度财务会计报告	永久	
四	其他会计资料		
10	银行存款余额调节表	10年	
11	银行对账单	10年	
12	纳税申报表	10年	
13	会计档案移交清册	30年	
14	会计档案保管清册	永久	
15	会计档案销毁清册	永久	
16	会计档案鉴定意见书	永久	

表 13-2　财政总预算、行政单位、事业单位和税收会计档案保管期限表

序号	档案名称	保管期限			备注
		财政总预算	行政单位事业单位	税收会计	
一	会计凭证				
1	国家金库编送的各种报表及缴库退库凭证	10 年		10 年	
2	各收入机关编送的报表	10 年			
3	行政单位和事业单位的各种会计凭证		30 年		包括:原始凭证、记账凭证和传票汇总表
4	财政总预算拨款凭证和其他会计凭证	30 年			包括:拨款凭证和其他会计凭证
二	会计账簿				
5	日记账		30 年	30 年	
6	总账	30 年	30 年	30 年	
7	税收日记账(总账)			30 年	
8	明细分类、分户账或登记簿	30 年	30 年	30 年	
9	行政单位和事业单位固定资产卡片				固定资产报废清理后保管 5 年
三	财务会计报告				
10	政府综合财务报告	永久			下级财政、本级部门和单位报送的保管 2 年
11	部门财务报告		永久		所属单位报送的保管 2 年
12	财政总决算	永久			下级财政、本级部门和单位报送的保管 2 年
13	部门决算		永久		所属单位报送的保管 2 年
14	税收年报(决算)			永久	
15	国家金库年报(决算)	10 年			
16	基本建设拨、贷款年报(决算)	10 年			

(续表)

序号	档 案 名 称	保 管 期 限			备 注
		财政总预算	行政单位事业单位	税收会计	
17	行政单位和事业单位会计月、季度报表		10年		所属单位报送的保管2年
18	税收会计报表			10年	所属税务机关报送的保管2年
四	其他会计资料				
19	银行存款余额调节表	10年	10年		
20	银行对账单	10年	10年	10年	
21	会计档案移交清册	30年	30年	30年	
22	会计档案保管清册	永久	永久	永久	
23	会计档案销毁清册	永久	永久	永久	
24	会计档案鉴定意见书	永久	永久	永久	

注：税务机关的税务经费会计档案保管期限，按行政单位会计档案保管期限规定办理。

三、会计档案的借阅和保管期满的处理

单位保存的会计档案一般不得对外借出。确因工作需要且根据国家有关规定必须借出的，应当严格按照规定办理相关手续。会计档案借用单位应当妥善保管和利用借入的会计档案，确保借入会计档案的安全完整，并在规定时间内归还。在进行会计档案查阅、复制、借出时要履行登记手续，严禁篡改和损坏。

单位应定期对已到保管期限的会计档案进行鉴定并形成会计档案鉴定意见书。经鉴定，仍需继续保存的会计档案，重新划定保管期限；对保管期满，确无保存价值的会计档案，可以销毁。会计档案鉴定工作由单位档案管理机构牵头，组织单位会计、审计、纪检监察等机构或人员共同进行。

经鉴定可以销毁的会计档案，按照以下程序销毁：

(1) 单位档案管理机构编制会计档案销毁清册，列明拟销毁会计档案的名称、卷号、册数、起止年度、档案编号、应保管期限、已保管期限和销毁时间等内容。

(2) 单位负责人、档案管理机构负责人、会计管理机构负责人、档案管理机构

经办人、会计管理机构经办人在会计档案销毁清册上签署意见。

（3）单位档案管理机构负责组织会计档案销毁工作，并与会计管理机构共同派员监销。监销人在会计档案销毁前，应当按照会计档案销毁清册所列内容进行清点核对；在会计档案销毁后，应当在会计档案销毁清册上签名或盖章。

电子会计档案的销毁还应当符合国家有关电子档案的规定，并由单位档案管理机构、会计管理机构和信息系统管理机构共同派员监销。

保管期满但未结清的债权债务会计凭证和涉及其他未了事项的会计凭证不得销毁，纸质会计档案应当单独抽出立卷，电子会计档案单独转存，保管到未了事项完结时为止。单独抽出立卷或转存的会计档案，应在会计档案鉴定意见书、会计档案销毁清册和会计档案保管清册中列明。